组织不端行为

对主流理论的批判性分析与案例研究

〔美〕唐纳德·帕尔玛（Donald Palmer） 著
张三保 刘锦 译 陈国立 张志学 审校

Normal Organizational Wrongdoing

A Critical Analysis of Theories of Misconduct in and by Organizations

北京大学出版社
PEKING UNIVERSITY PRESS

著作权合同登记号　图字：01-2016-4359
图书在版编目(CIP)数据

组织不端行为：对主流理论的批判性分析与案例研究 /(美)唐纳德·帕尔玛著；张三保，刘锦译．—北京：北京大学出版社，2021.10
(IACMR 组织与管理书系)
ISBN 978-7-301-32377-9

Ⅰ.①组⋯　Ⅱ.①唐⋯②张⋯③刘⋯　Ⅲ.①组织行为学—案例—研究　Ⅳ.①C936

中国版本图书馆 CIP 数据核字(2021)第 174194 号

Normal Organizational Wrongdoing: A Critical Analysis of Theories of Misconduct
Donald Palmer
© Donald Palmer 2012

Normal Organizational Wrongdoing: A Critical Analysis of Theories of Misconduct was originally published in English in 2012. This translation is published by arrangement with Oxford University Press. Peking University Press is solely responsible for this translation from the original work and Oxford University Press shall have no liability for any errors, omissions or inaccuracies or ambiguities in such translation or for any losses caused by reliance thereon.

《组织不端行为：对主流理论的批判性分析与案例研究》英文版于 2012 年出版。此翻译版经牛津大学出版社授权出版。北京大学出版社负责原文的翻译，牛津大学出版社对于译文的任何错误、漏译或歧义不承担责任。

书　　　名	组织不端行为：对主流理论的批判性分析与案例研究 ZUZHI BUDUAN XINGWEI: DUI ZHULIU LILUN DE PIPANXING FENXI YU ANLI YANJIU
著作责任者	〔美〕唐纳德·帕尔玛(Donald Palmer) 著 张三保　刘　锦　译
责任编辑	贾米娜
标准书号	ISBN 978-7-301-32377-9
出版发行	北京大学出版社
地　　　址	北京市海淀区成府路 205 号　100871
网　　　址	http://www.pup.cn
微信公众号	北京大学经管书苑(pupembook)
电子信箱	em@pup.cn
电　　　话	邮购部 010-62752015　发行部 010-62750672　编辑部 010-62752926
印　刷　者	北京宏伟双华印刷有限公司
经　销　者	新华书店
	720 毫米×1020 毫米　16 开本　21.5 印张　323 千字 2021 年 10 月第 1 版　2021 年 10 月第 1 次印刷
定　　　价	69.00 元

未经许可，不得以任何方式复制或抄袭本书之部分或全部内容。
版权所有，侵权必究
举报电话：010-62752024　电子信箱：fd@pup.pku.edu.cn
图书如有印装质量问题，请与出版部联系，电话：010-62756370

译者序

近年来，组织内部及组织实施的不端行为屡见报端。为何组织的参与者——员工、经理以及高管们，会实施非法、非伦理或罔顾社会责任的行为呢？主流观点将不端行为视为非正常现象，假定行为不端者是理性、主动且独立工作的行动者。然而，Donald Palmer 在本书中开发出一种替代性方法，将不端行为视为一种正常事件进行检视。他认为，组织不端行为是行动者由于缺乏正能量所引致的，且其行为的形成取决于一段时间内的直接社会背景。本书为组织不端行为的相关理论与研究提供了一个全面而批判性的回顾，通过运用丰富的案例研究材料，为组织效能与效率的改进提供了不同视角、潜在解释、政策启示以及相关建议。

2012 年年底，中国掀起改革开放以来力度空前的反腐浪潮，并延续至今。在此背景下，2014 年，我以"微观企业腐败的宏观制度诱因、作用机制与控制策略：基于管理自主权中介与调节效应比较的多层动态分析"为题，申请国家自然科学基金青年科学基金项目资助，致力于从微观组织视角探索腐败的前因、效应与治理。欧洲工商管理学院陈国立教授和武汉大学博士生刘锦的直接参与，以及北京大学光华管理学院张志学教授的专业指导，促成了该课题的顺利获批。

借鉴国外腐败研究的优秀成果是课题研究设计的重要组成部分。为此，经与陈国立教授协商，我们决定翻译获得 2013 年美国管理学会社会问题分部最佳著作奖的本书。徐淑英和张志学两位教授亲自促成本书中文翻译版列入"IACMR 组织与管理书系",由北京大学出版社出版,并商定翻译报酬用于支持 IACMR(中国管理研究国际学会)的发展。为推动翻译工作的顺利开展,陈国立教授利用 2014 年赴美参加管理学会年会的机会,专程购买原著并赠送给当时正在欧洲工商管理学院新加坡校区进行访问研究的我。张志学教授也经常与我分享该领域的最新研究成果。

翻译工作是团队努力的结晶。具体分工上,张三保负责主要的翻译工作,刘锦博士翻译了第六、七、十等三章,陈国立和张志学两位教授审校了翻译终稿。武汉大学经济与管理学院历届优秀学子黄惠、龙贤义、段承瑶、崔毓佳、张文君、张小玲、李默晗、李雪莱、陈小鹏、武雪朦、吴素云、舒熳、田文杰、崔鑫、胡雨晴等也参与了初译工作。他们后来都获得了在国内外知名高校深造的机会,其中几位还立志以学术研究为业。此外,在读的王春燕、陈诺、付千芷、贺雨尚、许媛媛、何盼等同学在巨大的学业压力下,认真负责而又高效地进行了校对工作。孟怡杉、沈妤恬、杨珺喆、冯晨皓等也参与了校对工作。

衷心感谢原著作者 Donald Palmer 教授为本书翻译工作所提供的支持,包括但不限于提供原著电子版,撰写中文版序,以及指点相关研究。译作的顺利出版,凝结了北京大学出版社经济与管理图书事业部林君秀主任的巨大耐心,尤其是本书责任编辑贾米娜女士的大量心血,在此特别致谢。

译校工作得到以下三项研究课题的支持,在此一并致谢:国家自然科学基金青年科学基金项目(71402129)"微观企业腐败的宏观制度诱因、作用机制与控制策略:基于管理自主权中介与调节效应比较的多层动态分析",国家自然科学基金青年科学基金项目(71902190)"资源配置视角下企业腐败的微观动因、作用机制及其边界条件:来自高层梯队理论的逻辑与证据",以及中央高校基本科研业务费专项资金武汉大学自主科研项目(人文社会科学)"中国营商环境、战略领导与企业不端行为"。

多轮译校工作刚刚完成的当天,一直看着我长大、默默爱着我的二伯溘然长逝，我甚至没来得及与他告别，这给我留下了深深的遗憾。2020年整个上半年，因为新冠肺炎疫情，我与父母妻儿难得居留农村老家，与二伯比邻而居，见识了他的勤劳、困苦与任劳任怨。他虽不知我每天对着电脑在敲些什么，但这并不妨碍他对我和妻子及年幼儿女的怜爱。在二伯心目中，我是他引以为傲的"笔杆子"。然而，我的所谓"本事"，却从未给他的困顿生活带来什么实实在在的福利。就连久病的他按实际经济条件理应获得的贫困医疗补助，我都没来得及帮他向相关机构申请到。泣不成声，谨以本书纪念我的二伯张月华先生——一位地道敦厚的76岁中国农民，祝愿他在天堂与爷爷奶奶团聚，一切安好；也期望本书能给纪律监察部门以启发，使它们能够持续关注并强力控制包括中国农村基层政权在内的不同层级与类型组织中的不端行为。

张三保

2020年8月6日

中文版序

组织中的不端行为通常会触犯道德准则、社会规范，且/或对个人造成损害，并常常削弱组织的效能和效率。本书将组织中的不端行为视作一种正常现象。具体而言，本书将不端行为理解为常见而非罕见的行为；将其视作所有组织固有的大量结构和过程的产物，而非仅能感染少数人的异常行为的结果；且不端行为常常由单纯为了以高效能和高效率的方式完成工作而非怀揣恶毒意图的行动者实施。

本书通过分析作为组织最基础元素的结构和过程（激励机制、文化、权力结构、管理体系、情境化的社会影响以及伦理决策）是如何引发不端行为的来解释这一观点，并通过将这些分析应用到不端行为的具体例子上来说明这一观点。如果本书的观点是正确的，则意味着我们当中那些寻求抑制组织不端行为的人需要更加广泛地思考，而非局限于学者们过去已经提出的不端行为的成因和机制。

然而，本书讨论的几乎所有不端行为案例，都主要涉及位于美国的组织。本书的观点可以一般化到其他国家情境下的组织不端行为吗？我期待中国读者发现，本书的观点有助于理解中国组织中的不端行为，并能帮助他们找到抑制组织不端行为的新颖且更加有效的方式。

Donald Palmer
2020 年 8 月 13 日

献给 Kim，我承诺明年冬天多抽些时间去滑雪。

序

  本书源于我对企业不法行为的一项从未完成的量化实证分析。作为一名组织社会学家，我学术生涯的前二十年主要用于开展公司董事会重叠问题的量化实证研究。公司董事会重叠发生在同一个个体同时在两家公司担任董事的情况下。我的早期研究探索了导致公司产生连锁的诸多因素，之后的研究则探究了连锁对公司行为的影响，如对事业部制的采用与对敌意收购的追捧。2004 年，我着手设计一项量化实证分析，考察公司连锁对其寻求反竞争性收购可能性的影响。然而，在实施该设计并取得显著成果之前，我恰好读到一本书，这使我重新调整了对组织不端行为，尤其是关于其影响因素及最佳研究方法的思考。

  我的好朋友 Alan Draper（现任圣劳伦斯大学政府系教授，也是一位美国劳工运动与比较政治学家）送给我一本 James Stewart 的《贼巢》(*Den of Thieves*)。Alan 认为，Stewart 对 20 世纪 80 年代华尔街内幕交易的精心研究与记录，可以作为我当时计划进行分析的定量数据的有趣补充。结果证明，Stewart 的书所起到的作用远不止于此。它促使我开始质疑自己基于对商业新闻的表面阅读而提出的假设，即不端行为的典型案例是明显异常的，且不端行为的实施者无疑是令人厌恶的。更为重要的是，它甚至使我怀疑，那些我在组织行为学核心课程上所提及的结构与过程，与组织中的效率与效能（正当行为）的促进者一样，也可能成为组织不端行为的重要实施者。最终，这使我不禁怀疑，要理解那些导致组织不端行为的结构与过程，最好的方法就是积累关于不端行为个体案例的详细定性信息。

在过去的六年里，我花了大部分的时间去挖掘这些洞见的深意。我在这一领域的努力，当然也受到其他很多人的深远影响。这些人中最重要的是我的博士论文的三位指导老师。尽管我的论文是关于连锁董事的一项量化实证调查，且于1981年才完成，但我的指导老师们还是传授给我更多包容和持久的观点。他们之于我的影响，我直到最近才完全意识到。Charles Perrow 向我推荐了 David Sudnow 的一篇期刊论文——《正常的罪行》（*Normal Crimes*）（Sudnow, 1965）。我记得 Perrow 称这篇文章的中心思想是：违反法律其实是司空见惯的事，但警察并未处理每一起违法案件，而是选择性地执行法律以构建社会秩序。后来，Perrow 写了《正常的突发情况》（*Normal Accidents*）一书，且产生了非常大的影响。该书的主题是，在某些条件下（系统的复杂性与紧密耦合），组织中突发情况的发生不可避免。正如之后的内容所清晰阐述的那样，本书受 Sudnow 和 Perrow 基本观点的启发，同时本书第十章也是对 Perrow 所做的突发情况分析的一种直接扩展。

Mark Granovetter 向我介绍了一种将宏大领域概念化的方法，以区分经济学家的人类社会化不足概念，以及结构功能主义社会学家的人类过度社会化概念。Granovetter 的《经济行为与社会结构：嵌入性问题》（*Economic Action and Social Structure: The Problem of Embeddedness*）（1985）一书，使嵌入性观点得以产生。而且该视角已为更大范围的社会学成就，即从网络研究到新制度理论，提供了一把保护伞。而人类社会化不足概念与人类过度社会化概念的区别，则为我提供了一种方式，该方式能够区分本书前几章所呈现的解释组织不端行为的两种主导性方法：理性选择（社会化不足）与文化（过度社会化）。它也为我提供了一种方法，以便将不端行为的这两种主导性解释与形成本书平衡性的替代性（嵌入）解释区分开来。

最后，Michael Schwartz 提供了一个模型以说明如何用通俗报道进行社会学分析。Schwartz 是纽约州立大学石溪分校 MACNET 研究组的创建者，而我是1975年才进入该小组的后来者。MACNET 意指公司网络的数学分析（Mathematical Analysis of Corporate Networks）。该研究组的成立得到了美国国家科学基金会的支持，旨在绘制 19 世纪 60 年代美国各大型公司连锁董事的网络图。虽然 Michael 是该项目背后的数学智囊，但他也花了大量时间阅读关于大型公司的商业新闻报道。他收集了《财富》《商业周刊》《华尔街日报》和《纽约时报》上的一些文章，并把这些文章裁剪下来，画线标注并进行扩展性注释。当在项目组会议上阐明论点时，Michael 经常会引用这些文章，同时提醒整个研究小组的成员，优秀的社会学家应该进行广泛的阅读与观察（例如，他们不只是阅读其他社会学家的成果）。Michael 和 Beth Mintz 在其后来基于 MACNET 项目的调查结果所著的《美国商业的权力结构》(*The Power Structure of American Business*)（Mintz and Schwartz, 1985）这一极具影响力的书中也引用了这些文章。毫无疑问，我对大量阅读的巨大热情，同时竭尽所能查找关于组织不端行为的案例，也是源自 Michael 的研究热情。

本书也深受三位同时代同侪研究成果的启发。Dick Scott 的经典著作——《组织理论》(*Organizations: Rational, Natural, and Open Systems*)（2002），提供了以钻研性视角来描述一个完整领域特征的书籍典范。Jeffrey Pfeffer 广为流传的《用权之道：机构中的权力斗争与影响》(*Managing with Power: Politics and Influence in Organizations*) 一书，提供了一个思路缜密且便于实践者理解的著作典范。最后，Jerry Davis 广受赞誉的《金融改变一个国家》(*Managed by the Markets: How Finance Re-Shaped America*) 一书，提供了一个学术性与政治性关联的书籍范本。很显然，我的书并未达到这些优秀书籍的标准，但我确实也渴望获得像它们那样的成就。

更为直接的是，本书极大地受益于 Ashforth 和 Anand（2003）的一篇文章，以及 Brief、Bertram 和 Dukerich（2001）关于组织腐败问题一章的内容。当我开始对组织不端行为进行研究时，还未注意到这些理论阐述。但在我学习这些内容并阅读（及重读）它们时，我的研究工作开始吸纳他们的观点。此外，本书也受益于关于伦理决策问题的两本辑刊，即《行为准则》(*Codes of Conduct*)（Messick and Tenbrunsel, 1996）与《组织中伦理行为的社会影响》(Social Influences on Ethical Behavior in Organizations)(Darley, Messick, and Tyler, 2001)。在我开始写这本书时,我并未注意到两本辑刊中的任何一本,但在项目取得进展之后,我从中深受启发和鼓舞。尽管与我在这里所思考的内容(伦理行为还是不端行为)相比,他们所关注的主题更为狭窄一些,但它们探索了很多与我的研究内容相同的部分,即社会结构和过程。

更为要紧的是,本书促使我与 Michael Maher 建立起合作关系。这一合作产生了本书主要思想的最初陈述——《开发组织中集体腐败的过程模型》(Developing the Process Model of Collective Corruption in Organizations),并发表在《管理探究杂志》(Journal of Management Inquiry, JMI)上(Palmer and Maher, 2006)。本书第十章吸收了另一篇文章——《房地产投资公司的正常偶发性不端行为》(The Mortgage Meltdown as Normal Accidental Wrongdoing)——的大量内容,该文是我与 Michael 合作的成果,并发表在《组织社会学研究》(Research in the Sociology of Organizations)上(Palmer and Maher, 2010)。起初,我与 Mike 计划共同研究组织不端行为这一主题,但由于其他任务,Mike 转到了另一研究方向。随后,本书也使我与 Henrich Greve 以及 Jo-Ellen Pozner 建立起合作关系。我们的合作关系充分拓宽了我在这一领域的视野,并由此产生了题为"组织变得野蛮"(Organizations Gone Wild)的一个述评章节,发表在《管理学会年刊》(Academy of Management Annals)上。因此,我衷心地感谢 Mike、Henrich 和 Jo-Ellen。

本书也得益于其他几位同仁的贡献。Chris Yenkey 与 Michael Schwartz 提供了关于第二章内容的深刻见解,并帮助我清晰地阐释本书的主要观点。James Detert 使我注意到 Walter Pavlo 和 Neil Weinberg 所写的《无枪的偷窃》(Stolen without a Gun)一书(事实上,他把他的那本书送给了我),我从该书中吸收了大量内容并在本书第六章中对伦理决策理论进行了扩展。Kristin Smith-Crowe 与 Ann Tenbrunsel 则为我写作第六章提供了宝贵的信息资源,这使我避免错误地描述这篇文献,否则我无疑会成为一个"入侵者"。在第九章中,我探讨了权力是如何助长组织中的不端行为的,而 Art Brief 与 Jeff

Pfeffer 为此提供了至关重要的评论。

　　此外，Mike Lounsbury 与 Paul Hirsh 对本书主要观点的最初陈述提出了极有价值的批评意见，该部分在 JMI 的文章中已提及。Art Brief 与 Barry Staw 帮我完善了本书主要观点中更加成熟但仍未敲定的表述，促使该研究在《组织行为研究》（Research in Organizational Behavior）上发表（Palmer，2008）。Lounsbury、Hirsh、Marc Schneiberg、Tim Bartley、Mauro Guillen 以及 Charles Perrow 也为我和 Michael Maher 合作研究房地产投资公司问题提供了至关重要的信息资源，并为本书第十章打下了基础。当我在阿尔伯塔大学、波士顿学院、哈佛大学、加州大学伯克利分校、加州大学欧文分校、西蒙弗雷泽大学、康奈尔大学、西北大学、芝加哥大学以及枫丹白露的欧洲工商管理学院等院校就本书发表演讲时，我也从反馈中受益良多。在这些机构中，一些人所提供的信息资源在我的脑海中印象深刻，他们分别是：Royston Greenwood，Dev Jennings，Mary Ann Glynn，Chris Marquis，Doug Guthrie，Mike Tushman，Matt Bothner，Jean Bartunek，David Strang，Brian Uzzi，Mark Mizruchi，以及 Linda Johanson。

　　我也十分感谢其他许多人，其中一些人确实在无意中被我忽略了。Erica Palmer 对房地产投资公司进行了初始研究，这部分内容在第十章中被我引用。她也在参考文献方面做了许多准备工作。此外，Erica 与 Anthony Palmer 阅读了书稿前半部分的初稿，并提醒我其中表述矛盾和有歧义的部分，这些部分可能会让聪明但又非专业的读者感到困惑，因此需要整理与修改。Anthony 对我观点的不断提问，在我思想确立的过程中起到重要作用。Patricia Odean 阅读了全部书稿并提出了编辑建议，如剔除诸多令人费解的段落、修改不合适的结构以及语法错误。Mathew Zafonte 与 Kim Pawlick 的鼓励对我来说弥足珍贵。Matt 会定期鼓励我，认为我对不端行为的研究将会引起读者的共鸣。Kim 也时常表现出对于我最终一定能完成本书的信心（一直提醒我要注意经常被忽略的心理学方面的大量文献，并时常为我涉足该领域的文献提供有用的点子）。他们的时间安排几乎无可挑剔。在本书逐步完成的过程中，四年中选修我的"组织不端行为的动因"课程的加州大学戴维斯分校管理学院的研究生们也提出了批评与建议，从而推动了本书的形成。最后，在我完成书稿的过程中，牛津大学出版社的 David Musson 与 Emma Lambert 提供了专业的学术和编辑意见，并展现出不同寻常的耐心。我十分幸运地成为所有这些恩赐的受益者，对此我也将竭尽全力予以回报。

Contents
目　录

第一章　概　述	001
第二章　组织不端行为的两种视角	006
一、两种对立的视角	007
二、理解组织不端行为成因的两种理想方法	012
三、对理解组织不端行为成因的两种理想方法的阐述	017
四、本书的基本信息以及我的主要目标	024
第三章　定义、理论发展与方法	026
一、引　言	026
二、定义不端行为	027
三、理论和实证分析	039
第四章　理性选择	044
一、引　言	044
二、基本理性选择解释	045
三、两种理性选择理论	047
四、总体理性选择方案	053
五、扭曲的激励机制是如何发展的以及将如何被消灭	060
六、理性选择的局限性	062

七、对理性选择解释的评价 …………………………………… 066

　　八、总　结 ……………………………………………………… 068

第五章　文　化

　　一、引　言 ……………………………………………………… 069

　　二、文化分析的基本概念 ……………………………………… 069

　　三、文化促进不端行为的两种方式 …………………………… 071

　　四、组织参与者如何接受助长不端行为的文化 ……………… 084

　　五、不正当的文化是如何发展的以及如何能够被消除 ……… 087

　　六、整合理性选择和文化解释 ………………………………… 090

　　七、对规范的适当性方法的评价 ……………………………… 092

　　八、总　结 ……………………………………………………… 093

第六章　伦理决策

　　一、引　言 ……………………………………………………… 095

　　二、早期的伦理决策理论 ……………………………………… 097

　　三、对早期的伦理决策理论的评价 …………………………… 100

　　四、近期的伦理决策理论 ……………………………………… 102

　　五、对近期的伦理决策理论的评价 …………………………… 128

　　六、总　结 ……………………………………………………… 130

第七章　管理体系

　　一、引　言 ……………………………………………………… 132

　　二、管理体系对组织不端行为的基本解释 …………………… 133

　　三、显性控制 …………………………………………………… 134

　　四、隐性控制 …………………………………………………… 141

　　五、结构性过剩 ………………………………………………… 148

　　六、对管理体系解释的评价 …………………………………… 148

　　七、总　结 ……………………………………………………… 150

第八章　情境化的社会影响 … 151
一、引　言 … 151
二、社会信息处理 … 152
三、群体思维 … 155
四、情境的定义 … 159
五、互惠的规范 … 161
六、群体动力 … 163
七、社会性比较和基于喜爱的顺从 … 166
八、承　诺 … 168
九、对情境化的社会影响解释的评价 … 178
十、总　结 … 180

第九章　权力结构 … 183
一、引　言 … 183
二、权力的本质 … 184
三、权力对服从者的影响 … 190
四、权力对其拥有者的影响 … 199
五、正式权力、非正式权力和不端行为的演变过程 … 205
六、Andy Fastow 在安然的非法特殊目的实体 … 206
七、对权力结构解释的评价 … 216
八、总　结 … 217

第十章　意外不端行为 … 220
一、引　言 … 220
二、错误的系统设计或操作 … 222
三、不可避免的复杂而紧密的耦合系统 … 235
四、各类意外事件分析之间的关系 … 246
五、意外事件和不端行为的关系 … 247

六、评价和总结 …………………………………………………… 252

第十一章 组织不端行为的社会控制 …………………………… 254
一、引 言 …………………………………………………………… 254
二、社会控制机构如何制造不端行为 …………………………… 255
三、社会控制机构划分正当与不端界限的决定因素 …………… 265
四、越轨身份感的制造 …………………………………………… 276
五、对社会控制解释的评价 ……………………………………… 277
六、总 结 …………………………………………………………… 278

第十二章 结 语 …………………………………………………… 279
一、引 言 …………………………………………………………… 279
二、对行为不端者的致歉 ………………………………………… 280
三、根除组织不端行为的方法 …………………………………… 282
四、总 结 …………………………………………………………… 294

参考文献 ……………………………………………………………… 297

Chapter 1
第一章

概 述

在过去十年中，组织中不断发生的不端行为定期占据着各种新闻报道的版面。最为突出的案例即是安然公司，它涉及能源市场操纵、欺诈性会计以及特殊目的实体利益冲突。其他案例包括世通公司的假账事件、美国泰科公司不当使用公司资源以获取高管津贴，以及美国废物管理公司事后签署股票期权事件。许多被高度曝光的组织不端行为在本质上较为集中，均涉及同一组织或相互依赖的组织中许多个体之间的相互作用。上述所援引的每一个组织不端行为实例均符合这一描述。

组织不端行为对其受害者的影响十分严重。它可能会对消费者造成伤害。例如，服用了惠氏制药公司生产的药物芬氟拉明（其是处方食欲抑制剂混合物 Fen-Phen 的有效成分）的女性，并未被完全告知该药物的危险性。因此，许多人服用了该药并意料之中地承担了可能患上原发性肺动脉高压和心脏瓣膜疾病的高风险，这两种疾病会使患者十分痛苦并丧失能力，在许多情况下甚至会直接导致死亡（Mundy，2001）。买下阿彻丹尼尔斯米德兰公司（Archer Daniel Midlands，ADM）的农业综合企业实质上也承担了更高的费用，因为 ADM 与其他赖氨酸的生产商合谋将牛饲料添加剂的价格定在市场水平之上（Eichenwald，2000）。

组织不端行为也会常常对投资者造成伤害。在培基证券公司，当那些被错误描述和伪造的金融工具破产时，许多购买了有限责任合伙公司（这些公司看似没什么风险，但在一些情况下却属于完全造假）股份的中老年人损失了他们一生的积蓄（Eichenwald, 2005）。20世纪80年代，对于那些将存款放于当地储蓄机构并购买了其股票的群体成员来说，当储蓄机构与贷款机构因卷入一系列欺诈性交易事件而相继破产时，他们也损失了自己所有的积蓄（Pizzo, Fricker, and Muolo, 1991）。

组织不端行为也可能对雇员造成伤害。当安然公司被指控存在大量的高管金融与会计欺诈行为，遭受连续打击并面临破产时，那些将养老金投资给安然公司的工人与经理们也只能看着他们的退休金化为乌有（McLean and Elkind, 2004）。最后，组织不端行为也会对其周边的群体造成伤害。20世纪70年代，居住在美国拉芙运河（Love Canal）附近的女性流产率不断升高，她们的孩子先天缺陷及幼年重病的比率也显著高于平均水平，这极有可能是由于胡克化学公司倾倒在运河中的有毒废物污染了纽约北部社区的水源（Verhovek, 1988）。十年之后，在印度博帕尔联合碳化物化工厂将有毒气体排放到化工厂周边的大气中后，住在该化工厂附近的居民失明或患上呼吸道疾病甚至死亡（Shrivastava, 1991）。

组织不端行为对实施该行为的违规（法）者也具有重大影响。多年以来，对公司及其领导者的起诉事件极为鲜见，而且处罚措施一般也较为温和。但在1991年，美国发布了更为严厉的量刑指南。这些与其他相继发生在美国或国外的法律变化一起，使组织及其领导者更易受到起诉与惩罚。近年来，因反对公司的肆意行为，涉案金额高达1亿美元及以上的民事判决已变得十分常见。此外，被定罪的公司与白领罪犯也面临巨额罚款，白领罪犯还要接受长期监禁。但可以说，对组织及其领导者的处罚其实还不够频繁和严厉，由此也导致不端行为不但未对犯罪者造成震慑，有时反而带给他们极大的利益。但对于接受处罚的公司与个体来说，日益严厉的惩罚的重要性不可否认。无疑，不管是受害者还是不端行为的始作俑者，他们所承受的所有后果，都是个人的悲剧和对经济资源的浪费。

本书是对组织不端行为产生原因的一种评论与理论扩展。我主要在个体层面上开展理论分析和检验，并基本只关注集体不端行为。并且，尽管我考察了从政府机关到金融机构等许多不同类型组织的不端行为，但我主要关注的仍然是私营企业组织。简单地说，我主要对以下两个方面的因素开展了研究：一是导致董事、高层管理者、中层管理者以及基层员工开始实施不端行为（这些行为或最初或最终涉及多个个体）的因素；二是使这些组织成员加入其他实施不端行为的行列中的因素。我并非力图识别导致一些子单位、组织、行业或者更高水平的社会组织更易产生不端行为的因素，也不关注诸如挪用公款的白领犯罪，因为这种犯罪往往由单独的个体实施。

我对这些理论的批判性分析为组织不端行为的相关文献做出了六点贡献：

第一，我对关于组织不端行为的两种重要观点进行了区分。这些观点呈现了关于组织不端行为的本质、行为不端者的特征以及组织不端行为原因范畴的不同看法。传统的观点将不端行为概念化为一种异常现象。另一种观点则恰恰相反地将其概念化为正常现象。

第二，我提出了两种理想型方法以分析组织不端行为产生的原因。第一种方法，同时也是更为长久和被广泛接受的"主导性"框架，是假定不端行为是由谨慎的理性经济人在孤立的社会环境中深思熟虑，制定离散决策，并形成参与不端行为的积极倾向而产生的。另一种方法，是一种较新且越来越受欢迎的"替代性"框架，假定不端行为有时是由一些无意识的有限理性人在紧急社会情境下，以一种暂时拖延的升级方式构想其行为，他们从未形成实施不端行为的积极倾向。

第三，我对组织不端行为的八种具体解释进行了详细阐述。其中的两种解释来自将组织不端行为视为非正常现象的观点，包含解释不端行为的主导性方法：理性选择和文化。五种解释来自将组织不端行为视为正常现象的观点，包含解释不端行为的替代性方法：管理体系，情境化的社会影响，权力结构，意外事件，社会控制。最后一种解释，即伦理决策，搭建起了上述两种观点之间的桥梁。关于组织不端行为的这两种重要观点之间的关系、分析不端行为产生原因的两种主导性方法之间的关系以及上述八种对不端行为的具体解释均在图1.1中进行了描述。

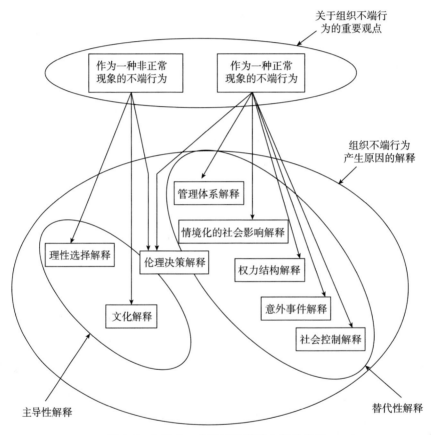

图1.1　各观点、方法以及解释之间的关系

第四，我对不端行为的一种主导性解释和五种替代性解释进行了详细阐述。我认为，关于组织不端行为的所有八种解释均有其重要价值，并且相互补充。但在下一章中将明确的是，我支持组织不端行为的"正常观"以及解释不端行为的替代性方法。因此，我并非只是回顾正常化视角下的不端行为解释以及替代性解释，也在努力发展并丰富这些解释。

第五，通过运用丰富的案例研究材料，我对关于组织不端行为的八种解释进行了阐述。许多关于组织不端行为的研究均采用量化实证研究方法，尤其是实验研究和田野调查。这些方法被证实十分有效，尤其是在对不端行为的主流观点进行详细阐述时。但我认为，如果我们想要完全理解组织不端行为产生的原因，尤其是本书所赞成的对不端行为的一种关联性解释和五种替代性解释所阐释的原因，那么这里所呈现的那种定性案例分析就是有用的，而且在某些方面是必要的。

第六，我对本书中所研究的不端行为的全部解释的现实意义进行了深入思考。大多数的组织学者将组织研究视为一种应用型研究，由此认为他们有责任在研究组织现象时着眼于发展其实际应用（Thompson，1956）。大多数情况下，组织学者在研究现象时已着眼于提高组织效率与效果（March and Sutton，1997；Augier，March，and Sullivan，2005；Khurana，2007），但早期的学者就告诫组织科学家要开展能够降低腐败发生率的研究工作（Boulding，1958），并且许多研究不端行为的学者应该提供规范的建议，对此，我将致力于继续推进这项工作。

在下一章，即第二章中，我对组织不端行为的两种重要观点和分析不端行为产生原因的两种方法进行了更为详细的阐释。我也更加准确地说明了关于本书所思考的组织不端行为的这些观点间的关系以及各方法与八种具体解释的关系。在第三章中，我对不端行为的定义进行了拓展，以引导我对不端行为产生原因的研究。此外，我也对本书写作过程中如何发展理论以及分析数据进行了相应的说明。为了理解某一现象的原因，我们必须要有清晰的概念界定、理论构建策略以及证据整合方法。在第四章至第十一章中，我呈现了关于组织不端行为的八种具体解释。在最后一章中，我对本书中关于不端行为解释的实际意义进行了深入思考。

Chapter 2
第二章

// 组织不端行为的两种视角 //

组织不端行为可以从两种对立的视角来理解：一种视角认为组织不端行为是一种非正常现象，另一种视角则认为组织不端行为是一种正常现象。此外，组织不端行为产生的原因也可以用两种不同的方法来理解：主导性解释和替代性解释。最后，对于组织不端行为还有八种各不相同的详细解释。接下来，我会概述不端行为的两种对立视角，详细介绍不端行为产生原因的两种不同理解方法，并为组织不端行为的八种解释进行铺垫。我也会指出，为什么我相信从组织不端行为"正常观"的视角得到的对于不端行为的解释以及结合替代性方法来理解组织不端行为是尤其值得更多关注和发展的。

在完成了对构成本书核心内容的视角、方法和解释三个方面的讨论之后，我会详细描述一个组织不端行为实例，这个实例阐明了不端行为的两种不同理解方法。这个实例既有助于巩固我对这两种理解方法差异特征的描述，也能为介绍不同类型的论据服务，我将在详细介绍本书提到的不端行为的解释时用到这些论据。在本章的结尾，我将会对本书的主要内容做一些评论，并且说明我写作本书的主要目的。我认为本书中提出的一些观点将会与以往的观点有天壤之别。有鉴于此，我会在一开始就努力阐明我的观点和目的。

一、两种对立的视角

(一) 组织不端行为是一种非正常现象

大众和大多数学术观点都默认为组织不端行为是一种非正常现象。不端行为被认为是异常的——表现出与常态的明显偏离,因而意味着是极少见的。另外,行为不端者被认为是格格不入的——尤其是当他们怀着恶意采取行动时,这种人有时被比喻成"坏苹果"。一些人认为行为不端者有着卑劣的人格特征,比如说过度的贪婪。其他人则认为行为不端者具有冷漠的态度,比如对他人财富的漠不关心。最后,人们相信不端行为是由一些小范围内有瑕疵或者扭曲的组织结构所引起的,这种组织有时被称作"坏桶"。一些人聚焦于指向不明的组织激励机制,认为其刺激人们去追求不正当的目标。其他人则聚焦于堕落的组织文化,认为是这种文化促使人们以一种反常的方式去思考和行动。有时,这些分析是明确的。然而,更多的时候它们仅仅是被用来劝告改善管理体系和更新伦理规则的,二者都是为了纠正指向不明的激励机制和堕落的文化。有时,大众和学者认为关注"坏苹果"和关注"坏桶"这两种对立的观点存在很大的差异,认为其中一种导向比另一种好。但是,我认为这更像是同一系统内部的争论而非方向性的分歧。

曾是《哈佛商业评论》编辑的 Thomas Stewart,在评价全球商业的一般状态时(2004)采纳了"不端行为是一种非正常现象"的观点。他在《金融时报》的意见板块(opinion piece)中写道:

> 后安然时代,后壳牌时代,后世通时代,后帕玛拉特时代,商业世界就像是由伦理道德编织而成的短裤,商业大厦则由砖块般的一份份合同所筑成。很多人危如累卵,钱很可能属于陌生人,而不是我们的邻居。如果没有道德来规范契约,促使平等交易,那么生意永远做不成。正因如此,监管机构才会加大监管力度。正因如此,全世界的商学院都

在其课程中更加重视伦理道德。也正因如此，那些有过前科的公司，如美国泰科，已经采取令人印象深刻的保障措施来促使自己遵纪守法。总有一天这匹野马会被拴住——贪婪是一种很聪明的动物——但不应该是在马厩的门上加上新锁。

耶鲁大学经济学杰出教授Robert Shiller在《纽约时报》的一个专栏中评价纽约证券交易所一起不端行为的具体案例时，也含蓄地表达了这一观点（Shiller，2005）。纽约证券交易所支付给其董事会主席Dick Grasso的薪酬方案受到公众的指责，并随之引发纽约州检察长同时对交易所和Grasso提起民事诉讼。Shiller对Grasso的巨额工资补偿方案高达1.87亿美元表示非常愤怒，并质疑道："为什么交易所的董事们没有发现这一天文数字？为什么他们不认为自己有责任找出事情的真相？"在简短提及纽约证券交易所"安全控制的无效性"后，他把注意力转移到他认为导致这种极度过分行为出现的主要原因上，并进一步将其延伸至组织不端行为。他指出："我不会读心术，但从某种程度上来说，现有剧目的演出者，那些已经不在剧场内演出的演出者，以及美国泰科公司、世通公司和南方保健公司那些前任主角们，都已经为内涵广泛的商业文化所形塑，这种说法是公正的。"Shiller把内涵广泛的商业文化的起源定位于我们商学院的研究生院，这些学院的课程"经常鼓励学生从人类的本性去思考而非激发其崇高的品格"。他深刻分析了商学院这些标准化的课程，发现它们大多赞美自私自利的行为，从而印证了自己的结论。Shiller教授专栏文章的全部信息都很清晰：Grasso的工资补偿方案明显是不适宜的，那些明确支持这一工资补偿方案的人存在过失。此外，这一极端的工资补偿方案之所以被批准，根本原因在于纽约证券交易所董事会的文化（或者更宽泛地说，整个商业文化）都陷入了片面化之中，因此被扭曲了。

（二）组织不端行为是一种正常现象

尽管大多数描述组织不端行为的人都将其视为非正常现象，但越来越多的学者隐含地把它当作一种正常现象。这种相反的视角假设在大多数情况下，组织的不端行为与正当行为没有太大差别。部分原因在于，在大多数成熟社会中，无论是资本主义还是社会主义性质的社会，在人格方面，竞争性的压力都要求在组织中工作的人（以下简称"组织参与者"）在正当与不端界限附近开展工作（Coleman，1987，1988；Braithwaite，1988）。相比其他经济参与者，那些在这条界限安全边界工作的人处于劣势。然而，一般来说，邻近正当与不端界限的区域通常是灰色地带。组织参与者在这些灰色地带中工作，并努力试图靠近而非跨越那条界限时，会面临认知和行为上的严峻挑战。这些认知和行为上的挑战在解释本书提到的许多组织不端行为时起着重要作用。

此外，将组织不端行为看作正常现象的视角假设行为不端者大都是正常人，他们并不具有反常的特质（比如说，反社会倾向）或者使人们表现出极端行为的典型特质（比如说，反常的贪婪或者野心）。组织是最好的平衡杠。那些约束行为的结构和过程，倾向于降低个体之间差异的重要性（Pfeffer and Davis-Blake，1989；也可参见 House，Shane，and Herold，1996）。这一假设对接下来的分析有非常重要的意义，也就是说，即使是最有道德意识、遵纪守法、有社会责任感的组织参与者，也有实施不端行为的可能。

把组织不端行为看作正常现象的视角也假设不端行为可能是组织中塑造组织参与者行为的全套结构和过程的产物。此外，它也假设这些结构和过程有时可能会使不端行为增加，并使之等同于正当行为的产物而成为一种风气（fashion）。这些在组织中塑造行为并可能会促进不端行为的全套结构和过程包括管理体系、情境化的社会影响、权力结构以及易受意外事件影响的常规技术流程。

最后，把组织不端行为看作正常现象的视角假设不端行为是普遍存在的。许多有关组织不端行为的学术文章和热门书籍都有一个像本书一样的开头，引用当下几个很显眼的、读者们都很熟悉的不端行为的案例：世通公司、美国泰科公司、废物管理公司以及安然公司。但是，更多的是过去和最近发生的不那么引人注目的案例,其中一些将会在本书中加以检验,包括 20 世纪 50 年代的电视智力竞赛节目骗局、20 世纪 60 年代的 B. F. Goodrich 制动器骗局、20 世纪 70 年代 Colonial Pipeline 公司的贿赂事件、20 世纪 80 年代的内幕交易阴谋、20 世纪 90 年代 Fen-Phen 公司的厌食剂悲剧,以及 2008 年发生的次贷危机以及随后的金融危机。的确,组织不端行为的历史可以追溯到大型组织的产生,包括宗教集团、国家政权和商业企业。第一个被报道的金融骗局发生在 1711 年,那个时候正是股份公司发展的黎明时期,最后导致了南海泡沫事件,并触发了一次全球金融危机(Carswell, 2001)。

作为现代社会的开创者之一,Emile Durkheim 也是最先指出不端行为在社会中普遍存在的人之一(Durkheim, 1984, 1997)。简单来说,他认为社会必须创造出不端行为才能生存下去。社会是由对可接受行为有相同定义的人组成的团体。但是他们不能在定义可接受行为的同时不定义不可接受行为。此外,社会从挑选出那些实施不可接受行为的人并惩罚他们的过程中受益。这样做可以提醒社会成员,他们对可接受行为的看法是一致的,而这也加强了社会团结。在成熟社会,专业化的组织承担着标明正当与不端的界限并予以监督的必要职责。这些被社会学家称为社会控制机构的专业化组织有效地制造了不端行为,虽然采用的是一种与行为不端者完全不同的方式。

(三)小结

我已经讨论了理解组织不端行为的两种宽泛视角:一个已经确立起来的把不端行为看作一种非正常现象的框架,一个还在酝酿(embryonic)之中的、把不端行为看作正常现象的框架。我认为把不端行为视为非正常现象的观点是有价值的。所以,我花时间详细阐述由这个视角所引发的对不端行为的解释:理性决策和文化。这些解释将在第四章和第五章中介绍。但是,我也认为,把组织不端行为看作正常现象的观点是有道理的。此外,我认为这个视角考虑了不端行为范围广泛、鲜为人知的原因。出于这个原因,我致力于详细阐述并探索由这个视角所引发的对不端行为的解释：管理体系、情境化的社会影响、权力结构、意外事件以及社会控制。这些解释将在第七章到第十一章中介绍。另一个我还没有提到的对于组织不端行为的重要解释——代表了连接组织不端行为的两种重要观点的桥梁——伦理决策，我将会在第六章中描述和拓展。

图 2.1 描述了不端行为两种视角的特性、它们之间的关系，以及不端行为的八种解释。组织不端行为的前七种解释集中于不端行为的实施者。第八种解释——社会控制——聚焦于那些划分正常与不端界限的人。按照组织不端行为是一种正常现象的视角，我设想前七种解释更加普遍地根植于对组织行为的不同解释中。所以，我通过说明这些根源来开启我对每一种解释的详细阐述。

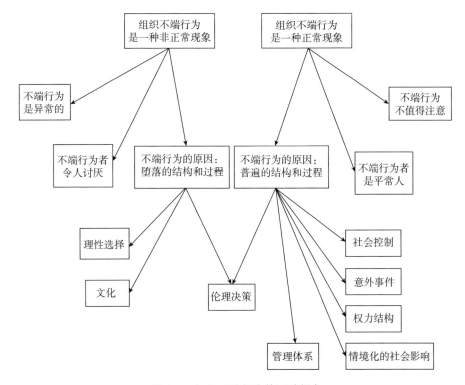

图 2.1　组织不端行为的两种视角

二、理解组织不端行为成因的两种理想方法

我们有两种对立的方法去分析组织不端行为的成因。第一种方法假设，行为不端者在实施我们所讨论行为的过程中，谨慎而理性地权衡利弊。它也假设行为不端者是深思熟虑的，很大程度上是不受社会情境直接影响的。它还假设行为不端者实施不端行为的决定是独立的。最后，这种方法假设一旦人们（不连续地）做出实施不端行为的决定，他们就会有一个积极的倾向去实施这些计划中的行为。因为这是最经常被人们采用的观点，所以我把它称为主导性解释。

第二种分析组织不端行为原因的方法有着完全不同的假设。它假设很多情况下行为不端者在实施组织不端行为时，并没有谨慎和理性地思考。它也假设大多数情况下行为不端者在实施组织不端行为时是受社会情境直接影响的。它还假设大多数情况下行为不端者以渐进方式实施组织不端行为，也就是说，在一个漫长的时期内，他们会越来越多地卷入不端行为中。最后，这种对立方法假设大多数情况下行为不端者实施组织不端行为前并不会产生一种实施不端行为的积极倾向。这一观点虽然较为少见，但近年来被越来越多地采用，我把它视为一种替代性解释。

虽然这两种理解组织不端行为原因的方法并非由在前面部分提到过的组织不端行为的两种视角所直接产生，但它们是与这些不端行为的特定解释内容相关联的。理性选择和文化方面的解释适用于分析不端行为的主导性方法。管理体系、情境化的社会影响、权力结构、意外事件和社会控制方面的解释则适用于替代性方法。最后，伦理决策方面的解释再一次充当桥梁的作用，横跨这两种方法。表2.1表明独立决策和成长过程的细微差别是显而易见。不过，我认为解释不端行为的这两种方法之间的其他三个区别要模糊得多。所以，我会更加详细地解释它们。

表 2.1 解释组织不端行为成因的两种理想方法

	潜在行为不端者深思熟虑的程度及特征	潜在行为不端者的当下环境	潜在不端行为过渡到事实不端行为的时间特征	潜在行为不端者会在多大程度上有意识地过渡到事实不端行为	采用这种方法的解释
主导性解释	下意识的、理性的	情境真空	独立决策	积极倾向	理性选择，文化，伦理决策
替代性解释	无意识的、有限理性的	情境嵌入	成长的	缺乏积极倾向	管理体系，情境化的社会影响，权力结构，意外事件，社会控制，以及伦理决策

（一）无意识与有限理性

根据 Langer 和 Moldoveanu（2000：1-2）的定义，"专注……可以被理解为画出新的不同之处的过程"和"画出新的不同之处的过程会导致一些差异化的结果，包括：①对环境更加敏感；②对新信息更加开放；③创造出感知结构的新类别；④更加意识到问题解决的多维视角。专注的主观'感受'是一种参与和觉醒或者活在当下的高级状态"。重要的是，专注包括对直觉和感情的关注。正如 Langer 和 Moldoveanu（2000）所说的，"专注不是一个冰冷的认知过程。当一个人在积极地描绘新的区别时，他整个人都在参与其中"。Weick 和 Roberts（1993：361）吸收 Ryle（1949）的观点，提出了一个非常相似的概念：留心（heedfulness）。根据他们的看法，"当人们或多或少地表现出小心翼翼、批判、一以贯之、有目的、聚精会神、好学、警觉、一丝不苟或者顽强时，他们就是处于留心的状态"。因为专注和留心实际上是相同的概念，而且读者更加熟悉专注这个术语，所以在本书中我将会更多地使用专注这个词。

对组织不端行为的主导性解释假设组织参与者是专注的。但是我在本书中支持的替代性方法假设组织参与者实施不端行为时大多数情况下都是处于一种无意识的状态。Langer 和 Moldoveanu（2000：2）说道，当我们无意识地行动时，"我们依赖过去找出的不同之处和种类，而且规则和程序更可能支配我们的行为，而不去考虑当前的情况"。Weick 和 Roberts（1993：362）说道，不留心的行为是"粗心大意的、漫不经心的、考虑不周的、毫不关心的、无关紧要的"，并且代表"一种我们应该看到、记住并且留心的失败"。

理性有多种定义的方式。在本书中我采用一种常识性的定义，将其等同于对其他行动方案有关的完整数据的透彻分析。有两种类型的理性：实质理性，是对与所追寻目标有关的完整数据进行彻底的规范评价；形式理性，是对与所追寻目标有关的完整数据进行彻底的成本-收益分析（Schroyer，1975）。

对组织不端行为的主导性解释假设组织参与者在专注时会以一种理性的方式进行思考。但是在本书中我支持的替代性方法假设组织参与者是专注的，但大多数情况下是以一种有限理性的方式来实施不端行为的。有限理性是一种因为对信息积累和处理的有限人力的妥协而造就的专注。笼统地讲，这个世界很复杂，因此进行有关行为及其后果的全面成本-收益或规范性审议所需的信息通常是巨量的。此外，人们是有限理性的，也就是说，即使为了做出彻底的分析、评价或者决定而进行周密的成本-收益分析、规范性评价或者伦理决策所需要的信息是适量的，他们的认知能力也是有限的（March and Simon，1958）。

对无意识状态较好的描述是对环境的自动反应、跟随内在的倾向、习得的社会礼仪或者组织规范和礼节。比如说，Langer 和合作者（Langer, Blank, and Chanowitz, 1978）进行了一个研究，研究显示如果有其他的学生说出了一个请求插队的理由，则正在排队等待使用复印机的学生很可能会让这些学生插在他们前面，即使插队者使用的这个理由仅仅是在重申其插队的要求（学生们可能仅仅只是说他们需要插队来证明他们需要插队）。Langer认为，人类有一个内在倾向或者内化的社会礼仪，表明我们会接受有辩护的请求。

Dennis Gioia 对他在福特汽车公司作为实地召回协调员的工作的描述能够很好地阐述复杂的完全/有限理性困境。Gioia 称，"追踪这么多活跃或者潜在的召回活动的工作，其复杂性和节奏难以言表，但它仍然是我曾经做过或者想要做的最繁忙、信息最丰富的工作。每一个案子都有一个金字塔式的信息收集和处理的阶段。我很清楚地记得有几次信息处理的要求使得我把一个案子和另一个案子弄混了，因为这些候选的召回案件显示出来的迹象是如此相似"（Gioia，1992：382）。下一章我会回到 Dennis Gioia 和福特的例子，因为尽管越来越多证据表明小型汽车在慢速行驶的过程中从后面受到损伤时容易起火，但仍有很多安全协调员建议不召回福特平托车，Gioia 就是其中之一。

（二）直接社会环境

从本质上来说，所有的人类活动都是社会活动。人类的经验很大程度上是由接触社会建构的输入构成的。比如说，我们说的和听到的词汇只有在同一种语言的情境下才能被理解。我们所看到的物品只有在相应的市场、科技体系和文化之中才能被获取、操作、欣赏、交换。对组织不端行为的主导性解释假设，行为不端者就是以这种方式被他们所处的社会环境影响的。但是，在本书中我所支持的替代性方法假设，组织参与者以一种更加直接的方式被他们所处的社会环境影响。明确地说，它关注那些组织参与者所嵌入的管理体系（例如，规则和标准作业程序）、情境化的社会影响过程（例如，小群体充满活力）、权力结构（例如，正式授权和资源依赖）、技术体系（例如，任务的相互依赖性），以及社会控制关系（例如，与执法人员的交互作用）。而且，它考虑这些结构和过程怎样才能即时地影响人们如何思考和行动。

(三) 积极倾向的缺失

一个实施行动方案的积极倾向代表一种心理状态,在这种状态下,一个人认为行动是合乎需要的,特别是相对于现有的其他行动方式而言。区分一种以特殊方式行动的积极倾向与意向是十分重要的,因为心理学家们以一种非常精确的方式使用"意向"这个术语。实施行动方案的倾向是一种从环境中产生的心理状态(Pfeffer and Davis-Blake, 1989)。与之相比,意向是一种人们带到环境中去,并且影响他们在环境中的思考和行动方式的心理状态。意向包括人格特质、需求状态、态度、偏好以及动机或者目标(House, Shane, and Herold, 1996)。意向是相对稳定的,也就是说,在不同时间和环境下它们趋向于保持不变。但是它们在稳定性上会有很大差异,并且甚至能被经验影响。比如说,人格特质经常被认为是相对稳定的,但需求状态被公认为是会随着需求满意度而变化的。

对组织不端行为的主导性解释假设,组织参与者在实施不端行为之前就已经有一种实施行动方案的积极倾向。典型的主导性解释假设,实施行动方案的积极倾向都是在深思熟虑之后产生的。不管它们起源于何处,参与一种行为的积极倾向是行动意图和实施行动的前兆。我所主张的解释组织不端行为的替代性方法假设,人们并不总是在实施不端行为之前就已经有了实施不端行为的积极倾向。典型的对组织不端行为的替代性解释假设,人们有时是在无意识地实施不端行为,是一个从来没有积极倾向甚至没有行动打算的结果。反而,行动是自动完成的——找不到其他更好的词来形容了。事实上,替代性方法允许组织参与者有实施不端行为的方案,尽管他们在实施这种行为上具有消极倾向。这类例子包括某种形式的强制和胁迫。

(四) 小结

我已经讨论过用来理解组织不端行为的两种方法:一种已经确立的主导性解释和一种新出现的却越来越流行的替代性解释。我认为解释组织不端行为的主导性方法提及了组织中不端行为的一个重要维度。毫无疑问,有时人们深思熟虑并理性思考,独立于相关社会环境之外,做出不连续的决策,并且有实施不端行为的积极倾向。但是我认为解释组织不端行为的替代性方法的观点也是可靠的。也就是说,我相信随着时间的推移,人们会无意识地参与到不端行为之中,但他们是有限理性的,受到社会环境的影响,甚至没有那样做的积极倾向。此外,我相信替代性方法抓住了主导性方法没有看到的特点:组织不端行为有时是复杂的。而且这一信念增强了我的动机,让我不仅详细阐述而且还提出了管理体系、情境化的社会影响、权力结构、意外事件、社会控制以及伦理决策来解释组织不端行为——这些方面在不同程度上结合替代性的观点来解释不端行为。这一信念也引导我去完成对组织不端行为八种解释的介绍,并且评价在何种程度上这些解释能够契合替代性解释中关于组织参与者怎样逐渐去实施不端行为的假设。对不端行为的解释不能很好地契合替代性解释假设的迹象促使我去寻找其他能够更好地契合这些假设的理论。

三、对理解组织不端行为成因的两种理想方法的阐述

在这一部分,我将借用职业自行车手 Paul Krimmage 对于他自己在职业生涯中使用被禁止的用来提高成绩的药物(兴奋剂)经历的描述,来阐述我们已经在前文中详细介绍过的两种解释组织不端行为的理想路径。我也会借助他的案例向读者们展示一些证据,以此来阐述已经在本书中提到的那些观点。Krimmage 在职业自行车手中是一个饱受争议的人。离开职业车队后,他选择从事新闻工作。自此以后,不论是在印刷刊物上还是在公共场合,他都坚持不懈地质疑自行车协会消除兴奋剂的承诺,以及对该项运动顶级车手的惩罚。其中最臭名昭著的便是 Lance Armstrong。有些人质疑 Krimmage 如此积极地追踪兴奋剂话题的动机,但是据我所知,没有一个人质疑他对自己的经历所做出的解释的可信度。

Paul Krimmage 10 岁时在他的家乡爱尔兰以业余爱好者的身份开始参加公路赛，并在他 24 岁时加入职业自行车手的行列。他的职业自行车手生涯从 1986 年的冬天到 1989 年的夏天，并且最终三次角逐环法自行车赛（是那个时候为数不多的能够参加这项著名的多日赛的爱尔兰职业自行车手之一）。在 1989 年的环法自行车赛上，他的职业生涯终止于比赛开始后的第 12 天，和很多落后选手一样，他被强行要求放弃比赛。

　　早在 19 世纪末，职业自行车手们就开始服用一系列被认为可以提高成绩的药物，包括硝化甘油、由可卡因制成的药物以及士的宁。直到 1967 年的一次比赛中一位选手死于摄入安非他命后，官方和公众才开始密切关注兴奋剂的使用。这一时期，各种管理机构——其中最著名的是国际奥林匹克委员会和国际自行车联盟——开始制定各种禁止使用特殊药物的规则。然而，在自行车比赛中兴奋剂的使用仍在继续，而且至今都很普遍。部分原因在于，发展和确定检测禁药的可靠手段被证明存在技术上的难题及政治上的问题。但是，也有部分原因在于，当技术进步及政治意愿允许设计和完善对已有禁药的严格检测手段时，那些自行车团体中有野心的成员已经研究出新的兴奋剂。

　　当 Krimmage 进入职业自行车手行列时，许多车手正在使用安非他命（作为比赛时期的刺激物）以及可的松和睾丸素（作为训练和赛后的恢复辅助药物）。而且在 20 世纪 90 年代，一些车手会试用一系列类固醇、荷尔蒙制剂和副作用更大的化学药品，比如红细胞生成素（EPO），这些已经成为许多车手日常训练和竞赛方案的一部分。Krimmage 写了一本关于他自行车生涯的回忆录——《艰苦的骑行》（*Rough Ride*），其中坦率地提及他服用违禁药物的经历：在职业生涯的大部分时间，他都是清白的，但是在 1987 年的三次比赛中，他服用了安非他命。

　　Krimmage 的一些回忆表明，他曾经在一个相对较短的时期内，在处于一种较少与其他人发生直接社会交互作用的情境中时，进行过聚焦且头脑清醒的思考，且这些深思熟虑很大程度上使他产生了一种避免使用被禁止的兴奋剂的积极倾向。这与解释组织不端行为的主导性方法是一致的。比如说，

Krimmage 回忆了他在 1986 年第一次参加环法自行车赛期间考虑使用被禁止的兴奋剂的情况。这次比赛包括 20 多个赛段（单独的比赛），每个赛段的赛程都超过 100 英里（约 161 公里），而且其中一些赛段还包括多个陡峭山峰的最高峰，这些赛段都要在一个月内完成。比赛的前八天，Krimmage 很卖力地比赛，表现得很好。但是第九天时，严重的疲劳感袭来。于是他考虑使用安非他命。Krimmage（2007）写道："我已经筋疲力尽了。我的能量已经被耗光了。还有 14 个赛段需要完成，我要做出一个决定，一个很大的决定，我人生中最大的决定。我是否要用它们来使自己重新获得能量？"（pp. xv）在考虑这个问题之后，他决定放弃使用兴奋剂。正如他所说的，"在比赛的第九天，这项运动出卖了我（暴露出我能力不足）。我不准备用吃药的方式使我的运动生涯更进一步"（pp. xvi）。他之所以会这样连续回忆起这个决定，部分是因为原则问题，部分是因为害怕，这两个方面的原因他都在回忆录的后面做了详细阐述。

然而，Krimmage 的其他回忆却表现出与解释组织不端行为替代性方法的一致性。其中的一些回忆表明，他多次重新考虑过使用禁药的问题，而且他的行为随着时间的推移而有所变化——这一定程度上是他多次决定的结果。当 Krimmage 以一个职业自行车手的身份开始他的职业生涯时，他认为摄入药物，尤其是注射药物（无论是合法的还是被禁止的）都是在使用兴奋剂。他拒绝了注射完全合法的维生素 B12 的提议。他甚至拒绝了使用合法的口服维生素补充剂和咖啡因药丸的提议。但是随着时间的推移，他在他的训练方案和赛前准备中使用了这些药物以及其他合法的化学助剂（比如那些有助于消化的药剂）。最后，在一个为期两周的赛段中的三场比赛中，他注射了被禁止的安非他命。尽管在这个相对短暂的使用兴奋剂时期之后的两年内，他都是"干净"的。

此外，他的一些回忆表明，导致他行为转变的深思熟虑偶尔会妥协、偶尔会短路，甚至偶尔会在事后才反应过来不对劲的地方。比如，在 1987 年参加环意大利自行车赛期间，在他结束了一段非常艰辛的赛程之后，一位医生进入他的房间并给他静脉注射了一支葡萄糖。队医和教练员以前无数次向他提供过药片和静脉注射剂，但他都拒绝了，因为他担心这些药片或者注射剂里可能会有被禁止的兴奋剂成分。但是这一次，Krimmage 回忆，他仅仅是简单地伸出了胳膊，没有多余的力气去询问注射剂中是否可能有其他成分（很可能是被禁止的）。

在这之后，Krimmage 回忆了他第一次决定使用安非他命之前的心理状态。他在 1987 年的环法自行车赛中落后了，并被强行要求放弃比赛。他处在一种失落的情绪当中，暂时停止了训练。几个星期之后，紧随环法自行车赛的是被称作法国经典环形公路赛的一系列单日赛，他被安排作为第一批选手参加比赛。职业自行车手会参加这些单日赛，这种也被称作环形公路赛的比赛中的表演成分胜过竞赛成分，选手们按照与组织者签订的合同获得酬劳。虽然大多数自行车赛的路线是开放的，观众们能够免费观看比赛，但是法国经典环形公路赛的路线是封闭的，观众们得付费入场。此外，那些领头的车手们已经私下决定了这些单日赛的结果，那些最近在环法自行车赛上表现出色的车手将会被判定获胜。Krimmage 担心自己可能无法出色"表演"，跟不上其他车手的节奏，因为他知道大部分车手将会"充电"，也就是说，使用安非他命。而且他担心自己如果没有好好表现，就将得不到报酬。但是他的推理一点也不冷静，也不镇定。他回忆道：

> 今天是不同的一天：今天他们将会花钱来看一场盛大的演出，所以我们理应好好表现。但是如果我做不到该怎么办？如果我跟不上其他人的节奏该怎么办？……经理还会继续按照合同给我报酬吗？我还有脸去找他要报酬吗？我不应该来这里——但是该死的，我需要这笔钱。Ann（我的未婚妻）现在和我一起生活。我们将会有更大的花销，我要承担更多的责任……我坐在床上看着其他人整装待发，在等待比赛开始的那一刻。我知道它总会发生。我在等待它发生。要命的是，我希望它发生。这个压力——我已经承受不住了。它发生了：看那些人的微笑……一个袋子被造了出来。在袋子里的是一些用白色安瓶装着的安非他命和

一些短注射器。一道目光朝我这个方向瞥了过来。我的"纯洁"在队里是众所周知的,而这是我唯一一拿得出手的东西了。我胡乱抓扯着头发,深深地吸了一口气。如果我只吃常规的酒店午餐就走出这道门,我的精神会崩溃的。我可能会被甩开(落在主力车手梯队后面),两圈之后就会被人们嘲笑。我再也无法承受任何耻辱了。好大的压力!我需要这笔钱。我只得点头同意了。

Krimmage 结束比赛回到家之后,重新思量了他先前做出的使用安非他命的"决定"。但是再一次,他根本无法深思熟虑。他回忆道:"白天发生的事情重新出现在我的脑海里,支持和反对的观点像是一场看上去永远不会结束的网球对抗赛一样,在我的脑袋里你来我往。'反对'打得很漂亮……但是'支持'以一些漂亮的截击球予以反击。"他的游移不定部分是因为在结束比赛几小时后安非他命的药效仍然还在。但是,也有部分原因在于这个决定的复杂性。在 Krimmage 的整个回忆录中,他多次思考赞成和反对使用兴奋剂的问题。

赞成的观点相对简单。禁药无法让他成为一个胜利者。但是它们能够帮助他成为一名有效的追随者(一位帮助队里最好的车手们赢得比赛的车手),他将因此赢得队友们的赞赏和运动总监(车队经理)的支持。队友们的赞赏能够使他被接纳:他能够成为"男孩们中的一员"。运动总监的支持代表他能继续以职业自行车手的身份留下来,而留下来代表着一些欢呼(更重要的是,可以避免被嘲笑)以及他自己和他的家庭的基本生活保障。最后,他冒过一次险,体会到了使用兴奋剂带给他的自我效能感——他感觉自己的竞争力增强了。并且,在拒绝使用兴奋剂后,他体会到了一种无价值的削平感。以前的比赛他成功了,现在他进入了预期中的失败,他知道对他而言超过那些使用了兴奋剂的车手是不可能的。

反对的观点也有很多,而且可能更加难以权衡。他害怕那种使用兴奋剂后随之而来的愧疚感。他预料到自己会产生这种愧疚感,因为使用兴奋剂违反了他从一个小孩起就已形成并一直坚守的价值观。他也害怕检测以及检测结果出来之后的影响。他的父亲曾经也是一位成功的业余车手，他视其为自己的偶像。他很享受他的爱尔兰同胞们对他的崇拜，他们一直在紧紧跟随他的职业步伐。他知道如果自己使用禁药且被检测出来并被公之于众，他将陷入一种极度难堪的境地。更现实的是，他害怕使用兴奋剂的副作用。他听说过使用类固醇、荷尔蒙制剂以及其他化学药剂会对身体造成损害，甚至导致死亡。此外，他也害怕长期使用这些药物可能会上瘾。最后，他发现自己厌恶把兴奋剂注入身体的每一个举动。

Krimmage 在之后的两个星期内又使用过两次兴奋剂。他回忆说这"很容易形成习惯"，这表明如果真要在这些情况下使用安非他命，那么他在这么做之前根本没有想太多。此外，他写道："我的新习惯令我担忧，我正在失去对兴奋剂的把控能力。"这意味着他发现在这些场合去深思熟虑或者按照他的考虑去行动是困难的。这样的结果就是，他决定再也不要在没有接受足够训练的情况下进行比赛了，而且他在自己四年职业赛车手生涯剩下来的时间里都是"干净"的。

Krimmage 也提及了一些往事，表明其周围的人对他的决策或犹豫不决起到了重要作用。他在第一次参加环法自行车赛中决定不使用兴奋剂时，他提到自己一直在努力抵制其他人可能的影响。他写道，"在我加入职业车队之后，我在许多场合目睹了药物的滥用，我尝试着不去接受这个事实——在这项运动中你可以打破规则并且逍遥法外（免受惩罚）"（pp. xv）。但是禁药在职业赛车手之间的普遍使用是不可能被忽视的事实。他描述道，他感觉到队友们和车队的领导者们希望他使用兴奋剂，因为这么做能够让他更有能力为车队做贡献。作为一名追随者，他的工作是帮助车队里更好的车手们得到并保持在一个位置上以赢得比赛，而他这么做的能力取决于他的体能状况。所以，当他拒绝使用兴奋剂时，他感到了"羞愧"（p. 125），甚至有一种"负罪感"（pp. 113-114）。最终，他因为拒绝使用兴奋剂而使自己融入队友们小圈子的程度受限。但是他非常想成为"男孩们中的一员"（pp. 91，98，146，150）。所以他开始回避那些他可能会被要求与他们一起使用兴奋剂的比赛。最后，当他第一次接受安非他命时，他记得自己当时的想法，"我已经加入了这个团队，这样做的感觉很令人满意"（p. 147）。当时，出于一个很实际的原因，他仍然需要他的队友们。正如前面已经提到的，Krimmage 发现自己厌恶注射任何药物（合法的或被禁止的）。如此一来，在三次使用安非他命的比赛中，他都依赖于他的队友来帮他注射。

最后，有好几次 Krimmage 似乎不仅感到使用兴奋剂有压力，而且感到自己被强迫这么做。他使用兴奋剂的决定似乎是被强迫的结果，也是权衡赞成与反对观点的结果：尽管他很不愿意，但他最终还是使用了兴奋剂。Krimmage 回忆到某次比赛中他的一位队友对他施加压力，让他"服从命令"。这位队友说，保卫车队的领先车手是 Krimmage 的"职责"，而 Krimmage 也心甘情愿地接受了这一职责。此外，这位队友还说，使用兴奋剂仅仅是"工作的一部分"，这是 Krimmage 的底线。Krimmage 写道，记得那一天，"我感觉他用枪指着我的头"（p. 114）。最终，Krimmage 把兴奋剂的使用归咎于体育界有权力的经纪人：车队赞助者，车队领导者，比赛组织者，甚至体育媒体。他觉得他们创建了一个强迫体系，在这个体系中，车手们别无选择，要么使用兴奋剂，要么放弃这项运动。确实，一直到他职业车手生涯的结束，强化他保持"干净"的决心的一个额外因素就是对这个权力体系的愤怒。

我们如何理解 Krimmage 在 1986—1989 年间普遍拒绝使用兴奋剂，但在 1987 年那段为期三周的时间内又使用安非他命的特例？更重要的是，我们怎样理解 Krimmage 告诉我们在他职业生涯期间有关使用兴奋剂的想法、感觉和行为？在本书中，我将试图展示解释组织不端行为的主导性方法以及运用这种方法所得到的不端行为的解释，这些解释提供了一个有用但不完全的 Krimmage（还有其他行为不端者）行为的影响因素图谱。我也会试图展示解释组织不端行为的替代性方法，以及运用这种方法所得到的不端行为的解释，这些解释是对主导性方法的有用补充，填补了图谱中那些模糊不清的重要部分。然而，在开始这项工作之前，我要先说说本书的基本信息和我的主要目标。

四、本书的基本信息以及我的主要目标

我已经概述了组织不端行为的两种主要视角。我也已经详细介绍了理解不端行为原因的两种方法。最后，我也早已强调，尽管我相信两种视角和两种方法都有其合理性，但我更为支持组织不端行为是正常的视角和解释组织不端行为的替代性方法。这个立场包含两种信息：一种可以被认为是乐观的，另一种可以被认为是悲观的。乐观的信息是组织中"坏苹果"（故意实施不端行为的人）的数量与"好苹果"（努力寻求正当行为的人）的数量相比是较少的。悲观的信息是如果组织无法发挥作用，那么大量的结构和过程就会导致"好苹果"中的很大一部分开始实施不端行为，或加入少数"坏苹果"的行列，有意寻求不端行为。总而言之，本书的悲观信息超过乐观信息。换而言之，本书对组织黑暗面的详细描述多于对组织阳光面的详细描述。

我尽我所能去展示组织行为不端的决定因素，尤其是那些使"好苹果"参与到不端行为中的因素，但我不会偏向任何一方。也就是说，我将不会对组织不端行为者进行道德评判。这部分是因为本书只是一种社会科学分析，而不是规范的评论；部分则是因为把行为标记为不端的，将个人标记为有罪的，是制造不端行为的一个维度。但是，我也必须承认，我不进行道德评判的部分原因在于，我"同情"许多组织行为不端者。他们面对的是一个复杂的世界，其有限的认知资源使他们装备简陋、步履维艰。而且，不会妥协的组织结构、顽固的社会心理过程、令人却步的权力，以及他们所直接面对的社会环境的其他强大方面都会影响其思想和行为。最后，行为不端者的行为会以一种难以追寻并且从属于难以克服的限制条件的方式而演化。随着我对本书中组织不端行为真实案例的深入挖掘，我得出一个结论：处于一个组织环境中时，即使是道德极其高尚、社会责任感极强，并且非常遵纪守法的人也很有可能被卷入不端行为之中。

尽管我不认为组织中大多数实施不端行为的人应该免于愧疚和惩罚，然而，我同情本书中描写的许多行为不端者，但大多数时候我既不认为他们的行为是可接受的，也不认为其行为的结果是不可容忍的。① 当然，原因分析可以用来作为责任归因的基础（Margolis，2001）。那些认为组织参与者从属于强大的外在力量的人倾向于对他们开恩释怀，虽然这并不是我的倾向。我希望通过帮助大家理解组织参与者是怎样实施不端行为的，为大家提供一种洞察力，帮助那些有可能实施令人遗憾的不端行为的组织参与者避免被卷入其中。

但是，第一要务是要说明一些技术问题。在下一章中，我将会展示我要用到的正当与不端的定义，构筑我所遵循的理论构建方法，以及我在本书中用到的研究方法。一旦这些完成后，我就能开始详细阐述我认为能够用来在组织不端行为这个主题上组织思维的八种解释。只有在我思量过不端行为的八种原因之后，我才能回过头来考虑怎样抑制组织中的不端行为以及由组织本身引发的不端行为。

---

① 当表达我个人对组织不端行为的反对观点时，我有意避免做出正面回应（假设允许我发现某些不端行为是可接受的）的原因在于，正如在第十一章会提及的，我认为当标记某些行为为不端时，会受到利益和权力的影响。

Chapter 3
第三章

定义、理论发展与方法

一、引　言

在我开始阐释组织不端行为的八种具体原因之前，我必须说明两件事：

第一，我需要阐释我在本书中使用的组织不端行为的定义。首先，我将详细阐述评判组织行为是否不端的三个基本标准：法律制度、伦理规范和社会责任原则。接下来，我将阐述两种定义组织不端行为的替代性方法——注释法和社会学方法，它们涵盖了上述三个标准。在权衡与比较它们各自的优缺点后，我将聚焦于社会学方法并具体解释该方法。之后，我将阐释我重点关注的一种组织不端行为：集体不端行为。

第二，我必须描述组织不端行为的理论解释和实证证据的性质。本书接下来的部分，将以对组织不端行为的八种解释进行具体说明为结构展开，同时也会通过组织不端行为的实际案例加以阐述。但这是基于两种不同但又相互关联的分析方式：一种是对前人关于组织不端行为理论和研究进行的理论分析，另一种则是对不端行为的实际案例展开的实证分析。在本章的总结部分，我会描述我是如何进行这两种分析的，这样将有利于读者批判性地看待我在本书中所采用的基本观点。

二、定义不端行为

(一) 评判行为不端的三个基本标准

1. 法律制度

评判一个行为是正当还是不端有三个标准：法律制度、伦理规范和社会责任原则。法律制度由书面的指导规范和禁止条例构成。地方、州或联邦政府机构，通过聘请全职的专业执法人员，对这些指导规范和禁止条例的一致性进行监督及调整。组织成员可能违反刑法和民法这两种法律。刑法和民法在以下方面各有不同：它们规范的行为类型不同、监督该种规定是否落实的专业执法人员不同、裁决行为不端者违反规定的程序不同以及对行为不端者的处罚不同。我们将不时提及这些差异。

研究组织中违法行为的学者对两种不法行为进行了区分。以牺牲组织利益为代价而使员工受益的不法行为，被称为白领犯罪（例如贪污）。以牺牲顾客、供应商、竞争者以及其他第三方利益为代价而使组织受益的不法行为，被称作公司犯罪（例如非法排放有毒废弃物）。基于以下两个原因，我并不关注这种区别。第一，不法行为会使组织和实施该种不法行为的组织成员均获益。在本书描述的许多不端行为的案例中，例如在第九章中讨论的安然公司的非法特殊目的实体，就是典型的例子。第二，白领犯罪和公司犯罪的不同，部分是由于对行为不端者动机的假设造成的：具体来说，就是行为不端者试图谋求的是公司利益还是他们自己的利益。但严格来说，并不是所有的行为都可以被认为是动机性的。在本书中，主要的观点认为，很多组织不端行为都不能被看作动机性行为。

2. 伦理规范

伦理规范包括书面的及非书面的指导条例和禁令。伦理性的指导条例和禁令的一致性，由合议庭进行监控和执行，或者实行非正式的政策管控。一些伦理规范体现在官方职业道德准则中，例如注册公共会计师的职业伦理规范。职业协会，例如美国注册公共会计师协会对这些职业伦理规范的遵从进行监督。违反这些伦理规范会受到官方制裁，例如不得从事公共会计师工作。其他的伦理规范，仅来自广泛共享的理念，例如禁止说谎。这些伦理规范的遵从由自我认定的评价者进行监管，例如大众媒体的代表。违反这些伦理规范通常会受到普通大众认可的惩罚。

商业伦理学者认为两种广泛类型的道德观念——功利主义和道义论——有所不同。功利主义关注一个潜在行为可能的后果。最严格的功利主义观点将所有可能被潜在行为和因素影响的人的利益均考虑进来，并且考虑有关行为对他们是有利还是有害。这一观点认为，为最多的人提供最大的好处的行为即是最符合伦理的。界定所有可能被预期行为影响的人，判断他们的利益，量化预期行为从中可能产生的利益和损失，以及加总所有潜在的被影响的人的利益和损失，这些都很难做到，因此产生了功利主义的简化版本。最普遍的简化功利主义的观点认为，一个行为如果产生的利益大于损失，那么它就是符合伦理的。但即便是这个简单的比例原则，运用起来也非常困难，因为它需要将完全不同性质的利益与损失以一种量化的方式进行比较。例如，可以试想一下，是否允许林业企业砍伐并开辟一块区域为一种濒危物种提供栖息地。运用简化的功利主义方法要求政策制定者权衡，保护相对于林业工人而言非常小的一个群体的生存所产生的利益和对于一个更大的社区的居民而言消灭一个稀有物种所带来的损失。

道义论在评价一个预期行为时，以其关于正当与不端的基本原则为基础。主要有两种道义论观点。人权观点认为，人类自出生起就享有同样的基本权利。这一观点认为，任何违背基本人权的行为都是不道德的。当列举组织应当具备的基本人权保障时，《美国权利法案》（The U.S. Bill of Rights）经常被当作指导。这些权利包括言论自由权、隐私权、享有正当程序的权利、知情权以及遵从个人内心良知的权利。当然，人们还可以（许多人已经）提出其他的一些人权，例如工作场所的安全权以及享有充足的医疗保障的权利。知情权，即个体有充分知晓其周围环境的权利，这被很多人认为是员工首要的权利。其实，一些人认为，只要员工事前知晓，他们最基本的人权就可以被取消，如果他们被雇用的话，这种情况通常就会发生。因此，很多人相信，只要员工在被雇用时被告知他们被雇用后其隐私权将不被尊重，那么员工的隐私权就可以被废除（例如通过随机的毒品检测）。

正义标准的观点认为，所有社会群体都受到公正规范的规制，这些公正规范适用于奖惩分配和更广泛的行为管控规范的执行。并且，任何违反了公正规范的行为都是违背伦理的。存在三种正义标准。分配规范规定了组织中的利益是如何分配的。例如，在美国，如果员工不是以可能使他们晋升的工作能力为标准而得到升职的，那么这就是不公平的。补偿规范规定了组织中的惩罚如何给予。例如，在美国，如果低层员工被要求为高管的战略失误负责（被解雇或是减薪），那么这就是不公平的，尤其是在高管的工资和奖金仍在增长的情况下。管理规范规定了任一组织政策在具体情况下应该如何执行。在美国，为了使某个人或群体受益、使其他人受损而有选择地执行组织政策的行为被认为是不公平的。例如，绕开组织规定的内部选拔的政策，给没有在组织任过职的老板的朋友提供在组织中工作过的证明，就被认为是不公平的。

3. 社会责任原则

社会责任原则同样由非书面形式的指导规范和禁止条例组成。然而，对这些指导规范或禁止条例的遵守情况则有专门的监督和非正式的执行程序。社会责任缺失的行为由被认为以实体方式危害社会的活动构成。例如，主要依赖不可再生能源的组织，一定情况下可以被认为是缺乏社会责任感的，因为它们的行为使得地球供养下一代人生存的能力下降了。社会责任原则通常用于评价私营组织的绩效表现。用于评价商业组织的两个最普遍的原则是股东和利益相关者分析法。

绝大多数的企业管理者和许多管理学学者利用股东模型来识别社会责任缺失行为。股东模型将公司定义成为其提供资本的个人或实体的集合。最重要的资本提供者是拥有该公司股份的人和机构。其他主要的资本提供者包括借出资金给该公司的金融机构。根据股东模型，经营者的主要责任在于使股东财富最大化。经营者任何不是追求股东利益最大化的行为，都是社会责任缺失的表现。股东模型建立在以下假设的基础上：在一个自由的市场中，所有权人追求个人利益的行为会导致最多人的最大收益。

然而，许多管理学学者和越来越多的商业领导人运用"利益相关者模型"来界定社会责任缺失的行为。利益相关者模型将公司定义为，从该公司获益或有损该公司利益的群体的集合。例如，公有企业通常被定义为一系列群体的联合，至少包括股东、员工（也许以工会的形式呈现）、政府机构以及它们所在的社区。根据利益相关者模型，公司的责任是，平衡所有支持该公司的不同联合者的利益。利益相关者模型建立在以下假设的基础上：所有公司为了成立都必须从政府那里获得许可，因而它们有责任在运行时考虑为公共利益服务。

（二）定义组织不端行为的两种替代性方法

正如上述我所做的那样，一个人可以很容易地从理论上阐述评判一个行为是否不端的三个标准。然而，在具体行为上运用这些标准通常很困难。因此，研究不端行为的学者通常不对其调查对象做精确的界定。依据上述三个标准，我们可以采用两种策略来定义组织不端行为。我们可以选择注释学方法，这种方法蕴含着哲学和社会批判等方面的分析成果，并且利用该分析对不端行为构建起一个统一的理解。Tenbrunsel 和 Smith-Crowe（2008）建议伦理决策理论家采用这种方法，并倡导理论家充分利用哲学等在伦理话题方面的大量文献，构建起一个所有学者都能接受的违反伦理规范行为的定义。另一种选择是社会学方法。在人们可以选择的几种社会学方法中，最常见的是将不端行为定义为负责监督和控制不端行为的社会控制机构所称的任何不端行为。接下来，我将分析两种方法的优缺点，并最终选择第二种方法。

1. 注释学方法

注释学方法至少有两个重要的优点。第一，它具有在时间和空间上对不端行为下一个不变定义的可能性。因为该方法必须利用一种单一的思想，这种思想产生于世界各地的法学家和哲学家等利用这种方法对不端行为所下的定义，其只会因方法中涉及的思想本身的变化而变化，而这些变化在漫长的时间里才可能出现。并且，因为该方法对不端行为的定义保持稳定，所以它能够增大使理论家和研究者集中于同一实践现象的可能性，因而也使得他们的研究努力能够产生不断累积的知识的可能性增大了。

第二，注释学方法使得规范和社会学科的明确整合成为可能，这是组织科学的先锋和一些该领域的批评者们所乐于看到的。组织科学的创始人明确地将组织科学描述为一门应用学科（Litchfield，1956；Thompson，1956）。他们把组织科学比作工程学和医学，认为它把从多学科中产生的知识整合起来以解决实际问题。工程学综合运用数学、化学和物理学中的知识，来解决诸如桥梁设计和化工生产过程等问题。组织科学家则整合经济学、政治学、社会学和心理学的知识，来提升组织的效率和效果。随着时间的推移，毋庸置疑的是组织研究中的理论和调查研究越来越多地聚焦于提升组织的效率，研究与员工动机以及群体决策相关的诸多问题。但是最早的组织研究学者都将促进民主和抑制腐败作为目标，认为这才是组织科学应该开拓的新领域（Boulding，1958）。Rakesh Khurana 在他的著作《从高目标到雇佣军》（*From Higher Aims to Hired Hands*）（2007）中描绘了管理学教学和研究关注的焦点从广泛的社会问题向微观的组织问题的转变，并含蓄地表明了对于向前者回归的支持。

尽管组织科学的研究领域在不断拓展，但实务界仍倾向于将它看成一门理论课程而非应用学科。并且，他们已逐渐接受了 Weber 式的定义，认为科学应该是价值中立的（Weber，1946）。当代社会科学的批评者们认为，社会科学家应该在他们发展的理论和进行的研究中体现他们所秉持的价值观。这些批评者们还主张，那些相信和声称他们以价值中立的方式开展理论研究的社会科学家，实际上是在无形中向他们的研究灌输一种主流的或许是压抑的价值观。这些批评家因此倡导，社会科学家应该考虑他们研究中的价值立场，将可能带来和推动社会变革的价值观纳入其中，而不是支配和复制现状（Van Maanen，1995a，1995b）。当被应用于有关不端行为的理论和研究时，这种观点也许会不同于不端行为的现有定义，可能会将那些社会科学家所厌恶的行为定义为不端行为，即使当下的社会控制机构并不认为这些行为是不端的。这样一来，对不端行为的研究可能会使很多令人反感但社会的主导因素却无意或故意忽略的行为得以曝光，并增进人们对这些行为的理解。

然而，注释学方法有一个很大的缺点，那就是该方法很难满足它的潜在要求，即形成一个被广泛接受的关于不端行为的定义。最后，无论根据上述三个标准中的哪一个进行判断，一个特定行为是正当还是不端仍然饱受争议。具有社会责任的行为和社会责任缺失的行为之间的界限是充满争议的，因为人们所秉持的对承担社会责任行为的判断标准有所不同。道德行为和不道德行为的界限是充满争议的，因为人们所秉持的道德准则有所不同。即便对合法行为和非法行为而言，二者的界限也同样是充满争议的，因为法学家对法律及其解释的观点也各有不同。

2. 社会学方法

社会学方法有三个显著的优点：

第一，该方法为产生一个被广泛接受的不端行为的定义提供了一个好机会。如果一个人采用社会学方法，那么定义不端行为这个问题从某种程度上来说就变成了一个实证问题。个体必须对被认为是有效的社会控制机构的实体进行明确定义。进一步，他必须对该社会控制机构会认为是善意的行为进行描述。但是，一旦明确了社会控制机构及其分类标准，则一个人只需要观察社会控制机构的行为就能判断何种行为是不端行为。我认为这是一个很好的契机，我们可以对社会控制机构的行为进行合理且一致的记录和解释。

第二，社会学方法很适合阐述管理问题。如前所述，最早的组织科学家认为这是一门应用型学科，并致力于解决组织问题。并且，从这一领域的大部分历史来看，不管是好还是坏，组织科学家都认为这一领域的主要支持者是企业的管理者们，并且聚焦于帮助管理者解决实践问题（Hambrick，

1994；Bartunek，2003）。由于管理者需要适应市场压力的紧迫需求，他们对有关企业成败的事宜最为关心，因此，无论好坏，他们都应该对导致与社会控制机构相冲突行为的成因最感兴趣，因为这样的行为会遭受惩罚并让他们领导的组织付出沉重的代价。

第三，相较于注释学方法而言，社会学方法致力于将规范性从社会科学的问题中分离出来。大多数社会科学家认可价值中立的立场，正如 Max Weber 的著名表述（Weber，1946）。因此，很多社会科学家可能会倾向于这种方法，尽管一个真正价值中立的社会科学是否存在还是个谜题。

尽管如此，社会学方法也确实存在两个显著的缺点：

第一，即使成功，它造就的也是一个不断变化的定义。随着时间的推移，同一个社会控制机构可以变更它评判不端行为的标准。例如，最高法院最近变更了诚信服务身份所覆盖的行为的范围，联邦检察官用诚信服务身份追查其所声称的白领罪犯（Connor，2010）。类似地，社会控制机构依据其所处的社会情境来选择不同的标准以界定不端行为。举例来说，相同额度的货币交往也许在一个国家被认为是一种礼尚往来，而在另一个国家则可能会被认为是贿赂。更令人迷惑的是，即便在同一时间和地点，不同的社会控制机构也可以采用不同的标准来划分不端行为。因此，正如最近 Blackwater Worldwide 公司在伊拉克尼苏尔广场的屠杀事件那样，被追查的行为不端者也许会在民事法庭上被追究违法行为，却在刑事法庭上被宣判无罪（Wilber，2010；Zucchino，2010）。

第二，社会学方法排除了对那些也许会被人厌恶行为的分析，仅仅因为社会控制机构没有认定这些行为是不端的。因此，社会学方法也许会被认为是对现状含蓄的妥协。如果真是这样，这将是该方法很严重的一个弊端。例如，思考一下私人安保承包商在伊拉克战争初期实施的令大多数人反感的行为，记者们也在其报道中展示了私人安保承包商雇员在"工作"期间杀害或伤害伊拉克公民的证据，但他们却不会对这些行为负责，因为这些行为并没有被社会控制机构贴上不端行为的标签。美国政府和伊拉克临时管理当局曾谈判达成协议，使私人安保承包商获得伊拉克法律的豁免，从而将其置于美国军方的监督视野之下。不仅如此，美国政府还制定了一些条例，规定了私人安保承包商的适当行为，还为此提供了具有最小强制力的一些指导方针。因此，私人安保承包商的雇佣兵遵循他们认为的"大男孩规则"——一系列松散的非正式指导方针，仅规定雇佣兵应该注意他们自己的行为以及避免参与实施那些可能危及其同事安全的行为。在这样的社会管控环境下，私人安保承包商基本上可以不实施不端行为，因为可以违反的规范很少，在那种环境下也没有人能保证这些仅有的规范的实施（Fainaru，2008）。

3. 我采用的方法

我在本书中之所以采用社会学方法定义不端行为，主要是因为注释学方法的弊端远远大于社会学方法的弊端，以及对本书目标的综合考虑。如果我基于我所具有的哲学和社会批判学等知识来定义组织不端行为，这将是有风险的，它会使那些与我对不端行为的定义有所不同的读者认为我对组织不端行为成因的分析是不相关的。通过借助社会学方法定义组织不端行为，我能降低上述风险，因为本书中对不端行为的定义没有掺杂我个人对该主题的理解。这里有一个重要而隐含的细致区别需要说明。我个人坚信，明确不端行为的定义非常有必要。但从本书的目标来看，我并没有将这些理念呈现在我对不端行为的定义中；相反，我采用了实践中对不端行为的定义并将其作为本书中的定义。

我采用社会学方法定义不端行为的另一个原因是，我认为该方法的一个可能的弊端是可以被变通处理的，甚至可能转变成一个优势。如前所述，社会学方法排除了对那些社会控制机构不认为不端的行为的分析，即便这些行为是为大众所厌恶的。不过，尽管社会学方法禁止将有关这些行为的研究视为不端的，但它却没有完全禁止有关这些行为的研究。我们将在本书中考虑运用其中一些已经用于分析正当行为的理论，来分析这些行为。例如，一个人可以研究私人安保商的雇佣兵对伊拉克平民实施无端暴力行为的原因，即便该行为并没有被界定为不端行为。这样的研究也许集中关注那些由私人安保商招募的雇佣兵,他们当中的一些人在和平时期努力想要成功,并且有不端行为的历史记录(例如因过度使用武力而被辞退的警察)。它可能还关注内在的激励机制,这种激励机制是极端混乱和危险的环境所催生的(最典型的就是如今的伊拉克),在这样的环境下,对个体安全的威胁可能随时出现且带有很大的不确定性。

更重要的是,通过将不端行为定义成社会控制机构认为是不端的行为,社会学方法在无形中承认,社会控制机构犹如不端行为的实施者一样,对导致的不端行为负有责任,尽管其是以与不端行为的真实制造者截然不同的方式导致不端行为的发生。对不端行为的社会学定义在这一层面上的含义,与上一章阐述过的规范的组织不端行为视角下的最终结果相吻合。在认可社会控制机构制造不端行为的基础上,社会学方法开辟了一条探究路径,这是被组织研究学者们很大程度上忽略的,即对导致某一行为被认为是不端行为的原因进行的一系列调查。例如,在私人安保商的不端行为案例中,用于定义不端行为的社会学方法促使社会科学家对伊拉克战争中私人安保商没有受到管制的原因进行探究。对于这一话题及其具体案例,我会在第十一章讨论对不端行为进行社会管控的原因时进一步展开。

(三)阐述定义不端行为的社会学方法

因为我选择了用社会学方法定义不端行为,所以我需要从两个方面对它进行阐述:其一,为了本书的写作目的,我需要对我所关注的相关实体即合法的社会控制机构进行界定。许多实体对组织及其参与者实施社会管控,它们因此被认为是有效的社会控制机构。这些实体存在诸多方面的差异,如构成形式的规范性、管辖范围的广度以及它们可以实施的惩罚措施的严厉程度。一些社会控制机构经正式特许成立,并且具有执法资格以及雇有专业的全职人员,而另一些则属于非正式组织,没有执法资格,并且依靠外部的志愿者维持运作。一些社会控制机构代表广大社会公众提出可信的主张,而其他社会控制机构则仅代表有限的一部分公众提出可信的主张。最后,一些社会控制机构能够对行为不端者进行监禁和罚款，但是其他社会控制机构只能限制行为不端者的经济活动范围，或者使其声誉受损。具有正式组织的社会控制机构拥有广泛的拥护者，这使其能够实施最严厉的惩罚措施，享有最大的优先权，也就是说，它们受到潜在的组织行为不端者最大的关注。

管理者最关注整体来说被称作"国家"的政府机构，因为它们经正式特许成立，代表公众做出可信主张，并且能够对行为不端者处以严厉的惩罚（如监禁和罚款）。但是管理者同样也关注专业协会、利益集团和媒体。专业协会，如美国医学协会（American Medical Association），经正式批准成立，但仅能代表业内人士做出可信主张，也只能对行为不端者做出中等程度的惩罚（如限制就业）。利益集团，例如反酒驾母亲联盟（Mothers Against Drunk Drivers，MADD）就是典型的更为非正式的社会控制机构，它主要依赖大量志愿者，并选择或指派少量的付酬员工作为办公人员。他们经常代表公众中并不明确的一个群体发声（例如，在 MADD 的例子中，这一群体就是那些反对酒后或服用导致注意力下降的药物后开车的人）。利益集团仅能施加非常微弱的影响，例如对产品的限制。媒体一般是非正式的组织（任何人都能成立一个媒体组织）。媒体组织能够代表公众发声，但这些主张成效甚微（例如，受到影响的读者或观众）。媒体组织仅能期望影响公众的意见。

我在本书中之所以聚焦于国家，是因为它享有最高的优先权。因此，我将组织不端行为定义为组织参与者在履行其所扮演的组织角色职责的过程中，任何被国家判定为不端的行为。我采用这一保守的社会学方法的操作化定义，是为了避免读者认为我并不是在考察真正的不端行为。从这个角度来讲，本书中所描述的绝大多数不端行为的案例都是由多个社会控制机构来认定的。进一步而言，在许多案例中，非政府实体在政府机构识别组织不端行为的过程中也发挥了重要作用。在一些案例中，我们甚至可以说非政府机构成员对不端行为的判定较政府机构的判定的影响更为直接。

例如，我将更为细致地探讨安然公司垮台的例子。在将安然公司倒闭有关的行为界定为不端的过程中，政府起了主要作用。美国国会举行针对安然公司的听证会，各种法律组织检举并控告安然公司及其管理层。不过，专业的会计师和媒体也起了重要的辅助作用。事实上，《财富》杂志对安然公司的调查性报告推动了政府对安然公司案件的干预。我也将详尽地讨论20世纪50年代对电视智力竞赛节目的操纵事件。政府部门在这一案例中则发挥了相对较小的作用。美国国会对造假事件举行听证会，纽约总检察长办公室召集了一个大型陪审团来调查这一案件。不过，媒体的行动被证明发挥了更为直接的作用。报纸、新闻类期刊和电视新闻节目争相报道，造假参与者受到公众的羞辱，以致其之后多年都无法在行业里找到工作。

其二，我需要描述那些被视为善意的政府行为。我认为，当国家试图努力来指定某种行为是对法律条款或公民准则的违反，并且（或者）对违反者施加某种形式的惩罚时，这种行为即是不端的。尽管不需要，但国家还是在发现不端行为及对肇事者进行惩罚方面做出了有效努力。一般而言，如果国家认定某种行为是不端的，即便该种认定不是一直持续的，我也会认为该种行为是不端的。例如，福特平托车，经检测和消费者随后的体验表明，其在低速行驶时受到后方撞击会起火燃烧，我认为制造和销售该种型号的汽车就是不端行为。即便没有人被判定实施了犯罪，并且和本案有关的民事裁决也只有极少数被维持原判，一大批以福特公司为被告的民事诉讼还是被提起，并且该公司的一些高管也被刑事指控。同样，在20世纪50年代到60年代期间操纵电视智力竞赛的行为，我认为也是不端的。即使官方最终得出结论认为该欺骗行为没有违背联邦和州法律，但仍举行了国会听证会，并且还有一个大型陪审团被召集起来对该案进行调查。

（四）集体不端行为

我已阐述了我在本书中所使用的不端行为的定义，所以接下来我需要界定我主要关注的不端行为的类型。有两种主要的组织不端行为的类型：个体实施的不端行为和集体实施的不端行为。个体不端行为实施者独自实施该不端行为。例如，个人是组织基金的主要盗用者。集体由两个及以上人员组成，他们联合起来实施不端行为。例如，如果要操纵市场价格，则需要集体才能实施。

此外，在集体中有两类个体：发起者和新加入者。发起者是第一个寻求实施特定不端行为的人。新加入者是在不端行为已经实施过程中加入进来的人。因此，一个特定的不端行为，可能是由一个单独的个体或者一个集体发起的。更进一步来说，一个特定的不端行为，一旦被单独的个体或集体发起，就会吸引其他的参与者加入其中。如果单独的个体发起并实施特定的不端行为，并且随后不断有新加入者参与其中，那么不端行为就从个体行为演变成集体行为。

在本书中，我主要关注由集体实施的不端行为。我认为，最严重的不端行为至少要求参与者间的默契合作，并且因此至少在名义上是一个集体。此外，相较于个体不端行为，我认为集体不端行为会对社会和组织造成更大的损失，因为越多人参与其中，不端行为就越容易发生。最近最广为人知的组织不端行为的案例证实了这一说法。当对涉及安然公司破产的议案进行裁决时，得克萨斯州上诉法院指出，"安然公司的倒台并非仅仅关系到一个人或几个人；这是许多演员的故事……要求陪审团，或者我们，仅着眼于 Lay、Fastow、Skilling、（Arthur）Anderson[1]以及它的一些合作伙伴，似乎是在要求某人仅着眼于风暴的中心并且忽略它周围的喧嚣"（McLean and Elkind，2004：411）。然而，即便是历史久远一点的、戏剧化程度并不那么高的组织不端行为的案例，也同样印证了这一说法。在本书接下来的部分，我会援引1963年发生的一个案例，当年殖民地管道公司向新泽西州伍德布里奇的两个公务员支付现金，以获取建筑许可和在城市地产上建造石油储存罐的许可权。这个相当普遍的不端行为，需要4家不同公司中超过15名高层及中层管理人员的协调配合（Mintz，1972）。

此外，由个体或群体发起的不端行为吸引新加入者的过程，是我尤其感兴趣的。我认为绝大多数员工和管理者都是守法的、有道德和社会责任感的

---

[1] 这几个人都是安然事件的关键人物。——译者注

人，仅就他们个人而言，他们不会发起和实施不端行为。我相信绝大多数参与到不端行为中的个体的本性都是好的，他们是被招募并参与到不端行为中的。因此，本书很大程度上受到想要回答以下问题的愿望的激励：为什么好人会参与到别人已经开始实施的不端行为中呢？

三、理论和实证分析

本书对组织不端行为提出了八种解释，并且分别列出对应的真实案例予以阐述。我在个体层面进行分析以阐述对组织不端行为的八种解释。换言之，与对群体、组织、行业乃至大型社会聚合体的关注相反，我将聚焦于个人并对导致其参与实施不端行为的原因进行调查。根据这一表述，我考察了人际互动和小群体的动态性，以及组织化及更高层次的社会结构和过程，因为人是嵌入在这些社会结构和过程中并受其影响的。尽管一些组织不端行为理论考虑到了个体行为的社会嵌入特征，但其他理论并没有考虑到这一点。例如，第六章提到的很多有关伦理决策的理论和研究，在分析不端行为时都假设其未发生在组织情境下（或是认为它发生在组织情境下的事实并不重要）。我聚焦于在组织中工作的个人，并且认为其所处的组织情境会影响到他们的行为。为了提醒读者注意这两点，我通常（但并不限于）以烦冗的别称"组织参与者"来指代他们。

我对组织不端行为个体层面的陈述，从占主导地位的解释开始，并向替代性的观点发展。对不端行为的解释也倾向于认为其通常是无意的、有限理性的，并且受到社会情境的影响，会暂时性地增加且缺乏积极倾向或意图。尽管如此，我并非试图对每一个个体层面组织不端行为的理论进行一个全面的回顾。我所要做的就是尽力呈现主要方法的基本轮廓。本书是两种相互关联的分析的产物：一个是理论分析，另一个则是实证分析。接下来的两个部分，我将解释这两种不同类型的分析方法，但对我而言它们具有非常强的互补性。

(一)理论发展

本书在很大程度上是广泛地阅读了先前有关组织不端行为理论和研究之后的成果,但不可否认的是,这样的阅读还是不够详尽和吹毛求疵的。我带着两个目标对先前的理论和研究进行探索:

第一,我试图将各种各样的个体研究提炼成一个相对少数的一般性解释,它们在一些重要维度上有所不同。在此过程中,我得出的结论是已有的文献可以合理分类到八种解释中,其中七种聚焦于不端行为的潜在实施者,剩余的一种则聚焦于那些试图管控不端行为实施者的人身上。我猜想,大部分的分组对这一领域的专家而言都是完全可以预见的,尽管有一些(例如,我将紧张理论归于理性选择解释之下)看起来不是那么常规。我还总结道,对组织不端行为的八种解释可以根据它们在行为不端者有意识或理性的故意方面的程度划分为彼此不同的种类,行为不端者是不受其当时所处的社会情境的影响的,他们做出各自的决定,并形成实施与这种决定相符的行为的积极倾向。由于八种不同的理论解释在以上方面各有不同,因此我可以根据其特征加以区分。我认为这种定义方法是比较新颖的。

第二,我试图识别先前有关组织不端行为的理论和研究中的缺陷,并予以弥补。在此过程中,我总结了不同因素在不端行为中所发挥的作用,它们包括伦理决策、管理体系、情境化的社会影响、权力结构、意外事件,特别是在不端行为中不太起作用的社会控制机构,我认为已有的这些工作在不同方面都存在不足,并会想办法来拓展这一工作。这些尝试将主要展示在第六章至第十一章中。

(二)实证方法

本书同样也是一个对各种组织不端行为的案例进行广泛阅读后的成果。同时,我也将自己置于已有的关于不端行为的理论和研究中,尽可能多地搜集有关集体组织不端行为的案例并加以阅读。因此,本书同样也是一个有关不端行为案例的多案例研究成果(Platt,2009)。大多数有关组织不端行为个体层面的研究都建立在严谨的控制实验或调查的基础之上。这样的研究十分有益，因为如果实验或调查得到很好的实施，那么它们就能从相对明确的推论中得到结果。不过，当用于阐明我在本书中倡导的解释组织不端行为的替代性方法时，实验和调查法则会变成烦琐而复杂的工具。

实验趋向于将研究主题揭示为简单的伦理、法律和社会责任困境，根据大部分已有的信息，这些困境或有着一些不同维度的不确定性，或处于社会影响和组织约束相对自由的情境中，或许最重要的是，反映该研究主题通常情况下是故意而为之的需要，或这样做是一个与流行趋势相一致的机会。调查的方法可以将行为不端者所处的社会和组织情境考虑在内，但倾向于将这种情境转化为一种相对有限的不受时间影响的量化变量。定性案例研究使我们能够对不道德、非法和社会责任感缺失的行为随着时间的推移而变化的过程进行检验，这种变化的过程是在组织结构和社会关系存在的前提下，在复杂、充满不确定性和信息缺失的决策环境中，而且没有机会以完美的方式进行深入思考的情况下发生的。

因此，我在本书中所展示的定性案例分析并不像大多数学术期刊中的案例分析那样严谨。学术期刊中的案例分析是严格按照数据收集、处理和解释的指导原则来展开的（Eisenhardt，1989）。这样的案例研究方法有很多优点。最重要的是，它们使研究者能够提出看起来更加"有效"的理论观点，并且该观点也便于其他研究者去论证它的有效性。诚然，该方法是有用的，尤其是在研究者对小范围内的假设理论关系感兴趣的情况下。但无论好坏，我都对大范围的理论关系很感兴趣。所以我选择采用一种不那么严谨的方法。

通过各种不同的方法，包括引用有关不端行为的学术性主流成果，媒体报道（纸质版和电子版的），以及同事、朋友和熟人的建议，我界定出了影响本书提出的集体组织不端行为的案例。通常情况下，通过一种方法（例如一个同事的建议）对一个不端行为的案例进行界定会导致这样的研究——该研究是从对其他不端行为的案例进行界定而来的（例如一个学术成果中的引用），因此我很注意以滚雪球的方式积累而成的不端行为的案例。我在本书中提到的案例，只是我研究的不端行为案例中的一小部分。

我在多大范围内寻找某一不端行为的案例很大程度上取决于我从该不端行为中可以获取的细节信息量。我主要聚焦在能够使我获得相关信息的案例上，这些相关信息能使我构建一个故事，其中组织参与者，而非社会科学变量，是主要的故事推动者（Abbot，2009）。这反映了我想要在个体层面分析上发展理论的愿望，这种个体层面的分析也许将对高管、经理、员工以及学者大有裨益。而且，我也会格外关注一些案例，它们提供了行为不端者的想法和行为、组织参与者的情绪以及他们所嵌入的社会关系的历史和结构等信息。这反映了我愈发强烈的愿望——为对行为不端者所处的社会情境起到重要作用的案例做出替代性解释。经过一段时间，我调整了我对不端行为案例的研究重心，以便增加不端行为的类型以及它们所显示出的组织设置的多样化。这反映了我想要发展相关理论——不端行为在类型和情境视角下保持稳定——的愿望（Vaughan，2009）。

我揭示的各个不端行为案例中的信息在两个方面有所不同：

第一，有关该行为来源的信息有所不同。有些信息直接来自不端行为的参与者，例如 Paul Krimmage 的书中有关其职业车手经历的例子（2007），以及 Kermit Vandivier 关于他在 B. F. Goodrich 公司工作时的文章（1972）。其他信息来自对不端行为参与者细致的访谈，例如 Kurt Eichenwald 有关保诚贝奇证券公司（Prudential Bache）（1996）和安然公司（2005）的著作，以及 Alicia Mundy 关于 Fen-Phen 药品事件的书籍（2001）。最后，还有一些信息来源于有关事件零星的新闻报道，它们有很多在来源上都是二手（例如纪录片）甚至多手的信息。

第二，在信息经过加工的程度方面，各种信息也有所不同。一些信息明显经过大量加工，正如很多批判式评论，例如 Michael Lewis 对次贷危机所发表的评论（2008）。其他信息虽没有那么明显，但也经过大量的加工，正如新闻调查记者所关注的，例如他们有关安然公司事件的报道（McLean and

Elkind，2004；Eichenwald，2005）。最后，还有一些信息经过相对较少的加工，例如记者归档整理的故事。一些情况下，这些故事来自单个记者或受雇于同一新闻组织的记者团队的报道（例如，《波士顿环球报》关于波士顿大隧道天花板倒塌事件的文章）。在某些情况下，这些故事来自很多在不同新闻组织中的记者的报道（例如，有关车手 Armstrong 可能服用能够提高比赛成绩的禁用药物的最新调查报道）。

我带着两个目的对每一个组织不端行为案例进行分析。第一，我在阅读先前的理论和研究的过程中界定了不端行为的概念特征，并试图判断不端行为的案例是如何体现我所界定的概念特征的。第二，我力求继续接受这样一种可能性，即不端行为的发生可能表明，理论机制的运作在以前的理论和研究中并没有体现，需要解释和发展。实证分析这一维度的内容，大部分将体现在第六章至第十一章的理论发展中。当我进行案例分析时，我发现大多数不端行为的案例表明，多种多样的理论机制在其中起作用。最后，我认为，不存在一个单一的有关不端行为的理论能够独立且充分地解释所有不端行为，而且很少有能够由一个单一的理论来解释的不端行为案例。因此，不同于先前的一些研究，本书并不主张组织不端行为的某一个理论，尽管该理论在替代性方法的量表中的五个方面都得到了支持。这印证了一个事实，即同一不端行为案例在几个不同的不端行为的解释中都有所关联。

在一定程度上，我试图做一些 Shiller 教授（在第二章引用过）提及的他没有做到的工作，也就是说，在行为不端者以及那些讲述他们的故事的人的帮助下，我尝试去"读心"（探究他们是怎么想的）。诚然，这种方法也有很多不足。在一开始，有两个显著的不足需要说明：第一，这些案例研究并没有为我的观点提供独立的检验；第二，对这些案例有很多阐述，而大多数阐述都不同于我在此处的观点。我考虑在本书的结论中采用不同的阐述方式加以说明。

在解决了这些前置问题之后，我已准备好为本书所定义的组织不端行为提供八个方面的解释，并从两种主导性解释之一的理性选择动因开始。

Chapter 4
第四章

理 性 选 择

一、引　言

理性选择是对组织内部个体及组织本身产生不端行为的首要解释。它源于这样一个理论视角，即将各个组织看作多个利益相关者（如员工、经理、采购商、供应商等）之间一系列合约的交织，并且将组织参与者看作精于成本-收益分析的人。组织由相互作用的个体构成，这种相互作用包括交换关系、参与能获得奖励或者避免惩罚的行为等。人们通过判断可获得的收益与付出成本的大小来审查替代性的行动方案。基于此观点，当一个组织的激励机制开始扭曲并鼓励不端行为时，组织就会产生不端行为。

本章介绍了组织不端行为的基本理性选择解释，并提出了两个最具影响力的理性选择理论：代理理论和应变理论。随后，本章提出了理性选择的总体方案，包括两个具体的理论和其他与理性选择相关的组织不端行为模式。我认为，产生理性选择的条件激发了不端行为，并且使得消除这些条件的政策规定更加具体化。同时，我也从认知心理学的角度探讨了最近的研究工作。认知心理学认为，理性选择可能出错，当它违背人们的利益时，就会导致人们实施不端行为。最后，我对理性选择做了全面评估和总结。

二、基本理性选择解释

组织不端行为的理性选择解释假定，人们会计算实施一个不端行动方案的成本和收益，只有在他们认为不端行为产生的可能收益会超过其可能成本时，才会接受这个不端行动方案。很多不端行为的例子都可以在这种计算中找到其最初的动机。并且，如果无法掌握人们被卷入不端行为的详细信息，那么对几乎所有的不端行为而言，都可以很容易回顾性地构造出一个令人满意的计算过程。

在基于成本-收益计算法而实施的不端行为中，最臭名昭著的案例便是福特汽车公司决定继续生产和销售平托微型汽车的决策，尽管越来越多的人意识到当这款车在低速行驶时尾部受到撞击会非常容易起火。平托车的设计是这样的，它的油箱位于后保险杠（一些人认为起装饰作用）和后轴组件（被凸起的螺栓固定在底盘上）之间。福特在这款车生产之前进行的测试表明，当它从后部被撞击时，即使是在低速行驶，它的油箱也将被挤压在后轴和凸起的螺栓之间，并且在很多情况下，油箱与螺栓的相互挤压会导致其最终破裂和起火。

Mark Dowie（1977）认为，福特的高管一发现这个问题就计算了解决平托车油箱问题的成本和收益。具体而言，Dowie 认为，福特的高管知道对这款车尾部设计方面的一些改善可以减少受伤、死亡以及与其相关的民事诉讼案件，其中一些改善是大规模的（比如改变后轴的位置），而另一些则只需要进行小的调整（比如油箱的内衬采用橡胶气囊）。但是，高管们也知道对汽车尾部的任何改善都会增加成本，设计上的一些调整还会缩小尾箱空间，并且他们相信，消费者会更喜欢成本低、尾箱空间大的车，而不是更安全的车。

根据 Dowie 的看法，公司最终选择放弃调整平托车的尾部，因为他们认为，重新设计带来的销量下降的损失会大于公司因民事诉讼案件减少而获得的收益。Dowie 还认为，福特公司的高管在第一次发生与油箱问题有关的民事诉讼案件后就进行了成本-收益分析。根据他的说法，"公司会计人员计算过，改装平托车生产线和在每辆车上安装安全小配件（如 5.08 美元的固特异气囊）的成本会超过向幸存者（如 Robbie Carlton）以及遇难者的配偶（如 Sandra Gillespie）支付数百万美元赔偿金的数额"。用他的话来说，"底线已经决定了，易燃的平托车会源源不断地被运出工厂"。

美国国家公路交通安全局（NHTSA）也认为福特的平托车后部设计存在安全隐患，并对平托车的设计展开了一系列调查。国家公路交通安全局的调查发现及其制定强制召回机制的意图，迫使福特开始主动召回平托车并对其进行改装。此外，一些平托车起火事故的受害者成功将福特告上法庭并获得了惩罚性赔偿。他们的诉偿依据在于，福特对于平托车的设计更多的是出于强调利润的成本-收益分析而非消费者的人身安全。

受害者的律师发现了福特的一份内部文件，文件中一位工程师提议延迟对平托车后部的重新设计以节省企业成本。但是这份文件并没有明确说明重新设计汽车的后部是出于安全方面的考虑，因此这份文件并不能确切无疑地证明，在福特的高管做出是否重新设计的决定时，存在利润和安全的权衡取舍。并且，也没有其他证据表明，福特的高管以不安全的方式来设计平托车的后部，或者是当问题出现时，因为考虑经济因素而放弃重新设计（Schwartz, 1991）。实际上，通常情况下很难找到具体的证据来表明人们在实施不端行为之前进行了成本-收益的分析与计算。这种成本-收益分析的存在通常在事情发生之后通过间接证据推断得出。但是在一些个别事件中可以发现明显的成本-收益分析的痕迹。

Kurt Eichenwald（2000）举了一个例子，ADM 公司的高管 Mark Whitacre、Terry Wilson 和 Mick Andreas 因为举报者提供的录音带而被抓，录音带的内容是他们在决定批准超出法定限额的竞选捐献时进行了成本-收益分析。ADM 公司生物制品部的经理 Whitacre 告诉其他两名高管，董事长助理 Howard Buffet（同时也是著名投资家 Warren Buffet 之子）让他筹资来支持威斯康星州州长 Tommy Thompson 的连任竞选活动，但是他拒绝了，因为公司的竞选捐献有法定限额。听到他这样说，ADM 公司的副主席 Mick Andreas 却批准他使用资金，并说："你可以超出限额使用资金，只需要支付一笔小额罚款即可。"另一个部门经理 Terry Wilson 插话道："如果他们想要 1 000 美元，你就给他们 1 000 美元，这样我们的成本就是 9 000 美元。"这包括违反竞选筹款法可能遭受的罚款。Whitacre 纠正 Wilson 说："税后是 12 000 美元。"Andreas 表示赞同地点头说："这样就对了。"然后他补充道［提及他的父亲和 ADM 的主席兼首席执行官（CEO）］："你确定我父亲也是这么要求的吗？"在听到 Wilson 说"嗯，当然"后，他回答道："好的。"

三、两种理性选择理论

许多关于组织不端行为的理论都归属于理性选择解释。下面我将探讨两大理论：代理理论和应变理论。代理理论是从经济学中发展起来的，而应变理论则起源于社会学。

（一）代理理论

代理理论是 20 世纪早期经济思想的产物，它产生于私有企业所有权与经营权的分离。20 世纪初，随着企业规模的扩大，所有权散落于一大群互不关联的股东之间，而经营权则旁落于职业经理手中。由于这一发展趋势愈演愈烈，一些被视为管理学家的经济学者开始担心分散的股东的权益和职业经理人的权益并不完全一致。他们认为，前者作为传统的专横资本家，目的是追求利润最大化；而后者则会追求各种狭隘的利益，包括公司资产和高管薪酬之间的分歧。管理学家还担心所有者操纵和控制经营者行为的能力会受到影响，因为所有者无法对公司进行日常的控制，并且他们彼此之间是分离的，从而让经营者有机会去寻求其狭隘的利益（Berle and Means, 1932; Galbraith, 2007）。

代理理论提出了管理学家对所有者和经营者之间关系的担忧，但也提供了详细阐述这些担忧的一个广泛的分析框架。它对委托人和代理人之间的关系进行了假设，委托人是给代其工作的人予以补偿的人，代理人即为做该工作的人。同时，它关注的焦点在于，委托人很难去评估代理人工作的数量和质量，因为代理人工作的成果（他们的表现）不仅是其工作的数量和质量，而且还受其他因素（如市场势力）的影响，而代理人对这些因素几乎无法控制。在这种情况下，代理人就会有动机参与机会主义行为（有些也许是违法的），因为这样可以提高其自身的收益，不过这却是以损害委托人的权益为代价的。

在拥有所有权的委托人和拥有经营权的代理人的关系中，错误的代理行为包括盈余操纵和带有私人目的的公司资产转移（Fama，1980；Fama and Jensen，1983）。代理理论学家提出了一些方法来协调经理人和股东之间的权益，比如对经理人实施股票期权的激励（Dalton et al.，2007）。同时，他们还提出了一些方法来抑制机会主义行为，比如引入独立董事机制（Hillman and Dalziel，2003）。然而，经理人却有办法来逃避这些监管手段，比如延迟签订股票期权协议以及拉拢和收买独立董事（给独立董事好处从而破坏其独立性）。因此，代理理论学家将所有者和经营者之间的关系描述为双方之间的一种持续斗争，在斗争中所有者竭尽全力地鼓励经营者恪尽职守，而经营者却在实施着各种各样的渎职行为。

代理理论可以用来解释导致 20 世纪 80 年代末的储蓄和贷款危机中的一些欺诈行为，这些欺诈行为也源于十年前对储蓄和贷款行业（也被称为储蓄业）管制的放松（Pizzo，Fricker，and Muolo，1991）。从代理理论的角度看，储蓄管理者是代理人，而储户与股东是委托人。放松管制使得储蓄管理者的利益以及储户与股东的利益之间的冲突越来越严重。同时，也损害了储户与股东监督储蓄管理者行为的能力。

即使在放松管制之前，储蓄管理者的利益也和储户与股东的关注点有巨大的差异。一方面，储蓄管理者总是寻求其机构存款的增长，这一点他们只能通过承诺高利率来做到；此外，他们还追求贷款组合规模的扩大，这一点他们只能通过进行风险投资来做到。拥有大规模储蓄存款和贷款组合的管理者将享受更高的收入与社会地位。另一方面，储户则不会特别关注机构存款规模的扩大，而股东也不会对贷款组合规模的扩大特别感兴趣。储户仅仅要求他们的存款能保持偿付能力，而股东只追求他们的投资回报稳定。不过，这一利益冲突因为联邦政府和州政府的法规而被弱化，相关法律禁止以高利率获得大规模的存款，同时也对机构除低风险的居民住宅存款之外的投资进行了限制。

行业管制的放松使储蓄管理者的利益和储户及股东关注焦点之间的差异变得更大。储蓄机构被许可在更大范围内的商业企业中投资，包括风险相对较高的商业地产项目。同时，储蓄机构也被允许从机构投资者手中获取大额存款，但其必须支付高利率。这使得储蓄管理者会更有动机去招揽借贷者参与高风险及高收益并存的项目，比如商业地产项目。此外，不动产开发商还被允许建立储蓄机构。因此，储蓄管理者愿意给他们能获得经济利益的商业土地开发项目提供贷款。

进一步来说，即使在放松管制之前，储户和股东监管管理者的行为就很有问题。由于所有权和控制权的分离，储户和股东发现，他们很难随时知晓管理层的借贷行为。不过，在联邦政府和州政府大规模监管管理者投资行为的情况下，监管其行为的难度减小了很多。放松管制之后，储户和股东监管管理者的行为变得越来越困难。联邦政府和州政府的检察官比以前少了，留下的人也遵照上面的指示，对储蓄进行审查时不再那么严格。另外，储蓄的数量急剧增加。因此，储蓄检察官检查和审核储蓄的时间变得更少了。

这些情况掀起了组织不端行为的浪潮。不端行为最普遍的形式是，储蓄管理者将贷款发放给信誉不良的借贷者，而他们知道这些借贷者最终无法还债。不端行为的另一种更令人震惊的形式是，储蓄管理者将贷款发放给与其有直接或间接经济利益的企业。通过放松管制来发展的委托代理关系在两方面引发组织不端行为。第一，它导致过去守法的储蓄管理者转而产生不端行为。第二，它使得储蓄和贷款行业产生一系列有问题的特性。一些管理者只是比普通企业高管更有雄心壮志和不择手段，因此他们也更容易受到不正当激励机制的影响。但是，另一些人是已被定罪的犯罪分子，其中几个人曾在犯罪活动中有联系，正在寻找非法经营机会。

（二）应变理论

应变理论由 Robert Merton（1938）提出，并成为美国社会学发展的关键组成部分，它阐述了这样一个事实：处于社会底层的居民具有较高的犯罪率。Merton 认为，实现社会流动是整个美国社会的当务之急（以"从赤贫到暴富"的传奇故事为例），但是向上流动的能力在底层阶级中受到限制。应变理论的基本假设是，当合法方式受到阻碍时，人们倾向于采用非法方式来实现他们的愿望。这一假设被其他一些社会学家不断扩展和完善，其中最著名的是 Robert Agnew（1985，1992）。①

应变理论的这一基本假设是一系列更为具体假设的基础，这些假设与引起组织产生不端行为的原因有关。一些假设的关注点在组织和人所处的环境特征中，它们预测公司和人处在资源稀缺的环境，如竞争环境中时，会很难实现自己的抱负，所以容易产生不端行为。与这一假设相一致的一些研究表明，当公司处于平均盈利能力低的行业或总体股价处于低迷状态时，更容易产生不端行为（Staw and Szwajkowski, 1975; Simpson, 1986; Simpson, 1987）。

Paul Krimmage 使用安非他命的行为说明了无法实现自己的抱负可能对个体产生的影响。据 Krimmage 所说，在 20 世纪 80 年代，职业自行车比赛领域的竞争非常激烈。实际上，所有职业体育比赛的竞争都很激烈，但是对

---

① 一些人会认为，在理性选择的标题之下讨论应变理论是不恰当的。应变理论被认为是一种社会学的方法，因为它是由社会学家提出并不断完善的，用以说明在不同的社会群体中产生的犯罪率和越轨行为的频率是不同的。一些人认为，社会学的解释与个人理性的解释是背道而驰的。但是应变理论的隐含假设是，个体在能实现自我的社会环境中都会产生理性回应。并且，许多社会学家利用应变理论来提出组织不端行为动因的假设（包括在本章中讨论过的内容），他们将这些假设建立在对个人理性的显性假设上。

职业自行车公路赛，特别是一些主要的多赛段比赛运动员身体素质的极限要求是无出其右的。Krimmage 回忆道，他职业生涯中的大部分时间都为单一的、拼尽全力的想法所控制，即简单地"活下去"。职业自行车赛直至 20 世纪 90 年代竞争都很激烈。Lance Armstrong 在摩托罗拉及美国邮政的队友 Frankie Andreu 和 Steve Swart 近期承认，他们曾在 1999 年的环法自行车赛期间使用过促红细胞生成素（EPO），这是一种通过提高血液中红细胞的数量而使人提升表现的违禁药物。两位车手证实，为了能够入选参加环法自行车赛的队伍，他们不得不服用 EPO。Andreu 还证实，队中的一些选手认为，他们无法与欧洲的一些队伍竞争，这些队伍的水平提高得很快，并且据传也使用了 EPO。Andreu 的妻子声称，1999 年环法自行车赛之后，他告诉她，"你不明白，这是唯一能让我完成比赛的方法"（Macur，2006）。

应变理论的另一些假设关注组织和个体的绩效表现，它们预测有过表现不佳经历的组织和个人更容易产生不端行为。表现不佳也许是组织或个人实现自我抱负的能力的指标。或者，它是限制组织或个人实现目标的因素之一，表现不佳有时限制了组织或个人去获得实现预期的长期业绩所需资源的能力。与这一假设相一致的一些研究表明，表现不佳的组织更容易产生不端行为（Clinard and Yeager，1980；Agnew，Piquero，and Cullen，2009）。许多个体层面的不端行为实例都被归咎于表现不佳，而表现不佳表明或促使了抱负无法实现。正如前文所述，Paul Krimmage 在 1987 年第一次参加环法自行车赛而没有完赛后，开始尝试使用安非他命。

投资银行家 Joseph Jett 的故事以更传统的商业形式提供了相似的例子（Freedman and Burke，1998）。Jett 在麻省理工学院获得了工程学士学位，并在哈佛商学院获得了工商管理硕士学位。然而，他在华尔街的前两份工作——分别任职于摩根士丹利和瑞士信贷第一波士顿银行——均不太顺利。在此期间，他每次的工作表现都被上级认为有所欠缺，并且他的每份工作都在很短的时间内结束。他在华尔街的第三份工作是在基德尔皮博迪公司，以一个同样令人失望的方式开始。工作半年后，他受到警告，如果他还无法提高绩效的话，他将会再次遭到解雇。对此，Jett 把他在纽约公寓中的家具全部搬走，自己就睡在地板上，以此作为对自己在第一波士顿银行和基德尔皮博迪公司表现不佳的惩罚。在这种极度的工作危机下，他想出了一种交易政府文件的方法，为公司带来了似乎真实实际上却虚假的巨额利润，这也使他自己变现了巨额奖金。

公司和个人在被要求达到不切实际的高标准表现时，非常有可能会遇到无法实现抱负的情况。McLean 和 Elkind（2004）以及 Eichenwald（2005）争论道，安然之所以追求可疑的会计和财务行为，是因为华尔街对其有不切实际的高增长预期。华尔街之所以对安然有不切实际的高增长预期，一部分原因是，它认为安然是一家急剧扩张的能源贸易公司，然而实际上它只是一家具有小幅增长机会的基础公共事业性质的公司。在每个季度末，高管们都担心他们无法达成华尔街的盈利目标，这会削弱投资者对公司的信心，最终使公司股价受到冲击，而公司的一些重要财务交易能否进行就依赖于此。结果是，当报告公司季度财务数据的日期临近时，安然的高管采取了一系列可疑的会计行为，并且完成了各种可疑的财务交易，这些行为后来被认定为欺诈，目的是从公司的资产负债表中移除债务并增加收入。

公司和个人在受到阻碍使得合理的预期表现无法实现时，也很有可能会遇到无法实现抱负的情况。在第二次世界大战结束后不久，福特汽车公司的高管为满足急剧增长的汽车需求，设定了激进的生产目标。与此同时，他们与美国汽车工人工会（UAW）进行协商，签订了高薪的劳务合同，以此来缓解停工导致的公司生产线生产的下降。这些合同中的一些条款减少了工厂经理对流水线生产速度的控制，使得实现新的激进的生产目标变得更加困难。因此，工厂经理违反了先前与 UAW 签订的合同，私下拆除了用于分隔流水线上底座的棍子，以此暗中加快流水线每天出产汽车的速度（Halberstam，1986）。

有时，员工会在不经意间制造出实现目标的障碍，从而增大了自己参与不端行为的压力。如前所述，Paul Krimmage 在 1987 年环法自行车赛失利后开始在短期内使用安非他命,因为他害怕自己在即将到来的法国经典环形公路赛上也会表现不佳,从而危及他养活自己和家人的能力。但是,他对法国经典环形公路赛的担忧不仅仅是因为他在环法自行车赛上表现不佳,还因为他在环法自行车赛失利后就暂停了训练。并且,他身体素质的下降加剧了他对自己在法国经典环形公路赛上表现不佳的担忧。

四、总体理性选择方案

理性选择解释假定人们都是成本-收益的计算者,因此只有当人们认为不端行为的收益大于成本时,才会实施不端行为。代理理论和应变理论都是建立在这一基本概念之上的,并对组织或组织中个体实施不端行为的动因形成更具体的假设。在本节中,我将在基本原则之上建立一个范围更广泛的理性选择方案,基本原则是:人们会进行成本-收益计算并将代理理论和应变理论的许多关键假设包括进来。首先,从员工激励的期望理论中得到启发,概述这一方案的一般模型。然后,研究这一方案如何将个体差异和情境权变概念化为组织不端行为的原因。我的目标是,指出理性选择观点的丰富性和动力,以及为书中提到的其他不端行为的解释提供一个出发点。

(一)期望理论的基本观点

期望理论是由 David Nadler 和 Edward Lawler 两位管理学家提出的(Nadler and Lawler,1977)。这一理论认为,工人们的动机是获得"正效应"(如奖励)的结果,同时避免获得"负效应"(如惩罚)的结果。但是,该理论还认为,两种"期望"能规范工人们完成使他们获得奖励并避免惩罚的任务的范围。第一种是工人们能圆满完成任务的期望,即"努力-绩效期望"。第二种是工人们完成能够获得奖励并避免潜在惩罚的任务的期望,即"绩效-结果期望"。简单来说,期望理论假定工人们有动机去实施能获得奖励并避免惩罚的行动方案,只有在他们认为自己能够完成任务,并且认为如果完成任务就能够获得奖励并避免潜在惩罚的情况下。

期望理论在三个重要方面比以往的激励理论范围更广。第一，以往的激励理论假定工人们的动机与他们的能力无关，积极性高的工人比积极性差的工人能够更好地利用他们的能力。期望理论认为，工人们完成任务的能力在一定程度上影响他们完成任务的积极性。第二，以往的大多数理论假定工人们的积极性大部分由其内心的状态所决定，一些工人天生就比其他工人更有积极性。期望理论则认为，只要工人们所处的环境能影响他们完成任务的能力以及他们被奖励或惩罚的可能性，他们的积极性就会受环境因素的影响。第三，以往的大多数激励理论认为，工人们完成任务的积极性不会受环境中其他人的影响。期望理论则认为，工人们完成任务的积极性可以受环境中其他人的影响，只要这些人能够影响工人们完成任务的能力以及与完成任务相关的奖励和惩罚。

Paul Krimmage 在 1987 年法国经典环形公路赛之前使用安非他命的举措为阐述期望理论提供了一个简单明了的例子。当时，Krimmage 的努力-绩效期望与安非他命的使用高度相关。他承认，他回避使用安非他命的部分原因在于，他担心在比赛前获得并储存药品有可能被抓去坐牢。但是，这一困难被克服了，因为他的许多队友在赛前准备阶段都在使用安非他命，并且还提供给他。Krimmage 还说，因为注射安非他命令他感到厌恶，所以他一开始是回避使用这些药物的。但这一困难也被克服了，因为他的队友主动提出给他注射安非他命。Krimmage 的绩效-结果期望与使用安非他命有很大的关系，至少在他使用期间是这样。Krimmage 在 1987 年环法自行车赛之后的法国经典环形公路赛上使用了安非他命。他指出，在环法自行车赛之后，他使用安非他命的量非常大，因为在之后的比赛中没有药物测试。没有兴奋剂检测使得他因使用安非他命而被查出和受到惩罚的可能性接近于零。

安然对加利福尼亚电力市场的操控为期望理论提供了更复杂的解释（McLean and Elkind，2004）。加利福尼亚的政策制定者试图在 20 世纪 90 年代对该州的能源部门放开管制，但这一尝试受到了政治利益集团的干预（有人称之为破坏)。结果,这一放开管制的尝试产生了一些可利用的规则,为可疑行为提供了许多机会。

安然的首席西海岸能源交易员 Tim Belden 是加利福尼亚能源政策的专家,他花了很长时间去研究加利福尼亚最新的放松管制体系,并寻找其中的漏洞。当他发现新体系中一个明显的漏洞时,他会进行实验以验证他的分析。当实验证实漏洞可被利用时,他会继续推进方案以操纵能源市场。正如期望理论所言,安然公司交易员的努力-绩效期望很高,因为加利福尼亚的体系适合赌一把,并且交易员拥有通过认真检验而获得的经验,因此需要赌一把。

同样重要的一点是,安然的方案高度复杂——复杂到安然的律师都觉得很难理解。因此,公众甚至政府调查员几乎不可能去揭露其方案。此外,电力行业的主要监督机构——美国联邦能源监管委员会(FERC)称,安然对能源市场放松管制非常积极,并且认为加利福尼亚放松管制的行为很差劲。结果是,FERC 毫不犹豫地对安然展开了调查,并且惩处了其交易活动。按照期望理论的说法,安然交易员的绩效-结果期望很高,因为其被调查和惩罚的可能性非常小。然而,在安然破产之后,它的交易活动受到极严密的法律监督。在这种详细的调查下,三个交易员被起诉,并最终承认自己犯有操纵市场罪。

期望理论将不端行为的原因定位于个体以及情境/语境中。个体都偏好奖励并规避惩罚。情境提供了完成任务以及分配奖励和实施惩罚的不同可能性。很多理论都关注个体和情境的特点,其中一些明确考虑到了不端行为。这些理论可用于扩展期望理论对组织不端行为的解释。下面我将回顾这些理论。

(二)个体差异的作用

期望理论允许人们对不同的结果给予不同程度的重视。不同的人对相同奖励的重视程度不同,就像不同的人对相同惩罚的厌恶程度不同一样。因此，一个人参与组织不端行为的倾向应该与他对奖励的重视程度以及对惩罚的厌恶程度有一定的关系，这些奖励和惩罚都与特定的不端行为有关。

一个人的偏好结构能解释其参与组织不端行为的倾向，这一想法为大众媒体和商业媒体对不端行为的大多数解释提供了依据。对参与不端行为的人最浅显的解释是其可能拥有巨大的野心，但没有证据支持这一解释。例如，投资银行家被认为应该对次贷危机和接下来一再被定性为"贪婪"的 2008 年金融危机负责（Fleming，2009）。

更复杂的解释想要证实参与不端行为的人具有扭曲的偏好结构。例如，多家媒体报道称，精心策划了庞氏骗局、欺骗了投资者数亿美元的 Bernard Madoff 炫耀其奢侈的生活方式，包括房屋内部的奢华装修，但在向提供服务的人员比如餐厅服务员支付小费时，却非常吝啬（Lysiak and McShane, 2009）。

然而，最复杂的解释对参与不端行为的人的背景进行了深入研究，以找到他们扭曲的偏好结构的来源。Barry Minkow 利用各种欺诈手段将他的小型地毯清洗公司 ZZZZ Best 变成了一家大型的建筑修复公司。Joe Domanick (1991：10-11) 在他的书中提到了 Minkow 为庆祝自己迅速崛起并获得名与利时所说的话，他认为欺诈者在经历经济不确定时就如同一个孩子。据 Domanick 所说，Minkow 对自己青少年时期的回忆以"他为家庭偶发的贫困而感到羞耻"为主。Minkow 患有多动症，他的父母试图将他送入一所独立的军事学校来对他的"强制性狂野能量"进行引导。但是，当他们无法支付高昂的学费时，就让他退学了。在学校的时候，Minkow 意识到了钱能够带来的差异。当他离开这所独立的军事学校时，他拥有了一个强烈的愿望——"变得优秀"。

一个人的偏好结构能够解释其参与不端行为的倾向，这一观点也为不端行为的学术解释奠定了基础。社会学家 Hirschi 和 Gottfredson（Hirschi and Gottfredson, 1987; Gottfredson and Hirschi, 1990; 也可参见 Simpson and Piquero, 2002）提出，"自我控制能力低"的人比"自我控制能力高"的人更有可能参与白领犯罪。自我控制能力低的人会更看重眼前的回报，并且比其他人更不在乎未来的惩罚。Gottfredson 和 Hirschi 认为这种人更有可能实施白领犯罪，因为即使会有被查出和惩罚的风险，这种罪行还是会比可接受的甚至模范性的工作表现更迅速地产生回报。David Levine 是 20 世纪 80 年代最大的内幕交易阴谋的核心人物，他是典型的自我控制能力低的白领犯罪的例子。Levine 经常抱怨他所在的投资银行晋升非常慢。有一次，他甚至为了 50 万美元的年终奖金而发怒，因为他认为这是一种侮辱（Stewart，1991）。

Gottfredson 和 Hirschi 认为，自我控制能力低的人为不端行为所产生的即时兴奋和愉悦，以及它所能产生的金钱收益所吸引。这一观点与心理学的犯罪理论，特别是反社会型人格障碍（ASPD）影响的理论相吻合。具有反社会型人格障碍的人通常被称为反社会分子，他们表现出对他人权利的漠视，由冲动、鲁莽、缺乏反省以及一系列相关的性格特点所展现出来，这使他们更容易参与各种形式的不端行为。Michael Rapp 是在 20 世纪 80 年代的储蓄和贷款危机中被定罪为欺诈的储蓄机构经理，他符合一个寻求高刺激的实施不端行为之人的定义。如 Pizzo、Fricker 和 Muolo（1991）所描述的：

> Rapp 喜欢花时间去搞清楚自己的计划。作为一个优秀的人才，他原本能够成为一个成功的合法商人，但是欺诈带来的刺激对他具有太大的诱惑力，因为欺诈赚钱又快又容易。从储蓄机构放松管制那天起，Rapp 会进行掠夺就是不可避免的。如此巨大的机会不可能被像 Rapp 这样的骗子忽略。

一些参与了 David Levine 的内幕交易计划的人发现，进行共谋令人很兴奋。说到这一点，很多参与者把这项计划称为"游戏"。David Levine 的其中一个同谋者 Robert Wilkis 似乎陷入了兴奋状态之中。如 Stewart（1991：67-68）所述：

> Wilkis 一开始很紧张，他担心计划中的薄弱环节会令他和 Levine 的关系被查出。所以，Levine 提议他们使用代码，在打电话和发短信时用

假名字。Wilkis 因此成为"Allan Darby";Levine 有时也用相同的名字:Allan Darby,或者"Mike Schwartz"。使用代码很有趣,这给他们的内幕交易计划赋予了一种"硬汉恶作剧"般的光环。不久之后,他们的谈话中就充满了代码,这让任何监听者听起来都觉得荒唐可笑。Levine——"Darby 先生"——打电话说:"嗨,Bob。我们得谈谈公司的业务了。"公司业务指的就是交易计划。"我正在一点点吃 Jewel"意味着 Levine 正在 Jewel 公司谋求一个适当的职位。"Textron 看起来不错"意味着 Wilkis 应该多关注一下这个状况,向 Levine 汇报更多的信息。

(三)情境变化的作用

期望理论也将不端行为的产生归因于不同的情境。据预测,不端行为会在两种情况下涌现出来:一是对不端行为承诺大量的奖励和极少的惩罚,二是对替代的正确做法缺乏相应的奖励和潜在的惩罚。它还预测,在努力-绩效期望和绩效-结果期望与不端行为高度相关,并且努力-绩效期望和绩效-结果期望与替代的正确做法不太相关的情况下,会产生不端行为。有观点认为,情境决定了与不端行为相关的奖励和惩罚,以及参与不端行为并从中得到好处的机会。这一观点是关于各种犯罪的社会学思考的核心,从青少年犯罪(Cloward and Ohlin,1960)出发,延伸到现如今所说的常规犯罪(Cohenand Felson,1979;Clarke,1995),以及与本书关系最密切的白领犯罪(Coleman,1995)。

20 世纪 50 年代的电视竞猜节目欺诈说明,情境变化能够促进组织的不端行为(Stone and Yohn,1992)。竞猜节目欺诈需要电视节目制片人对实况转播比赛的结果进行精心控制,在将事先选择出的题目和答案提供给参赛者的同时保持比赛仍然公正的假象。欺诈证据的出现引起舆论哗然(表现在报纸和杂志发表社论指责他们等方面),引发了几个纽约大陪审团和地方检察官的调查,并最终导致了一场由美国国会主持的听证会。然而,这件事并没有导致刑事犯罪或民事判决(至少不是为了操纵比赛)。因此,20 世纪 50

年代的电视竞猜节目欺诈成为组织不端行为的一个案例，社会控制机构对其展开了调查并且想要消除它。然而，由于执法人员认为这一欺诈并没有违反任何现行的法律法规，因而它并不是违法行为。

20世纪50年代，竞猜节目由独立的制片人制作，与特定的广告客户（如巨力多和露华浓）合作，并通过广播电视网播出，费用由制片人和广告商共同承担。在这种安排下，广告商有动机去提升他们参与的电视节目的知名度，因为节目越受欢迎，他们就能获得越多的潜在客户。此外，竞猜节目是直播的，因此，一旦节目播出，制片人对节目中充满戏剧性的人物就几乎无法控制（所以观众会被节目吸引）。在这种安排下，制片人与广告商有极大的动力在节目播出前不惜一切代价去控制节目内容的展开。最终，20世纪50年代，竞猜节目的规则包括：提出很难的问题，给参赛者充足的时间来提供答案，并且邀请获胜的参赛者继续参加后续几轮的比赛，希望观众会对获胜者产生钦佩和情感依赖。实际上，比赛获胜者发现他们的照片登上了该时间段的一些主流杂志，比如《生活周刊》的封面。在这种安排下，制片人和广告商非常希望确保让"正确的"参赛者获胜。

制片人通过进行他们所谓的"控制"来回应这一状况。在广告商的施压下，他们打算对以下情况进行控制：是否有参赛者赢得比赛（参赛者是否打成平局），哪一位参赛者赢得比赛（是否有新冠军出现），以及他们如何赢得比赛或者输掉比赛（比赛中戏剧性的紧张感）。事实上，一些制片人声称，在20世纪50年代的竞猜节目制度下，不进行上述类型的控制就不可能产生成功的竞猜节目。如果没有提前向参赛者提供候选问题，参赛者就不可能在直播时回答出问题（因为据竞猜节目规则的描述，这些问题都非常难）。如果参赛者在直播时无法回答出问题，他们就不会被观众崇拜。此外，如果没有提前向参赛者提供问题，制片人就无法对参赛者回答问题进行训练。如果参赛者无法接受训练，他们的临场表现就无法为节目带来娱乐性，也无法带来能让观众持续观看所需的戏剧性紧张感。最终，如果无法提前选择性地向参赛者提供问题和答案，制片人就无法决定谁能获胜。总之，如果不进行控制，制片人就无法掌控节目的展开进度并塑造出受欢迎的主角。

在竞猜节目欺诈被揭露后，操纵节目成了弥天大罪。这无疑降低了制片人操纵节目的积极性，因为再这样做会存在极大的遭受法律制裁的风险。此外，在竞猜节目欺诈曝光后，业内更改了竞猜节目的制作过程。从20世纪60年代开始，制片人开始自己制作比赛节目，并通过网络将其出售。为了筹集节目资金，制片人自己或与网络平台共同向广告商出售节目的广告时段，广告商根据节目的受欢迎程度支付相应比例的费用。在这种安排下，广告商没有动力向制片人施压从而影响其节目内容的设置，或者增加节目的观众量。对广告商而言，如果节目质量不行，将广告费用投放到别处将更合乎逻辑。

另外，从20世纪60年代开始，竞猜节目都是预先录制的。这令制片人能够在节目拍摄后及播放前通过编辑部分录像来更改这一部分的戏剧性特点。最终，竞猜节目的规则有所改变。现在，制片人使用大部分观众都能回答出的简单问题。这样一来，节目受欢迎的程度不再凭借观众对优秀参赛者的钦佩和情感依赖，而是凭借观众对比赛的参与度。观众可以在家一起参与，因为他们自己就能回答出问题。事实上，一些竞猜节目甚至将观众参与环节也包括在节目中播出，有时是名义上的（当演播室的参赛者"服务于"家庭观众时），有时是积极的（当家庭观众通过写信或打电话的方式在节目中回答问题时）。

五、扭曲的激励机制是如何发展的以及将如何被消灭

组织不端行为的理性选择解释将不端行为归因于个体及情境因素。当组织纳入有偏好结构并且容易参与不端行为的个体时，组织中就混入了"烂苹果"。当组织向成员介绍奖励和惩罚以及相关的努力-绩效期望和绩效-结果期望，令他们易于实施不端行为时，组织就是"烂箩筐"。

组织会以两种方式雇用"烂苹果"。首先，想要实施不端行为的人会有

意地邀请其他步调一致的个体。其次，在招聘新员工时，想要实施正当行为的人可能会无法开展充分的尽职审查。这两种状态似乎在美国的储蓄和贷款危机中发挥了一定作用。20 世纪 80 年代，储蓄和贷款审查员数量减少，储蓄和贷款机构数量随之增加的其中一个后果即为，人们提交存款申请的审查减少。结果是，一批被定罪的重犯涌入了储蓄和贷款行业。并且，一旦这批人获准进入业内，他们就会安排其他行为不端者加入他们。

组织会以两种方式制定产生不端行为的激励机制。首先，想要实施不端行为的人可以设计激励机制促使员工实施不端行为。Barry Minkow 依靠与其同谋的一个内部圈子来完成 ZZZZ Best 所实施的欺诈行为。并且，他通过提供比别处更高的薪水和完成大胆欺诈的高额奖金来拉拢他的同谋者，其中一项接下来我会详细进行介绍。其次，想要实施正当行为的人可能会在不经意间创造出引发不端行为的激励机制。人们普遍认为，管理者会在不经意间创造出引发不端行为的激励机制，例如，他们无法建立明确的规则以区分不端行为和正当行为，以及他们无法对监测和惩罚不端行为投入足够的注意力。

组织不端行为的理性选择解释暗示了制止不端行为的明确、可操作的管理政策。这表明，管理者在雇用具有良好偏好结构的员工，如那些自我控制力强的人时，应该小心谨慎。此外，它还表明，管理者应该建立治理结构，使其能划清可接受和不可接受行为之间的界限，确保员工因可接受行为持续和适当地受到奖励，并且因不可接受行为迅速和确定地受到惩罚。但是，至少有两个原因能够解释为什么这一减少不端行为的简单描述不可能完全成功，以及为什么不端行为甚至会在拥护这些描述的组织中很流行或者很正常。

首先，设计没有意外不良后果的激励机制非常困难。实际上，无意中引发不端行为的激励机制的建立是有据可查的，它被称为"奖励 A 同时期待 B"（Kerr，1975）。例如，华尔街投资银行基德尔皮博迪奖励其管理人员部分是基于其下属的表现，大概是希望能激励管理人员投入时间和精力发展其下属。但是，这种激励机制可能会奖励那些在自己能获利时对下属的渎职行为视而不见的管理人员。如上所述，Joseph Jett 在基德尔皮博迪获得不同寻常的高收益，而他刚刚在其他两家投资银行遭遇显著的失败，并且在基德尔皮博迪的开端也令人失望。但 Jett 的上司 Edward Cerullo 从来不过问 Jett 的交易策略，尽管他会被起疑心的同事叮嘱这样做。也许，Cerullo 选择不去调查 Jett 是因为他们两个人会在 Jett 骄人的业绩实现后获得巨额奖金。独立调查员后来发现，Jett 的利润来自对公司交易软件漏洞有意或无意的利用。并且，一些调查员认为，Cerullo 知道 Jett 的交易利润是虚构的，或者至少应有所怀疑。因此，他们得出结论，Cerullo 或明或暗地参与了 Jett 的欺诈行为。基德尔皮博迪的高层管理人员显然同意了。在欺诈曝光后，Curullo 相当大一部分的奖金被收回，他自己也被解雇了（Freedman and Burke, 1998）。

其次，也许更令人头疼的是，聘用员工时的尽职调查、对员工行为的警惕监测，以及对奖励与惩罚及时可靠的管理，以增加管理时间和消耗精力的形式使成本增加。此外，详细阐述的规则会以降低灵活性和效率的形式使成本增加。出于这些原因，经济学家认为，组织应该使不端行为保持在理想的非零水平，即抑制不端行为的成本和收益达到平衡的水平（Becker, 1968）。

六、理性选择的局限性

毫无疑问，人类的许多行为都受理性选择的引导。但是，认知心理学家进行了研究，认为理性选择有时也会出错。这些心理学家曾研究人们是如何做出决定的，以及评估决策方案时应如何利用认知捷径的。并且他们已经表明，利用框架和启发式决策会令决策者选择违背自身利益的方案。认知心理学的核心源于一个著名的调查结果的名称——怪诞行为学（Ariely, 2008）。Daniel Kahneman 和 Amos Tversky 开创了这方面的调查（Tversky and Kahneman, 1974; Kahneman, Slovic and Tversky, 1982）。Max Bazerman 是第一个将其引入管理学研究的人（Bazerman, 2006）。

认知心理学家的工作很重要，因为它表明，人们有时会对不端行为可能带来的成本和收益进行错误的分析。而当这种情况发生时，尽管成本超过收益，他们还是会实施不端行为。接下来，我简单考虑了几种决策框架和启发式决策会导致这样的不端行为的情况。

（一）决策框架

认知心理学家已经研究过决策方案是如何影响决策者偏好的，尤其是在决策方案存在不确定的报酬时，也就是说，方案无法确切地预测到积极或消极的结果。最为人们所熟知的是，他们证明，当人们根据可能避免的损失而不是可能获得的收益来做决定时，倾向于选择高风险的行动方案（具有高报酬，但其发生具有更低的确定性的那些方案），而不是安全的行动方案（具有低报酬，但其发生具有更高的确定性的那些方案）。例如，在一个由Tversky和Kahneman（1981）进行的著名实验中，两组受试者被要求在一些备选疫苗中做出选择，这些疫苗可能被用来应对即将到来的流感：项目A和项目B。一组受试者被提供的是收益方案的描述。他们被告知，科学依据表明，若此疫苗在一个600人的小组中使用，第一个方案（确定方案）将会使200人获救，第二个方案（风险方案）将会有三分之一的概率使全部的600人获救。另一组受试者被提供的是损失方案的描述。他们被告知，第一个方案会使得400人丧失生命，第二个方案只有三分之一的概率使600人全部治愈。实验者发现，当两个方案以疫苗降低的死亡率来描述时（损失方案），受试者倾向于风险方案，但是当两个方案以疫苗救活的人数来描述时（收益方案），受试者会倾向于比较安全的方案。

关注损失的决策者倾向于风险方案的这一趋势，被称为"风险转移"，对计算参与不端行为的成本和收益的组织参与者来说具有一定的意义。在许多情况下，当用相对正当的替代行为作为参照来评价不端行为时，不端行为往往是有风险的方案。例如，一个薪酬基于绩效的经理如果被提供了错误或准确报告其公司业绩的方案，可以认为他会面临风险方案和比较安全的方案间的选择。错误报告方案具有获得更高收益的可能性，但也具有风险检测和没收全部薪酬（以及遭受处罚）的可能性。准确报告方案具有收到与公司实际绩效水平相当（低于错误报告方案）的报酬的可能性。风险转移的研究表明，如果上例中的经理接触的是损失方案，也就是说，如果经理心中为失败的恐惧而不是成功的渴望所占据（一个偶然的假设，与普遍的"贪婪促使不端行为"的观点相反），那么他更有可能选择第一个"操纵性的"方案。

近日，美泰及其子公司费雪因为其售卖的玩具上带有含铅油漆而支付了230万美元的罚款（The Associated Press，2009a）。受损失方案影响的管理决策会促使这一类不端行为的产生。美泰自己不生产玩具，而是从中国供应商那里购买。供应商的经理从一个长期分包商那里获得油漆，之后却违反了先前的协议和政策，没有检测铅含量就直接在要运往美泰的玩具上使用了该油漆。经理也许会选择风险方案（没有首先证实油漆不含铅就使用了它），因为供应商向美泰运送玩具已经晚于预定计划。公司曾经取得辉煌的业绩，却在一瞬间被积压的订单压倒了。并且，经理担心，如果他们不加快玩具的交付速度，或者进一步晚于计划，就可能会失去与美国玩具公司合作从而获得丰厚利润的机会（Lacter，2008）。

上面所讨论的决策方案描述的影响有时难以与应变理论区分开来，因为经历过的失败是决策者选择损失方案的原因之一。例如，前面将Joseph Jett实施不端行为归因于他无法实现抱负，但也可能是因为他评价决策方案的方法，或者说得更直白一些，是他对失败的恐惧而不是他对成功的渴望（Freedman and Burke，1998）。正如前面所指出的，Jett在名校获得了本科和硕士学位，但他在华尔街的前两份工作都因业绩不佳而告终，并且他的第三份工作也以类似不顺利的方式开始。Jett在脑海中清楚地记住了过去的失败，预设了即将到来的失败，所以他的决策受损失方案的影响，因此卷入了政府文件的交易之中，该交易后来被证实为虚假的。

(二)启发式决策

认知心理学家同样研究了启发式决策如何影响决策者的偏好。可得性启发是研究得最周密的认知捷径之一。当人们使用可得性启发时,他们将出于种种原因而最容易想象的预期后果纳入其决策之中。时间贴现是研究得最周密的可得性启发形式之一。当人们进行时间贴现时,他们将时间最紧迫的预期后果纳入其决策之中。时间贴现的研究对计算参与不端行为的成本和收益的组织参与者来说具有一定的意义。通常是这样一种情况:不端行为的潜在收益在短期内承诺兑现,而可能的成本只会在遥远的将来产生威胁。可得性启发表明,人们受即时回报的影响远大于受可能获得的远期惩罚的影响,即使决策者认为奖励和惩罚发生的可能性一样,即使他们认为奖励和惩罚具有同等(但相反的)价值。

传销活动为人类在撤除未来可能的检测和惩罚后关注即时回报的能力提供了证明。传销活动即利用欺诈手段从投资者手中筹集资金,并将这笔资金偿还给其他以相同手段更早付出资金的投资者。这些活动持续的时间向来都很短暂,因为他们的受害者很快就会意识到自己的损失并且准确地识别出加害人,尽管也存在几个著名的例外——那些活动持续的时间都相当长,比如Bernard Madoff的骗局(Gaviria and Smith,2009)。传销活动的设计者通常以合法经营者的身份起步,他们使用传销系统来缩小企业运营成本和收益之间的暂时缺口。但是随着时间的推移,他们基于虚假的商业模式开始筹集大量的资金,尽管欺诈企业注定在短期内会被发现。

Barry Minkow的ZZZZ Best地毯清洗公司骗局看来是这一类欺诈的好例子(Domanick,1991)。Minkow成立了一家小型地毯清洗公司,并且通过各种欺诈手段成长为一家大型的建筑修复公司。他最赚钱的欺诈项目需要向投资者筹集资金,投资者从个人到大型金融机构都有,这些投资项目均是虚构的,比如为不存在的建筑物的修复工作而集资。然后,他用这笔钱补偿在早期虚假项目中出资的投资者。为了维持项目的运转,偿还之前的投资者的收益并使项目能继续进行，Minkow 必须编造出更加大型的修复项目。最终，他编造出一个大胆的计划，令投资者们相信，他的小型地毯清洗公司获得了修复位于加利福尼亚州萨克拉门托市中心的一栋高层写字楼的合同。他告诉投资者，这栋正在建造中的写字楼的自动喷水灭火系统在一次小型火灾后遭到损坏，所以造成了水灾。Minkow 和他的同谋者在星期天工作人员不上班时进入了这栋写字楼，并偷偷在整栋大楼内放置了 ZZZZ Best 的相关用品，包括公司标志和 T 恤。然后，Minkow 带领投资者参观了这栋写字楼，以证实他的小公司的确获得了这一大型修复合同。Minkow 在其第一次着手实施诈骗活动后的第三年被逮捕，并在一年后被判入狱 25 年。

七、对理性选择解释的评价

不端行为的理性选择解释认为，人们在实施不端行为之前，会理性地计算与其相关的可替代的不端或正当行动方案的成本和收益。另外，理性选择解释的核心是，人们的蓄意行为非常警觉和理性。理性选择解释还主要认为，人们是在社会真空中蓄意计算可替代的不端或正当行动方案的成本和收益的。在这种解释下，其他人只有在具有影响潜在行为不端者实施不端行为和避免检测与惩罚的能力的情况下才能介入于此。理性选择解释还隐含地说明，人们能够进行实施或避免不端行为的独立决策，只要其不研究行为不端者的蓄意行为是如何随时间而变化的。最后，它明确说明，人们之所以决定实施不端行为，是因为他们具有积极的倾向（"动机"）去这样做。

总的来说，组织不端行为的理性选择解释在各个方面都将行为不端者看作"坏的"。它将不端行为的原因部分定位于个体身上。进行成本-收益分析进而产生不端行为的人得出结论说，实施不端行为的收益大于可能的成本。并且，只要由不端行为引发的消极认知和情绪状态，比如意识到自己违反了社会规范以及由此而产生的内疚感成为不端行为的成本，决定实施不端行为的人就可以看作是倾向于实施这类行为的（因为当他们为不端行为的收益所吸引时，可能就不会被那些消极认知和情绪状态吓倒）。这种认为行为不端者拥有低自我控制力和反社会人格的观点，在社会学和心理学中特别明确。

理性选择解释也将不端行为的原因归结于个体适用的激励机制。例如，期望理论认为，不端行为的原因在于与可替代的不端或正当行动方案相关的努力-绩效期望和绩效-结果期望。因此，理性选择解释部分免除了（这里我指的是因果关系而不是道德层面）行为不端者对其行为要负的责任。但正如上面所指出的，成本-收益分析导致不端行为的最终结果是产生具有正的倾向或"动机"去参与不端行为的人。因此，理性选择解释暗示，行为不端者从一开始就是"坏人"，或者"拥有零星的坏品质的好人"。

组织不端行为的理性选择解释显然有其可取之处。毫无疑问，人们在实施特定的一系列行为之前通常会仔细考虑可替代的行动方案的成本和收益。并且，仔细考虑成本和收益无疑会影响人们最终选择的行动方案。因此，我们有理由得出结论：当面对参与不端行为的可能性时，组织参与者经常会进行成本-收益计算，并且这些计算会影响他们继续参与或者远离不端行为的决定。这样说来，不端行为的理性选择解释受限于其依赖的基本假设，而且我认为这些假设不是普遍适用的。

我已提出理性选择解释可以改进的一种方法，来放宽其依赖的主要假设之一。我已说明可以利用最近的认知心理学研究来解释理性选择的成本-收益计算是如何以可预见的方式出错，并使得组织参与者参与对其自身利益并无好处的不端行为的。随着本书内容的进一步深入，我会研究不同于这里假设的对组织不端行为的解释。这些假设包括：人们在实施不端行为之前的行为是蓄意的，人们以警觉和理性的方式思考，人们在社会真空中思考，人们的蓄意行为导致独立的决策，以及人们的决策带来实施不端行为的积极倾向。在这一过程中，我会逐渐抛弃"坏人做坏事"的观点，而逐渐采用"好人做坏事"的观点，最终采用"好人如何做坏事"的观点。但在进行这项工作之前，我想简单总结一下我在本章中阐述的内容。

八、总　结

在本章中，我阐述了在本书的研究中组织不端行为的八种解释中的第一种。我简单描述了理性选择解释的特征，提出了这一研究下的两个具体理论，并制订了详细阐述的总体方案。同时，我还提供了许多理性选择促进不端行为的例证，每个例证由一个符合前面章节所定义的不端行为的实例所组成，该定义认为不端行为是社会控制机构所定义的任何行为。接下来，我将会探讨组织不端行为的第二种主要解释：文化解释。

Chapter 5
第五章

文 化

一、引 言

文化解释是组织不端行为的第二个决定性因素。它根源于这样一个理论观点——把组织看作团体,并且把组织参与者看作标准恰当性的评估者。组织由对正当的行为和思考方式持相同观点的个人所组成。人们着眼于检测可供选择的行动方案以确认它们是否符合这些观点。从这种观点来说,当一个组织的文化变得败坏并且认可不端行为是合适的时候,组织不端行为就会出现。

在本章中我提出文化分析的基本概念。随后,我将详细说明组织文化助长不端行为的两种方式:通过支持不端行为和规定不端行为可以被认为是可接受的例外情况。我还描述了人们是如何接受他们的组织文化的,并详细说明了助长不端行为的文化是如何产生的以及怎样能够被消除。最后,我总结性地考虑组织不端行为的理性选择和文化解释两种视角之间的关系,并对文化解释做出了总体评价。

二、文化分析的基本概念

文化的内涵包括其内容和结构。文化的内容包括一种社会环境中的规范、价值观和信念，以及规定恰当的思考和行为方式的假设。假设是关于人们在环境中实际思考和行为方式的高度抽象的概念。价值观和信念是人们在环境中表现出的关于可供选择的思想和行为正当性的比较具象的概念。规范是关于一个人在环境中应该思考和做什么的更为具体的理解。文化结构包括传达文化内容的制品和实践。制品是传达文化内容的最小单元。它们包括有形的东西，如办公室里的布局和办公用品。它们也包括无形的东西，如俚语、标语和故事。实践是包括工作组午餐、公司野餐、行业惯例等在内的行为模式。通常来说，文化制品被应用于实践中，例如一个工人在一次公司野餐（一次实践）中获得证书（一个文化制品）以表彰其团队精神。

处于一种文化环境中的人迫于压力而接受这种环境所蕴含的规范、价值观和信念以及假设，也就是说，人们会展现出与这种环境的文化内容相一致的态度和行为。但是，人们也可能处于多种文化环境中并被其影响，包括职业的、专业的、组织的、行业的、跨行业的（例如营利性的、非营利性的和政府）甚至社会性的环境。在本章中我将主要关注组织环境，尽管我偶尔也会涉及文化内容的其他分析视角以展现这种方法的广阔范围。另外，每一种环境的文化在强度上都有所不同，这取决于它们的形式以一种连续和冗余的方式传达内容的程度，以及其内容控制员工的程度（员工的思想和行为与那种内容相一致的程度）。一种强文化有许多传递员工虔诚坚持着的相同信息或者多种相关联的信息的形式。一种弱文化只有很少的传递员工随意忽视的不同的和相互矛盾的信息的形式。

因此，文化解释假设当人们认为不端行为与他们的组织文化，即规范、价值观和信念以及假设相一致时，他们就会采取一种不端的行为模式。但是，文化原因允许人们有时在评估一种特定的不端行为模式的合理性时，必须将有不同特点的多种文化环境考虑进去。

三、文化促进不端行为的两种方式

（一）对不端行为的支持

当一种文化包含把不端行为当作正确的规范、价值观、信念以及假设的内容时，它就会直接导致不端行为的出现（Hochstetler and Copes，2001）。在一些情况下，文化内容支持特定类型的不端行为。在其他情况下，它更加普遍地支持不端行为。接下来，我将对这两种情况都进行分析。

1. 特定支持

组织文化中所包含的制品和实践能够将被社会控制机构定义为不端的行为正当化，因而组织文化可以支持特定类型的不端行为。美国 ADM 公司对赖氨酸（一种动物饲料的原材料）市场上的固定价格协议的设计，就很好地阐释了文化假设如何促进不端行为。ADM 的文化包括假设公司的竞争者是天然的盟友并且其顾客是天生的对手，这表现在管理者们经常挂在嘴边的格言"竞争者是我们的朋友，顾客是我们的敌人"（Eichenwald，2000：51）上。这种假设可能为公司与竞争对手形成勾结提供了依据，而这种勾结是建立在对顾客利益的侵占上的。

Geis（1995）研究了 20 世纪 50 年代后期重型电子设备制造商之间的非法合同分配现象，他的研究显示了文化价值观和信念是如何促进不端行为的。它也表明了文化内容的不同维度之间是如何相互强化的。20 世纪 50 年代后期，重型电子设备行业的串通投标情况非常严重。并且，由于它涉及用于生产和传输电力的设备，而且也会影响到联邦、州和市政府，因此，串通投标行为被发现导致公众听证会的召开，行业中参与串通投标的人员被要求在听证会上作证。几个作证的销售人员认为行业竞争者之间的业务分配是有好处的，这不仅对于参与的企业来说是这样，对于整个行业和经济来说也是如此。这些销售人员解释说，通过建立协议决定同谋的哪一家企业将得到特定合同，他们消除了行业内企业销售利润的波动，因此减少了行业消极竞争带来的负向外部性。

Geis 对重型电子设备行业串通投标的描述也表明了文化规范如何支持特定形式的不端行为。这个行业中的销售人员被雇用不久之后发现，会见来自其他重型电子设备生产商的代表，以决定哪家公司将会赢得特定的销售合同，是他们工作的一部分。若干销售人员表明，他们乐于参加这些会议，因为他们认为其他人，特别是他们的上司，希望他们参加这些会议。另外，他们认为如果自己不参加这些会议，就将会被其他有参加意愿的销售人员替代。

在一些情况下，文化对特定类型不端行为的支持可能是非常微妙的。TAP 生物制药所蕴含的文化制品似乎传达了鼓励采用非法销售实践的文化内容。TAP 没有一个专职的内部法律顾问。据一位经理所说："法律顾问被认为是一个'销售妨碍'部门。"当公司在 1995 年举行一次销售会议来推出其溃疡治疗药物兰索拉唑（Prevacid）时，它只花了很少的时间来讨论证明这种药物疗效的科学数据。这次会议的高潮是一场聚会，该聚会的特色是"Tummy"——一个很大的、会喷火的机械胃（Haddad and Barrett，2002）。这些文化制品可能已经传达了一个观点，那就是销售代表在制订他们的推销方案时不需要有太多法律上的顾虑。类似地，它们也传达了这样的观点，即销售代表不应基于与药物疗效有关的科学证据来制订他们的推销方案。综上，这些制品可能传达了与很多企业的销售代表所采用的销售技巧一致的内容，包括给医生提供免费及优惠的药品样本，然后鼓励他们为投保人（包括国家老年人医疗保险制度）开具药物零售价格账单，这一伎俩后来被认为是一项非法回扣计划。

2. 普遍支持

组织文化也可能以一种更加普遍的方式支持不端行为。组织文化中的制品和实践所传递的信息将被社会控制机构定义为不端的行为视为大体可接受的甚至是恰当的。更明确地说，一种文化能够包含不端的实践，它传递出这样一种信息，即认为其他形式的不端行为也可能是正当的。虽然 20 世纪 80

年代职业自行车的主要比赛都是诚信竞争，但环法自行车赛却通常被人为操控。顶级车手们在比赛的前一天晚上在正式会议中谈判协商，或者在比赛日的早上用一种更加特别的方法，将前几名的位置分配给最受欢迎的非本地车手（绕开顶级的本地车手以降低他们的伎俩被发现的可能性）。Paul Krimmage 对这种传统做法并没有表现出任何不适。像大多数车手一样，他显然把它看作一种在环法自行车赛中积累资本并且加深运动员在观众心目中的印象的方法。事实上，他积极参加了 1987 年后的三次环法自行车赛，因为他的爱尔兰同胞 Stephen Roche 赢得了 1987 年的比赛。这种违法的做法，就像 20 世纪 50 年代对电视智力竞赛节目的操纵一样可以被认为是欺诈，可能为通过使用违禁药物来提高比赛成绩提供了一个先例。

类似地，一些人认为安然公司充斥着一群对法律、道德和社会责任极不尊重的高管。并且，这些高管为额外的不端行为提供了温床。很多记者用这一角色影射过安然公司的顶级交易员 Lou Pai。他们注意到这样一个事实：Pai 经常光顾脱衣舞俱乐部，与脱衣舞女郎发生不正当的关系，并且把这些活动的花费计入他在安然公司的费用账户中（Bryce, 2002; McLean and Elkind, 2004; Eichenwald, 2005）。当然，这种对文化和不端行为之间关系的解释产生了这样的问题，即这些引起其他不端行为的不端组织实践最开始是如何产生的？

并非特别明确的是，一种文化中的实践和制品也可能隐性地传递不端行为可以被容忍的信息。MCI 是一家电信公司，它在 20 世纪 90 年代后期成为大量欺诈行为的实施者，也为欺诈行为提供了场所。MCI 的许多客户参与了各类业务，如色情电话服务，而其雇员认为这在道德上是应受谴责的。另外，它的很多客户无法按时支付账款。这些违约客户中的相当大一部分拒绝付款，有时还会做出虚假陈述，以迫使 MCI 就他们的合同重新进行协商。一些被称为"破产的"艺术家的客户从来不支付任何费用，在公司能够收回其所欠下的债务之前关掉店铺并且离开城镇。另外，一些 MCI 的客户将扩大高利贷规模作为融资方法。毫不奇怪，一些 MCI 的客户受控并服从于曾经被指控涉嫌欺诈者。用来描述这些客户的贬抑性词汇，如"混蛋""贼窝"以及"地球上的渣滓"，似乎成了 MCI 专用词汇的一部分，并且传递出这家公司处于一个令人讨厌的关系网中的信息。虽然 MCI 的成员负责从客户那里收集账单，但是财务部门对公司的营销战略颇有怨言，并且没有做任何事情去改变现状。MCI 有一个对潜在客户进行尽责调查的部门，但是其筛选机制存在漏洞。因此，由高层管理人员支持的销售部门继续与可疑客户签订合约。MCI 财务部门的一员 Walter Pavlo 与人合著了一本关于他在 MCI 的经历的书：《徒手偷窃》（*Stolen Without a Gun*），我将会在本章和第六章中重点提及。在那本书中，Pavlo 说，MCI 的员工把上述制品和实践理解为在公司参与可疑商业活动是可被接受的暗示（Pavlo and Weinberg，2007）。

更为不明确的是，一种文化中的制品和实践还可以传递这样的信息，即打破规则和违反规范的行为是被接受甚至被欣赏的，尤其是那些被认为是冒险或者创新的行为。安然公司的文化开始重视打破尊重规则外壳的行为，只要这种行为在某些方面使公司受益。一位前管理者说："对于人们甚至我们的个人生活来说并没有规则。任何事物都是关于公司的，并且任何事物都应该处于边缘状态——性，金钱，所有的一切……"（Broughton，2002）另一个人说："所有的一切都是为了创造一个故意打破规则的环境。例如，我们的官方休假政策是，你可以在你想要的任何时刻享受你想要的任何长度的假期，只要你能带来业绩。这让人力资源部门快要抓狂了。"（Bartlett and Glinska，2001）。Sims 和 Brinkmann（2003）声称，安然公司的文化强调对聪明才智的重视，并假设公司的员工都是杰出的。如果这是真实的，那么这种文化内容可能会强化打破规则的行为。重视聪明才智的管理者可能认为自己有权打破规则，那些认为自己很聪明的管理者可能认为自己可以侥幸逃脱惩罚。有证据表明，MCI 的文化也蕴含着这类信息。据一位观察者所说，这家公司的创始人——Bill McGovern——曾经通过一本书表达其对经营管理的蔑视，并且有一次甚至威胁要炒掉任何被抓到撰写所谓运营系统或者程序手册的人（Spurge，1998：7）。

甚至更为不明确的是，一种文化可以包含一些制品和实践，这些制品和实践能使社团成员专注于达成目标，但它们同时也对达成目标所用方法的伦理道德与合法性缺乏考虑。安然公司的文化包含了被 Kulik（2005）定义为代理理论的假设和观点。它假设人类的行为都只关注自身利益，并且它相信创新和杰出的绩效能通过自由竞争实现最大化。安然公司的 CEO Jeff Skilling 鼓励下属之间的竞争（McLean and Elkind，2004）。另外，公司采用一种双年度绩效评价体系以保证只有绩效水平达到前 85% 的员工才会被留用（Swartz and Watkins，2003）。在这种"什么都可以"的环境中，目的为结果正名。

最不明确的是，一种文化还蕴含着这样的制品和实践，即专注于社团成员对于目标的达成，却又不提供关于应该采用何种方法达成目标的指导。Coleman（1987）认为，工业社会中的组织普遍展现出这种特征。工业社会为市场组织生产，产生经济过剩，并且使用货币让交换更加便利。Coleman 认为，这种社会拥有"文化竞争"，它反过来导致普遍的不安全感和对失败的恐惧。一些人认为，资本主义社会表现出这种文化的一种极端形式，因为其法律结构强化了对于自身经济利益的无限追求，这种观点在纪录片《公司》（*The Corporation*）中被生动地描绘出来（Achbar and Abbott，2004）。但是其他人认为，资本主义社会表现出这种文化观的程度是不同的，这取决于其主导思想是捍卫不受限制的自由市场的"普遍自由"类型，还是重视公民权和对社会责任的承诺的"共和主义"类型（Braithwaite，1988）。

（二）情有可原情况下的规定

文化也可能蕴含着下面这样的制品和实践所引致的组织不端行为。这种制品和实践规定了情有可原情况下的假设、价值观、信念以及规范，在这种情况下不端行为一般被理解为是可以被接受的。Ashforth、Anand 和 Joshi（Ashforth and Anand，2003；Ashforth，Anand and Joshi，2004）确定了文化内容规定组织不端行为被认为是可接受的情况的六种方式。他们把这六种方式称为"中和技术",以 Sykes 和 Matza(1957)在其关于街头帮派成员如何理解他们的非法行为的开创性研究中提出的术语而命名。下面我重点依据 Ashforth、Anand 和 Joshi 的描述阐述这六种中和技术。

在描述这六种中和技术之前,我需要说明两点:

第一,我下面阐述的六种中和技术能够以三种不同的方式实施。所有六种中和技术都可以被行为不端者用作事后借口,以使他们免于承担其行为的后果,并且不用承受其他责骂、惩罚以及他们自身的罪恶感(Sonnenfeld,1981)。此外,正如我们将在第八章中看到的,所有六种中和技术都可以被行为不端者用作当时的正当性理由,以帮助他们理解其行为并且阻碍其从正当行为转向不端行为时产生罪恶感。这就是 Ashforth、Anand 和 Joshi 讨论中和技术的意义所在。然而,在本章中,我认为中和技术还有第三个功能:作为不端行为的事前借口。每一种中和技术都可以通过对如何概念化可疑行为进行指导而在认知层面上起作用,或者通过阻碍罪恶感的出现而在情感层面上起作用;否则,当人们实施不端行为时这种罪恶感就会显露出来。第三种观点与 Sykes 和 Matza 的最新观点是一致的,他们认为中和技术让青年帮派成员免受文化(认知和情感)上的普遍限制,否则,这些限制会让他们远离犯罪行为。

第二,本章所讨论的六种中和技术在美国社会中是普遍存在的,在很多西方社会中也比较普遍,甚至在大量非西方社会中也是广泛存在的。因此,在所有美国组织或者其他社会很多的组织中,它们都是适用的。然而,这六种中和技术对不同组织成员的适用性存在差异。换言之,其中任何一种技术都可能判定不端行为在一些组织中是可接受的,而在其他组织中却是不可接受的。当一个组织中的其他人经常使用这种中和技术时,组织参与者就会把该中和技术视为不端行为可接受的正当理由。当一个组织参与者的组织背景类似于一种中和技术涉及的情有可原的情境时,该个体也会把该中和技术看作不端行为可接受的正当理由。当然,这两种情况倾向于齐头并进。一个组织的员工和管理者越频繁地发现自己处于类似一种中和技术所涉及的情有可原的状况中，他们在遇到问题时就会越经常地借助于这种中和技术。

1. 否认责任

一些文化的内容传递出这样的信息，即如果人们在很少或无法控制、不得不做的情况下实施不端行为，这些不端行为就是可接受的。人们很少或无法控制因而可能使不端行为可接受的情况包括强制约束、严重的财务困境和强烈的同侪压力。信奉这种中和技术的行为不端者并不把自己视为行为不端者；相反，他们认为自己是行为规范的，是有道德、有社会责任并且遵纪守法的人，只是被迫参与不端行为而已。

1967年，B. F. Goodrich 在与 Ling-Tempco-Vaught 公司（LTV）和美国海军关于海军新型 A7D 攻击战斗机制动器的一份设计和制造合同中存在欺诈行为。这样看来，B. F. Goodrich 的文化理念包括管理者不能控制其指挥链之外员工行为的假设以及相关的观念——让管理者为其指挥链之外的员工行为承担责任是不合适的，即使管理者知道那些行为是不端的。另外，这种假设和观念似乎不止在管理者对参与开发 A7D 制动器的设计和检测工程师的不端行为的容忍决定上发挥了作用（Vandivier，1972）。明知却容忍他人的不端行为是一个组织参与者能够涉及的最温和的不端行为形式。

Kermit Vandivier 是 B. F. Goodrich 的一个技术文档的撰写人。当他知道公司的工程师和测试专家计划为 A7D 制动器出具一份虚假的合格报告时，他把这件事告诉了他的上司 Russell Line，并且督促 Line 把这个消息告诉他们的老板 Bud Sunderman。但是 Line 坚持说："Sunderman 可能已经知道了这件事，就算他不知道，我也一定不会告诉他。"当 Vandivier 问 Line 他为什么不告知 Sunderman 这种不端行为时，这位管理者回答道："因为它不关我的事，而且也不关你的事。我很早以前就学会不要去过问自己无法控制的事情。在这件事上我没有管辖权。"当 Vandivier 问 Line 如果这种不端行为导致一个试飞员受伤或者死亡，他的良心是否会受到谴责时，这位愤怒的管理者回答道："我已经告诉你这件事情我无法控制了，那么我的良心为什么还会受到谴责呢？"

2. 否认伤害

一些文化包含的内容传递出这样的信息，即如果没有人因为不端行为受到伤害，那么人们实施不端行为就是可接受的。一些文化也包含相关的信息，即如果一个人的不端行为造成的伤害（相对）小于他可能实施的更加极端的不端行为造成的伤害，那么他参与不端行为就是可被接受的。信奉这种中和技术的行为不端者并不把自己视为真正的行为不端者，因为他们并不认为自己的行为造成了实际的或者相对严重的伤害。

在上文中我提到了 MCI 公司财务部门的一位管理者 Walter Pavlo。在加入 MCI 大约一年的时间内，他参与了三种不同但形式相关的不端行为。这里我重点关注了 Pavlo 参与的一个由 Harold Mann 主导的欺诈 MCI 及其逾期客户的计划。Harold Mann 是一家色情电话服务公司的老板，并与 MCI 有直接的业务联系。Pavlo 之所以心安理得地参与这种欺诈行为，似乎正是因为他利用了否认伤害的中和技术。

Mann 通过创建一家名为 Orion 的虚拟公司开始了这种诈骗。然后，他以 Orion 的名义，表示愿意承担 MCI 客户逾期债务的前期费用和后续的月还款额。这些客户轻信 Mann/Orion 会与 MCI 谈判，替他们偿还欠 MCI 的债务，即便不是全部偿还，也将消除他们的债务压力。这些客户还期待着，由于他们的债务可能被清除，因此他们将会被允许继续使用 MCI 的网络服务。然而事实上，支付给 Orion 的钱被同谋者瓜分了。为计划画龙点睛的任务留给了 Pavlo。他操纵了 MCI 的账本，让他的上司和公司其他人认为客户的债务实际上已经被清偿了，以便客户在 MCI 重新获得良好的信誉。

Mann 在午餐时用某种省略条款向 Pavlo 提出了这个计划。当他阐述这个计划的时候，他给 Pavlo 提供了几种可以用来抵御罪恶感的中和技术（否则，Pavlo 在参与该计划时可能会产生罪恶感），其中一种就是否认伤害。Mann 开始阐述这个计划，建议 Orion 主动承担由 Robert Hilby 经营的一家名为 TNI 的公司欠 MCI 的债务，它将是该计划的第一个受害者。为了理解 Mann 的说法，Pavlo 问他："我要确定一下我是否真的理解你说的话了。Hilby 支付给你

30 万美元的前期费用,然后你每月向 MCI 支付欠款。"Mann 回答:"我想 MCI 可能会完蛋。"Pavlo 仍然困惑着,又问:"这是什么意思?"Mann 用自己的一个反问回答了这个问题:"Hilby 打算还钱给 MCI 吗?"Pavlo 回答:"他比大多数人都更有能力还钱。但是如果你问我们是否还能再见到他拖欠的 200 万美元,我对此表示怀疑。"Mann 在 Pavlo 的回答之后用到了否认伤害技术的精髓:"那么,如果我们不还钱给 MCI,也并不会损失任何东西。我的意思是,你没办法偷走 MCI 无论如何都得不到的钱,对吗?"他们连续的对话表明,当 Pavlo 考虑加入这个计划时产生了罪恶感,那种可能会被 Mann 的逻辑分析抵消的罪恶感。在 Mann 解释完这个计划的细节后,Pavlo 仍然表示怀疑,说道:"没有那么容易,Harold。"Mann 无法理解 Pavlo 的担忧,回答道:"你是一个聪明人!你是在告诉我你无法把一根价值 200 万美元的针藏在 MCI 价值数十亿美元的干草堆里吗?"Pavlo 回答,"那倒是很容易,但是你建议的……你知道……是错的"(Pavlo and Weinberg,2007:118-120)。

3. 否认受害者

一些文化的内容也传递出这样的信息,即如果一个人的不端行为的受害者是罪有应得的,那么他的不端行为就是可以被接受的。信奉这种中和技术的行为不端者从本质上否认被其不端行为伤害的人是真正的受害者。一些类型的受害者被归类为真实的,而其他受害者则被归类为不真实的,这种分类方法被称为"道德排除"(Opotow,1990)。这种中和技术至少有两种表现形式:

第一,行为不端者相信其不端行为伤害的人是由于他们自己的道德缺失而罪有应得。Harold Mann 在提出欺诈 MCI 及其逾期客户的计划时,把这种否认受害者以及前文提及的否认伤害的中和技术推荐给了 Walter Pavlo。为消除 Pavlo 对其"错误"计划的担忧,Mann 说道,"别给我讲这些大道理,Wally、Hilby 和他们中的其他人都是彻头彻尾的欠债不还的人"(Pavlo and Weinberg,2007:120)。这种对受害者合理化的否认使 Pavlo 产生了共鸣,因为它与现实、与 Pavlo 在 MCI 的同事的观点以及他自身的经历是一致的。

正如之前提到的,财务部门有一半的客户是 900 电话公司,其中很多都是色情电话服务提供商;另一半的客户是折扣运营商,他们向客户收取转换费,在没有征得客户同意的情况下单方面变更其服务——一个被称为"slamming"的骗局。这两种类型的客户大多数从来不打算向 MCI 全额支付他们的账款。一些人捏造自己经济困难的事实并且要求折扣。其他人,即所谓的"破产者",进入 MCI 的网络,销售服务或者预付款的电话卡,然后没有支付账款就换地方了。最后,一些客户有欺诈前科。财务部门的员工用不雅的词汇来形容这个部门的客户。此外,Pavlo 已经度过了前一年较好的时光,之后的时间大多是挣扎着收取这些最靠不住的客户欠 MCI 的债务但并没有成功。出于所有这些原因,否认伤害中和技术对 Pavlo 来说是真实的。正如他回忆的,"贪污是 Mann 的计划的法律术语。但是,这里的贪污并非是他要去骗取老太太的存款或者猛击别人的头。它是没有受害者的贪污(强调)——除非你把骗钱的人算作受害者"(Pavlo and Weinberg,2007:120)。

第二,一个行为不端者可以认为那些被其不端行为伤害的人是由于自身的弱势地位而罪有应得。近年来,几家投资银行由于提供牺牲客户利益而谋取自身收益的投资建议已被起诉或被追责。例如,2002 年,美林证券公司(Merrill Lynch)支付了 1 亿美元来解决一起诉讼。在这起诉讼中,纽约总检察长控告美林证券试图提高其有既得利益的几家国际公司的股票等级。随后在 2006 年,美林证券公司又被全国证券交易商协会罚款 5 000 万美元,起因是其涉嫌为推广它的专有共同基金产品而鼓励员工减少对其他优质金融产品的推荐(Rauch,2006)。Michael Lewis(1990)对华尔街投资银行所罗门兄弟公司(Salomon Brothers)的叙述阐述了可能强化这种实践的文化内容。在所罗门兄弟公司的文化里,客户被认为是愚蠢的,这反映在其嘲弄性的话语"有些人生来就只配做客户,你就是例证"上,这些话语特别针对那些表现出无知或者无能的员工(Lewis,1990:171)。另外,所罗门兄弟公司的文化强化了"愚蠢的人更应该被剥削"的观点。客户是愚蠢的以及愚蠢的人更应该被剥削的观点可能为投资银行的员工牺牲客户利益以追求公司收益最大化提供了合理性。

一系列相似的观点似乎在安然公司也存在，并由此助长了其对加利福尼亚电力市场的操纵，安然公司最终为此付出了被罚款数百万美元的代价。安然公司的文化认为，自由市场而非政府管制是组织大多数行业，包括能源行业经济活动最恰当的方式。它也包含安然公司的管理者比大多数其他公司的高管更精明，当然也比政府官员更精明的假设，这反映在描写安然传奇最有名的书《房间里最聪明的人》（*The Smartest Guys in the Room*）的书名上。这种观点和假设导致了安然公司的管理层对加利福尼亚州放松其能源市场管制的反应。用 McLean 和 Elkind 的话来说，"安然公司的每个人都对加利福尼亚州不完全放松管制有所不满，加利福尼亚州政府没有遵循公司长期坚持的信仰，那就是完全自由的市场是唯一可行的路径"。州政府没有听从安然公司的意见，因此就得为其所有的行为负责。一位高级主管总结了公司内部的主流观点，"如果它们要施行这样一个愚蠢的制度，那么尝试与它抗衡就是有意义的"（2004：267）。

4. 社会比较

第四种中和技术——社会比较——可以有两种形式。一些文化的内容传递出这样的信息，即如果他人不端行为较自身不端行为的后果更为严重，那么自身实施不端行为就是可接受的。拥护这种文化内容的行为不端者将自身行为与他人行为进行比较，主要关注那些被认为是坏的或者比其自身行为更加严重的行为。这让行为不端者觉得，从相对主义立场来看，他们的行为并非是真正不端的。

Harold Mann 在提出他欺诈 MCI 及其逾期客户的计划时，把这种中和技术介绍给了 Walter Pavlo，并把它和上文中讨论的否认受害者技术和否认伤害技术一起应用。当 Pavlo 对是否参与该计划表示沉默时，Mann 提醒他 MCI 本身就犯有严重的罪行。在把 MCI 的客户描述为"彻头彻尾的欠债不还的人"之后，Mann 接着说："你们这些在 MCI 的人没有任何不同，仅仅是穿得更为体面一些而已。"然后他详细阐述道:"你们在那边作假账时,你是知道的,大家都在作弊。这就是这个世界运转的方式。Wally,你的问题在于,你还不知道如何在这个世界中赚钱。"

与 Mann 提供的其他中和技术类似,Pavlo 对社会比较中和技术产生了共鸣,因为它扎根于 Pavlo 的实践知识及其 MCI 同事的经历。正如 Pavlo 在他作为合著者的书中所讲述的(以第三人称),"Mann 描述的计划……并不比 MCI 的客户对 MCI 所为或者 MCI 对其股东所为更加严重……Mann 扭曲的逻辑变得非常有道理。金钱,大量被操纵、谎报、滥用、错配和盗用。每个人都在实施这类不端行为。Pavlo 知道整个世界并不是以这样的方式运作的,但他的世界是,上至公司主管下至卑鄙的客户"(Pavlo and Weinberg,2007:120)。正是因为 Mann 的观点与 MCI 现实表现的一致性才让社会比较中和技术变得切实可行。

另外,一些文化的内容传递出这样的信息,即如果将个体行为标记为不端的实体机构的合法性受到质疑,个体实施不端行为就是可接受的。拥护这种社会比较技术变异形式的行为不端者无疑会认同我在本书中采用的不端行为的社会学定义,即不端行为就是被社会控制机构归为不端的行为。但是拥护这种技术的行为不端者也会对社会控制机构本身,或者社会控制机构判断的合理性,或者两者皆有,有一个规范的标准。例如,行为不端者可能会将社会控制机构视为不胜任的或者自私自利的,进而其对不端行为的分类就变得反复无常或者属于恶意为之。James Stewart(1991)认为,这种中和技术可能加剧了华尔街套利者违反证券交易委员会的保证金规定。据 Stewart 所说,套利者对于证券交易委员会监察员没有任何尊重可言,认为其资质平平(监察员们相对低廉的工资就是一个证明)。并且他们认为,证券交易委员会规定投资者手头拥有的现金数量必须能覆盖其股票仓位的保证金要求太高了。基于这个原因,他们认为违反证券交易委员会的保证金要求是合理的,并不会造成任何尴尬。

5. 对高忠诚度的诉求

一些文化的内容传递出这样的信息,即如果行为不端者在实施不端行为的过程中寻求一个更高的道德目标，那么其不端行为就将趋向于合理化。不同于其他中和技术，这种技术不仅使得不端行为变得可接受，更会使其符合道德伦理诉求。或许最常见的更高的道德目标是对集体利益的维护。当行为不端者从属于一个高度紧密耦合的集体时，因为他们所属的集体或许正面临生存的外部威胁，所以他们尤其可能拥护这种技术。这种类型的文化内容似乎部分突显了安然公司对加利福尼亚电力市场的操控。安然公司的很多员工认为，安然是一家与主流商业世界格格不入的、独特的创新型公司。安然公司的员工相信，他们应该专注于实现公司的目标，而非关心被公司行为影响的他人利益。这种观点符合该公司对牺牲加利福尼亚利益的贸易策略的追求。用一位安然公司管理者的话来说，"贸易者的责任是赚钱，而不是造福加利福尼亚的人"（McLean and Elkind，2004：268）。

一个不那么常用却更高的道德目标是对神圣原则的保护。这种类型的文化内容似乎也支持安然公司对加利福尼亚电力市场的操控。正如上文中表明的，安然公司的文化认为，当涉及对经济事务的管理时，自由市场比政府管制更优越，不仅体现为更高的经济效率，而且体现为更明显的社会优势。基于这一理由，安然公司的高管经常宣扬自由市场的优点，并且公司花费了数百万美元游说政客放松对美国能源行业的管制。因此，在安然公司看来，那些旨在追求自由市场目标的行为，即使在法律、道德或者社会责任方面受到质疑，也被认为是值得称赞的。例如，一般认为，安然公司主张放松加利福尼亚能源市场管制的激进行为对该州造成了巨大破坏，针对这一指责，该公司的 CEO Jeff Skilling 自鸣得意地说，"我们与天使在一起"（2004：281）。并且，McLean 和 Elkind 在描述安然公司加利福尼亚战略的制定者 Tim Belden 时写道，"正如他们喜欢这样说安然公司一样，他在智力上是纯粹的——一个相信自由市场之美并且在利用低效率赚钱时毫无顾虑的贸易者"（2004：264）。

6. 平衡分类账

最后，一些文化的内容还暗示，如果一个人曾经做过的、正在做的或者计划要做的其他好事的积极影响可以抵消其实施不端行为的消极影响,那么其实施不端行为就是可接受的。Walter Pavlo 在考虑是否加入 Harold Mann 欺诈 MCI 及其逾期客户的计划时,就似乎使用过平衡分类账技术。他认为,他为 MCI 提供的服务和做出的牺牲远比公司补偿给他的多。毫无疑问,他实施不端行为平衡了这种补偿差额。正如他在他的书中所讲述的,"如果 MCI 付给了他应得的报酬,公平地对待他,他就会少一些抱怨。不过,他也被耍了。用每年 6.3 万美元(他当时的薪水)来守护价值 20 亿美元的资产!MCI 驱使他远离家人并投入香烟和美酒的怀抱。'他们'在疯狂地作假账,他在中间帮忙,却没有得到任何好处"(Pavlo and Weinberg,2007:120)。更重要的是,Pavlo 对薪酬的抱怨并非个案。其他 MCI 的员工也同意他对公司薪酬体系的观点:它是如此结构化,以至于相对于新员工而言,老员工的薪酬通常偏低。资深员工受公司关于其加薪频率和幅度的政策所限;相反,新员工以不断提升的市场工资水平被雇用。

四、组织参与者如何接受助长不端行为的文化

人们接受一个组织的文化内容的过程(无论该文化内容是支持正当的还是不端的行为)被称为"组织社会化"。Schein(1961a,b)提出了一个特别访问账户,组织社会化包含在理论发展上连续但在实践中却常常重叠的三个阶段。① 在第一个阶段(Schein 称之为"解冻"),社会化对象抛弃了他们原有的身份。这个阶段包含三种动力:由旧身份产生的屈辱感,无法从旧身份中得到支持,以及脱离旧身份的动机。

在社会化进程的第二个阶段(Schein 称之为"改变"),社会化对象接受了他们的新身份。这个阶段也包含三种动力:转换到新身份的动机,识别新身份的典型行为榜样,以及对新身份的内化。社会化对象往往会选择与他们

---

① 我对个体被社会化到助长不端行为的组织文化中的过程分析与 John Darley(1996)之前的精彩分析有交叉。

相似但在社会化进程中比他们更进一步的其他人作为其行为榜样。只有在人们调整了文化内容以适应其独特的组织情况,并且用这种调整的内容成功解决了其在组织生活中遇到的问题之后,他们才会内化文化内容,这意味着他们会把它视为自己的观点。

在社会化进程的第三个也是最后一个阶段(Schein 称之为"再冰冻"),社会化对象的新身份得以强化。当社会化发生在非工作环境中,例如一所军事学院、一项专业培训计划或者公司裁员的情况下时,这一阶段包括把对象从社会化环境中转移到工作环境中,在这种环境中,新的规范、价值观和信念以及假设会起作用。当社会化发生在工作环境中时,这一阶段包括把社会化对象从一个旧环境中转移到一个新的工作环境中,在这种环境中,新的规范、价值观和信念以及假设是有效的。当社会化发生在工作环境中并且涉及不端行为态度的强化时,这一阶段可能包括把社会化对象从一个正确的参照群中转移到一个错误的参照群中。

Michael Lewis(1990)对所罗门兄弟公司新员工培训与开发的描述,为组织社会化过程可以使新员工融入助长不端行为的文化中的方式提供了证据(Lewis,1990)。更为具体地,它显示了投资银行的新员工是如何被社会化到一系列假设、价值观、信念和规范中的,他们可能支持通过牺牲客户的利益来提高公司的利益。因为这些行为(正如上文所表明的),一些投资公司已经被控告或起诉。

新员工通过所罗门兄弟公司的培训计划进入该公司。这项计划主要是为了使新成员融入公司,并且告诉他们公司期望他们像其他员工一样支持该文化的内容。实习生们受到各式各样的羞辱。每一天都开始于一系列由所罗门兄弟公司高管主持的讲座,这些高管不断地辱骂实习生并且向他们提出其不可能回答出的问题。每一天都结束于对交易大厅的一次实地考察,在那里实习生经常被忽视或者受到鄙视。Lewis 生动地描述了其作为实习生在所罗门兄弟公司交易大厅的经历。"作为一个实习生、一个平民、一个躺在鲸鱼屎上的年轻人,我做了每个实习生都做过的事情:我缓缓靠近一些忙碌的人,一句话也不说,成为隐形人。当然,最丢脸的,也正是这一点。有时我要等一个小时,最快的也要几分钟。即便是那样,也像是过去了几个世纪。在这种令人难堪的情况下谁在关注我?我不知道。我能够从这种完全被忽视的状态中恢复过来吗?"(Lewis,1990:51)

实习生在一定程度上依据这种培训计划的完全消费特性而与那些可能强化其旧身份的人隔离开来,这种培训计划从清早的教室开始,有时结束于一个很晚的社交应酬。然而更重要的是,他们会因为表现出保留了以前获得的不合适的假设、价值观和信念以及规范的迹象而受到惩罚,并且会因为抛弃了其旧身份的迹象而获得奖励。例如,当实习生提出问题,如有关道德和社会责任的问题,被所罗门兄弟公司的高管认为是无关紧要的担忧时,他们就会立即被无情地解雇。但是所有的实习生都知道,要想成功完成这项计划就要抛弃旧的态度和行为,以保证他们在公司的工作和职位发展的层级结构:从"实习生",到"极客(智力超群、善于钻研但不擅长与人交流的怪才)",到"正式工",到"大老二"(大笨蛋)。在社会化进程的这个阶段被赋予的文化内容包括大量假设、价值观和信念以及规范。实习生们了解到,在所罗门兄弟公司金钱是最有价值的东西。他们也认识到,所罗门兄弟公司的员工应该认为自己是优越的并且以一种傲慢的方式行事。最重要的是,实习生们意识到他们是在为所罗门兄弟公司而非其客户工作,并且他们的客户都是愚蠢的(最多和实习生们一样聪明),所以是可开发利用的。

实习生们从这项计划中毕业并且开始他们的第一份工作,从"实习生"蜕变成"极客"后,社会化进程仍在继续。在那里,他们被分配到一个行为榜样所在的层级结构中。每位新员工都有一个"老师",即分管他们的经理,还有一个"丛林向导",即他们向其报告的直接上级。另外,新员工自然会发现令他们尊重的同事。Michael Lewis 对一个叫 Dash 的同辈销售员和一个叫 Alexander 的初级交易员尊敬有加,并从他们身上获得了关于如何在公司行事的经验。当涉及学习所罗门兄弟公司的文化内容时,奖励比惩罚的作用更加明显。最大的奖励之一是员工按照所罗门兄弟公司的方式行事会获得上司和同事的认可。最有效的认可方式之一是在被称为"大吼大叫"（hoot and holler）的平台上公开表扬，该平台是一个宣布销售员和交易员业绩的公共广播系统。正是通过"大吼大叫"这一平台，Lewis 开始明确地意识到公司利益相比其客户利益的优越性。在公司的一个交易员的指挥下，Lewis 将所罗门兄弟公司持有的一只表现不佳的 ATT 债券卖给了一家没有丝毫疑心的德国银行，因此将不断增加的损失从所罗门兄弟公司的账户转移到这家德国银行的账户。当所罗门兄弟公司 ATT 债券的销售业绩被热情洋溢地在"大吼大叫"平台上宣布时，Lewis 马上意识到，他并非有意地诈骗了一个客户并且被公司认为取得了一项显著的成就。

当所罗门兄弟公司的新员工在工作环境中观察行为榜样并且关注奖励和惩罚时，他们有相当大的空间来发展自己对所罗门兄弟公司文化的独特适应性。这种开发个体自身的方法的自由促进了实习生对所罗门兄弟公司文化的内化。Lewis 注意到，很多在自己的课上向实习生炫耀过的所罗门兄弟公司的高管展现出了一种显著不同的性格类型。这让他意识到，"相较于我最初的认识，有更多不同类型的人在交易大厅获得了成功"。他还发现，"在所罗门兄弟公司中可接受行为的范围真的很广"（Lewis，1990：70）。一旦开始工作，Lewis 就在作为一个销售人员寻找自己成功和令人气愤的失败的方式方面，被给予了一定的自由。Dash——Lewis 的直接行为榜样和成长伙伴——经常让他去实施他明知不明智的行为。不过，随着 Lewis 逐渐找到自己在交易大厅的成功方式，他开始被同事们另眼相看。最终，他实现了从"极客"到"人"的蜕变。因此，本书的这个段落也因为新员工此刻正在他的桌旁排队寻求他的建议的事实而显得意义非凡。

五、不正当的文化是如何发展的以及如何能够被消除

很多人都认为领导者在发展和传播组织文化中扮演着关键性的角色。例如，惠普公司（Hewlett Packard Company）的创始人被普遍认为培养了一种

重视创新和服务的文化——被称为"惠普方式"。事实上，Dave Packard 以此为名写了一本关于惠普的书，并将它分发给所有的新员工以帮助他们快速融入惠普的文化中。用 Packard 的话来说，这种惠普方式是一种"核心思想……它……包括对个体的尊重，致力于提供可负担的高质量和可靠性，承担社会责任，以及公司的存在是为了对人类的进步和福祉做出技术上的贡献等观点"。

Schein（1985）指出，领导者通过五种渠道传播文化内容：①他们关注的事情；②他们应对危机的方式；③他们模仿的行为；④他们奖励和惩罚的行为；⑤他们雇用和解雇的员工类型。Sims 和 Brinkmann（2003）指出，领导者同样运用这五种渠道传播助长不端行为的文化。他们描述了安然公司的高管如何利用这些途径培养一种促进多种形式不端行为的文化。安然公司的 CEO Jeff Skilling 容忍 Lou Pai 的可疑行为，例如他违反公司政策支持令许多员工反感的行为（他用一个公司费用账户长期支付其在脱衣舞俱乐部的午餐费），这些行为往往成为领导者关注的头等事情或者惩罚或奖励的依据。很多同事抱怨 Pai 滥用公司资金和普遍令人反感的行为。但是，Skilling 并没有斥责他，大概是因为他认为 Pai 无与伦比的交易才能重于其他一切。正如 McLean 和 Elkind 所说，"Pai 是安然公司交易文化的人形模板"（2004：58）。

领导者传播促进不端行为的文化的观点暗示了一个应对文化助长不端行为相对简单的策略：替换不合格的高管。好的高管应该致力于正当的事情，能用恰当的方法应对危机，塑造正确的行为，正确地奖励和惩罚员工，以及正确地雇用和解雇员工。当然，用好的领导者代替不好的领导者并不能立即根除一种腐败文化。一旦被社会化到一种文化中，员工会内化它的规范、价值观、信念以及假设，并且表现出与这种文化内容一致的态度和行为，即使在没有领导者影响的情况下也是如此。因此，被社会化到一种腐败文化中的低层次员工必须被再社会化。员工的再社会化需要付出大量的努力，而根除一种助长不端行为的文化则可能需要付出更多的努力。

结构功能主义人类学家认为，社会能够发展出帮助其适应环境的文化（Radcliffe-Brown，1965）。根据这种思想，一些组织理论家认为，组织能够发展出帮助其适应环境的文化（Schein，1995），这些文化的特点是存在内部维度（很大程度上取决于组织的规模、技术和结构）和外在因素（主要取决于组织战略和其他组织的行动，而这些又取决于生存所需的资源）。与这种论断相一致，一些研究表明，拥有高环境适应性文化的组织比那些拥有低环境适应性文化的组织更有生存和绩效优势（Carroll and Harrison，1998；Sorenson，2002）。

军事组织提供了一个文化如何促进组织运作的极端例子。这些组织发展出包含它们的敌人不是完全的人的假设的文化，这反映在它们的敌人被提及的语言上。在第二次世界大战中，美国士兵将德国士兵称为"krauts"（德国佬）。在越南战争中，他们称越南民主共和国和越共士兵为"gooks"（亚洲佬）。在伊拉克和阿富汗冲突中，美军士兵称敌方战斗人员（以及他们往往难以区分的平民）为"towel heads"（毛巾头）。这些行话为拒绝受害者中和技术提供了依据，从而让士兵们轻松地参与他们原本认为是不端的行为，最为重要的是，杀戮。

然而，帮助组织适应其环境的文化内容的出现也能导致不端行为。例如，一些制药公司的经理把美国食品和药物管理局看作一个肆无忌惮的对手。制药公司的员工努力工作，生产可以治疗疾病以及减轻病痛和折磨的药物，但食品和药物管理局决定制药公司是否能够把它们的药物卖给消费者。把食品和药物管理局看作一个肆无忌惮的竞争对手可以让制药公司的员工关注一个关键的把关者，确保它被充分地考虑。但是，它也可能支持鼓励制药公司的员工参与不端行为的拒绝受害者和社会比较中和技术，如伪造质疑药物疗效和安全性的检验结果。如果一个人相信食品和药物管理局正在不公平地让有用的药物远离需要它们的消费者，那么伪造检验结果可能被看作是无害的或者不会比食品和药物管理局的监管行为更有害。

组织能够发展出帮助其适应环境的文化的观点表明，仅仅替换组织领导者甚至再社会化员工都无法根除腐败文化。它说明，组织文化会抗拒改变，并且，就算改变了也能恢复，因为文化往往被固定于大量稳定的内部和外部结构中。换句话说，不端行为有时会成为一种适应性文化的正常结果。

六、整合理性选择和文化解释

组织不端行为的理性选择和文化解释对于人们参与不端行为的机制及因素进行了非常不同的描述。理性选择解释关注奖励和惩罚的成本-收益计算。文化解释关注对是非共识的规范评价。基于这一原因，这两种方法往往相互对立，正如上文中提到的一篇关于安然公司文章的标题——"安然道德（或者文化比规则更重要）"——所反映的（Sims and Brinkmann，2003）。但是，这两种观点并不是不相容的。事实上，它们至少在四个方面相吻合。

第一，一个组织的文化能够塑造它的激励机制，进而促进组织不端行为。在这种情况下，组织文化间接促进了不端行为。例如，文化内容能够强化导致难以弥补的损失的行为，这被理性选择解释认为是不端行为。安然公司的文化高度重视交易的完善：安排与能源供应商和购买者的合同，收购独立的能源生产和分销公司，以及建造新的发电厂。安然公司的 CEO Jeff Skilling 通过给安然的交易撮合者头衔，如模仿华尔街投资银行使用的"总经理"，来表现这种重视（McLean and Elkind，2004：57）。同时，安然公司的文化不太重视交易的执行。这在公司进入零售业并且开始与企业和政府机构谈判以提供全方位的能源服务（如设计、安装和维护取暖及照明设备）合同时表现得尤为明显。参与跟洛克希德马丁公司和加利福尼亚大学等大型能源消费客户合同谈判的员工被高声赞扬，而那些参与履行合同所需资源（员工和设备）开发的员工则难以获得好评。事实上，安然公司购买的用来完成这一任务的公司被蔑称为"butt-crack businesses"（肛裂公司）（Eichenwald，2005：183）。因此，公司负担着过多的大合同，这些合同产生的是亏损而非利润。当然，损失本身并不是违法的、不道德的或者对社会不负责任的。然而，正如前一章所述，安然公司的损失为许多可疑的会计行为提供了动力，这些行为最终成为政府调查的目标。

第二，一个组织的激励机制能够传达文化内容，进而促进不端行为。在这种情况下，一个组织的激励机制间接促进了组织不端行为。大多数组织安排有实践和象征双重意义。例如，一张大红木桌子为一个经理提供了开阔的工作空间，但也传递了在这个组织中社会地位被高看一眼的信息。类似地，激励机制会基于特定行为而奖励和惩罚员工，并且传递在组织中特定行为会受到重视的信息。安然公司进行半年度业绩回顾，员工的表现被赋予1—5分，反映最高管理层对其表现的评价，这将决定他们奖金的额度，并影响其晋升的机会。负责交易的高管在绩效评价过程中总是比负责其他任务的高管（如被分配进行风险分析和管理）表现得更好。这种做法既奖励了交易撮合者对公司的服务，也向所有员工传递了交易是公司最重要的活动的信息。事实上，理性选择和文化因素通常会交织在一起，这导致要在特定不端行为案例中区分两者的独特贡献变得困难起来。

第三，当人们考虑参与一项特定不端行为的好处时，既可以进行成本-收益分析，也可以进行规范的适当性评估。人们可以依次进行成本-收益分析和规范的适当性评估。例如，在决定是否加入 Harold Mann 欺诈 MCI 及其逾期客户的计划中时，Walter Pavlo 似乎反复进行了成本-收益分析和规范的适当性评估。首先，他让 Mann 更详细地描述他打算如何顺利完成这个骗局，并仔细考虑了这一计划的可行性，暗自估计这一计划实施后的期望收益。随后，他考虑了参与这一计划的标准含义，并深入思考了 Mann 提议的多种中和技术的适用性。最后，通过计算能够欺骗的客户的数量，他又重新考虑了这一计划的潜在付出，并暗自估计了与计划相关的绩效-结果期望。

人们甚至能够同时进行成本-收益分析和规范的适当性评估。Donald Cressey（1972）发展了一种贪污理论，明确包含了对封锁消息的愿望和中和技术的同时考量。在 Cressey 的经典著作《别人的钱》（*Other People's Money*）中，他对因为挪用其雇主或客户的资金而被监禁的人进行了访谈，并且得出结论，在两种情况下，人们容易挪用其雇主或客户的资金：一是当人们经历不可告人的绩效下跌时，二是当他们能够接触到允许其将盗用他人资金看作可接受的中和技术时。在这些情况下——尤其是当他们从事管理他人资金的工作时，他们会把自己的盗用看作另一种形式的借用。

第四，我们可以把组织不端行为的文化解释视为理性选择解释的一部分。如果内化的假设、价值观、信念以及规范被认为是个体偏好结构的要素，那么，当人们的行为与其组织当前的假设、价值观、信念以及规范相一致时，他们将获得良好的体验，而这些体验所赋予个体的效价是不同的。如果是这样的话，规范的适当性评估可以被认为是更广泛意义上成本-收益分析的一个维度。从这个角度来说，上文描述的 Pavlo 对待 Mann 不端行为计划的模棱两可，可以被视为他在同时考虑参与 Mann 计划的潜在经济和心理后果。

七、对规范的适当性方法的评价

文化解释，同理性选择解释一样，很大程度上是基于对理解组织不端行为主导性方法的四个假设的刻画。它假设人们在实施不端行为之前会进行深度的思量，评估其所考虑的行为与他们内化的规范、价值观、信念以及假设契合的程度。另外，由于它没有明确考虑规范的适当性评估能够被妥协的方式，因此文化解释隐晦地假设这些考虑是理性的。进一步地，组织不端行为的文化解释假设，如果人们决定实施一种不端行为，那么他们这样做是源于其决策结果导致了一种参与这种行为的积极倾向——一种认为不端行为事实上是正当行为的思想状态，无论是在一般情况下还是在特定情况下。

组织不端行为的文化解释，同理性选择解释一样，也在很大程度上将不端行为的原因归结于个人。不端行为的根本原因是个人拥有支持不端行为或者规定不端行为是情有可原的假设、价值观、信念以及规范。文化解释承认，组织参与者在进入我们讨论的存在不端行为的组织之前，可能并不拥有那些助长不端行为的假设、价值观、信念或规范。事实上，它解释了在社会化过程中的外部力量是如何给组织参与者注入支持不端行为的文化内容的。然而，文化解释假设，在组织参与者实施不端行为时，他们所拥有的规范、价值观、信念以及假设让他们倾向于参与不端行为。在某种意义上，组织不端行为的文化解释将组织不端行为的原因归结于那些被腌在"坏桶"里并且正在变成"坏苹果"的人。

但是组织不端行为的文化解释在两个重要方面背离了主导性方法：

第一，虽然大多数时候它都忽略了情境化社会互动和时间动态性，但在社会化过程中它把二者都考虑进去了。文化解释假设人们在同他人（最明显的，行为榜样）互动的过程中被社会化了，并且，它将社会化过程分为随时间而发展的三个阶段。当然，它假设一旦社会化过程完成，情境化社会互动仅仅强化内化的文化内容（在再冻结的过程中）。此外，当人们面对参与不端行为的机会时，他们会做出不同的选择，要么实施要么避开不端行为，这取决于他们对这种行为的正当性的评估。

第二，虽然大多数时候文化解释都假设人们在实施不端行为之前会进行深入思考，评估其所考虑的行为与他们内化的规范、价值观、信念以及假设一致性的程度，但很多社会心理学家认为，涉及规范的考虑通常是被严重阻断的。规范比假设、价值观和信念更加具体，它精确描述了在特定社会环境中人们应该如何思考和行动。因此，它们能够以一种程序化的自动方式强化态度和行为。

八、总　结

到现在为止，我已阐述了本书要考虑的组织不端行为的八种解释中的第二种。正如在前一章中提及的理性选择解释一样，文化解释在很大程度上有助于理解组织及其内部不端行为。毫无疑问，当面对会参与不端行为的可能性时，人们通常会进行规范的适当性评估。同样确信地，这种评估的结果通常关系到人们是靠近还是远离不端行为。这意味着，不端行为的文化解释受到它对主导性方法的四个假设依赖程度的限制，我主张的假设并不总是有效的。

第六到十一章将会展示与主导性方法背离更远的不端行为的解释，不断支持这样一种观点：人们能够基于他们直接的社会环境影响，通过一个临时性的构建过程，以一种无意识和有限理性的方式参与到不端行为中，并不需要发展出一种参与不端行为的积极倾向。我们越深入地发展这样一种观点，就越能解释为何好人会参与到不端行为中。考虑到这一点，我接下来会转向组织不端行为的另一种解释，它的早期构想与主导性方法高度一致，但是它的大多数近期解释则代表了一座通往解释不端行为替代性方法的桥梁。

Chapter 6
第六章

伦 理 决 策

一、引 言

组织不端行为的伦理决策根植于这样一种理论视角,即组织是执行互补任务的个体的集合,并且组织参与者也是决策者。组织是由那些在协调恰当的情况下能够执行任务并实现集体目标的人员组成的。人们收集和处理信息,努力确定如何最出色地完成任务,从而保证他们的工作是高效的、高质量的,并且和组织中其他人的工作是相匹配的。

关于伦理决策的早期研究几乎仅关注人们应该如何制定伦理决策。包括苏格拉底和亚里士多德在内的古典哲学家都有许多关于伦理观的著作。更多的现代哲学家,比如康德,也曾经对这一主题做出了实质性的贡献。身处管理学院的哲学家也将此项工作置于商业决策分析中以区分道德与非道德选择(Nielsen,1988)。绝大多数管理学院关于伦理观的课程仍然在使用这种规范性的方法。典型的课程涵盖了伦理学的主要哲学观点,让学生们讨论不同方法的优缺点,鼓励学生们采用不同的方法分析管理困境。这些案例有真实的,也有虚构的。更进一步地说,许多关于伦理决策的研究仍然在使用这种规范性的方法。Nielsen(2010)在关于2008年次贷危机的分析中,识别出金融体系中普遍存在并促使崩盘发生的大量不道德行为，从而为这种类型的研究提供了最佳范例。

从 20 世纪 50 年代后期开始，心理学家就已经开始着手研究人们如何真实地做出伦理决策。在过去的几十年里，身处管理学院的社会科学家也致力于推进这项研究。伦理决策的行为研究到目前为止仍然是一个充满活力的领域。组织不端行为的伦理决策解释为解释组织不端行为的主导性方法和替代性方法提供了一座桥梁。早期的伦理决策理论家很大程度上接受了刻画主导性方法的四个假设，也就是说，他们倾向于假设人们在实施不端行为之前，会在社会孤立的状态下理性思考，独立决策，并且形成积极的倾向。但是近期基于这种传统的研究部分或全部抛弃了这些假设。

在本章的第一部分，我简要地介绍了伦理决策的早期理论和研究。在本章的第二部分，我简要地讨论了近期的理论和研究，最终我找到了两种可以对近期研究进行有效扩展的方式。在每个部分的结尾，我评估了所讨论的研究与解释组织不端行为的主导性方法吻合或偏离的程度。我对伦理决策理论和研究的概述，不管是早期的还是近期的，都是不够全面的。它仅仅致力于充分展现这种方法的主要趋势，以便为我建议的对这种研究方法的扩展奠定基础，同时也为接下来的章节中组织不端行为的替代性解释做铺垫。早期伦理决策文献中优秀而全面的总结及其最新进展都可以在 O'Fallon 和 Butterfield（2005），Trevino、Weaver 和 Reynolds（2006），Tenbrunsel 和 Smith-Crowe（2008），以及 Bazerman 和 Tenbrunsel（2011）中找到。

在对伦理决策解释进行讨论之前，需要注意的一点是，伦理决策理论家有关不道德行为的概念与我对组织不端行为的定义并不完全一致。因此，伦理决策制定的理论和研究可能并不直接适用于此处定义的组织不端行为。在多数情况下，伦理决策理论家使用抽象的哲学术语概念化地区分正当与不端。然而，伦理决策研究者通常会模糊地界定道德行为和不道德行为，或者根本就不界定它们（Trevino, Weaver and Reynolds, 2006; Tenbrunsel and Smith-Crowe, 2008）。这并不奇怪，几个世纪以来哲学家都在争论替代性伦理决策框架的有效性，却没有达成一致。由于对不道德行为没有一个精确的定义以供遵循，伦理决策研究者倾向于聚焦大多数人都认同的不道德行为，比如说谎和欺骗。实际上，他们会含蓄地承认他们无法清晰地阐述可以被普遍接受的对不道德行为的精确定义，但是可以识别出几个毫无争议的不道德行为的具体实例。

尽管对不道德行为的界定仍然是模糊的，但认为伦理决策理论和研究反映的不道德行为与本书中定义的不端行为之间存在正相关关系似乎是合乎情理的。大多数形式的组织不端行为都可以被认为是不道德的。比如，财务欺诈是不合法的，也被认为是不道德的。因为它否定了股东权利中的自由表决权。因此，那些有助于我们理解人们为何选择实施不道德行为的理论和研究，也应该有助于我们理解人们实施不端行为的动因。然而，如果参照本书对不端行为的界定，很多类型的不道德行为就不能被认定为不端行为。比如说，歪曲一个同事对工作组的贡献，以宣称自己对于工作组的业绩具有更大的贡献，应获得更多的奖励，会被认为是不道德的，但并不符合我们对不端行为的定义。基于这种微妙的差异的提示，我将继续展示关于组织不端行为的伦理决策理论解释。

二、早期的伦理决策理论

早期的伦理决策理论都是以个体做出伦理决策时要经历的四个阶段为前提的，Rest（1986）的文章更为清晰地阐明了这一观点。在第一阶段，人们意识到或者没有意识到决策过程需要应用道德标准。如果人们意识到决策过程需要应用道德标准，他们就会制定"道德"的决策，即将道德因素纳入决策制定考虑的范畴。但是，如果人们没有意识到决策需要应用道德标准，他们就会做出"不道德"的决策，即不将道德因素纳入决策制定考虑的范畴。因此，类似于成本-收益型的决策就会被理性选择的个体采纳。

如果人们意识到决策需要应用道德标准，从而做出"道德"的决策，他们就会继续进入伦理决策过程的第二阶段甚至第三和第四阶段。在第二阶段，他们会刻意地选择和识别（或者不识别）伦理行动的过程。在第三阶段，他们就会有目的地去执行与他们在第二阶段所形成的判断相一致的判断。最后，在第四阶段，他们会按照（或不按照）在第三阶段所形成的意图行事。Rest 假定人们会用理智（理性的考虑）去驾驭伦理决策过程四个不同的分析阶段。

关于伦理决策的早期研究主要运用实验或调查研究方法探索三个因素，这三个因素被认为影响着人们在构成伦理决策过程的四个阶段中的每一项决定。一些研究聚焦于道德困境的特征。或许，大多数代表性的研究都关注道德强度。它认为伦理决策会随着个体对伦理重要性感知的变化而变化，这取决于个体具有造成严重危害潜力的程度、决策者在造成潜在重大危害中故意和积极的程度，以及其他许多的因素。更进一步地说，它显示出随着决策中伦理强度的增大，人们将决策视为伦理问题的可能性增加，人们依照伦理道德进行裁定的可能性也增加了（Jones，1991）。

其他的研究聚焦于人们制定伦理决策的情境。关于情境的研究倾向于聚焦前两章所提到的因素。一些研究聚焦于奖惩的影响，而其他的一些则聚焦于文化的影响，这有时区别于"组织氛围"的相关概念，有时则从高层管理的"领导风格"进行推断。不足为奇，研究者获得的大量证据表明，当奖励、惩罚和文化要素强化道德时，人们更有可能意识到道德问题、做出合乎道德的判断、发展出合乎道德的动机、合乎道德地处事。该领域的大量研究集中于评价激励机制和文化对道德的相关影响。其中，激励机制和文化分别表现为正式和非正式的机制。最近的证据表明，正式机制比非正式机制更能阻止不道德行为的发生（Tenbrunsel et al.，2010）。正如我接下来将要详细讨论的一样，一项研究甚至表明正式机制能够抑制道德意识（Tenbrunsel and Messick，1999）。

也有其他的一些研究聚焦于决策者的个人属性。其中的一些研究考察了个体的人口统计学特征，比如决策者的年龄、性别和组织中的职业或专业职称。其他的研究则调查了决策者的心智状态，比如道德水平和伦理倾向。不足为奇，研究表明个体差异很重要。比如，研究者发现，总体来说，对那些认为宗教价值观很重要的人而言，他们的道德意识更强，并且更可能做出合乎道德的判断、发展出合乎道德的意图以及实施合乎道德的行为（Singhapakdi et al., 2000; Clark and Dawson, 1996; Razzaque and Hwee, 2002; Wagner and Sanders, 2001; Wimalasiri, Pavri, and Jalil, 1996; Kennedy and Lawton, 1996; 也可参见 Hall, Matz, and Wood, 2010）。最后，一些研究考察了个体属性和问题特征之间的交互作用。比如，正如常识告诉我们的那样，一项研究表明持形式主义道德观点（与一些形式功利主义算计相反的聚焦于权利和正义基本原则的哲学观点）的个体倾向于更灵敏、更准确地将道德标准应用于形式主义的决策中，这些困境可能涉及违背基本人权和正义标准的选择（Schminke, Ambrose, and Noel, 1997）。

因此，早期的伦理决策理论暗示，人们实施不道德行为，进而扩展到不端行为。这种现象由以下因素造成：①他们没有意识到决策需要考虑道德标准；②他们意识到了决策需要考虑道德标准但没有正确地应用道德标准；③他们正确地应用了道德标准但没有形成实施道德行为的动机；④他们有实施道德行为的动机但没有将其目的贯彻到底。进一步地说，早期的伦理决策研究考察了一系列的问题、个体和环境变量，以及它们如何影响人们执行伦理决策的四个步骤，从而影响人们实施不道德行为进而扩展到不端行为的可能性。

早期的伦理决策理论至少在三个方面与前两章提出的不端行为的解释是一致的。第一，早期的伦理决策理论分析了影响组织参与者是否进行道德或不道德考量的因素在多数情况下与基于成本-收益的不道德考量以及基于规范的道德考量是等价的。因此，早期的伦理决策理论隐晦地帮助我们理解了一些影响因素，以决定在不同行为之间进行选择时，人们受理性选择因素的调节还是受文化因素的调节。第二，分析情境如何影响人们制定伦理决策方式的早期伦理决策理论，在很大程度上概念化了理性选择和文化方面的决策情境。因此,早期的伦理决策理论隐晦地呈现出了一个更加细致的分析,即人们如何进行成本-收益分析和规范化的评估。第三,早期的伦理决策研究表明,个体的伦理观会影响其对不同道德问题的敏感性以及对不同道德判断的裁定。组织不端行为的文化解释是个人在现有组织中的伦理观、规范、价值观和信仰的一个重要来源。

三、对早期的伦理决策理论的评价

在大多数情况下,早期的伦理决策理论符合组织不端行为解释的主导性方法。Rest 的伦理决策过程的四阶段模型(也是早期大多数研究的基础)明确假设,人们在驾驭决策的过程中会理性地思考。更进一步,Rest 的模型明确假设,如果人们决定实施道德行为,那么在决策过程的第三阶段,他们就会形成这样做的动机。因此,Rest 的模型也就隐性地假设,人们在实施不端行为之前就会有实施不端行为的倾向(尽管行为不端者可能会错误地感知其行为是道德的,进而是正当的)。

进一步地说,早期的伦理决策理论隐性地假设,人们会在一个真空环境中裁定伦理决策。早期的伦理决策理论没有考虑直接情境因素对决策者的影响。不过,它确实考虑了组织文化和氛围以及职业和专业社会化对伦理决策的影响。但是,正如组织不端行为的文化解释一样,早期的伦理决策理论隐性地假设这些情境因素在决策者身上会产生间歇性的变化,而这些变化反过来又会直接影响他们的选择。关于个体当下的情境不影响其伦理决策的隐性假设在早期的伦理决策研究中已经有所反映。这些研究主要通过调查和实验的方法,要求被试者对研究者个人通过人工情境(也就是他们正常工作环境之外的)设置的实验问题做出回答。

不过,早期的伦理决策理论在某种程度上与人们在进行独立决策后实施不端行为的主导性假设相偏离。一方面,它明确假定人们以单个决策的形式决定实施道德或不道德行为；另一方面，它又假定人们通过四个步骤制定伦理决策。进一步地说，只要将这四个步骤作为一个概念化序列，它就隐性地假定这四个步骤会随着时间的推移而逐一展开。最终，决策过程的前两个阶段可能会被认为构成了两个独立的决策——一个决策考虑道德困境，一个决策以合乎道德的方式裁定困境。

在有关组织不端行为的动因上，早期的伦理决策理论与理性选择和文化解释在一定范围内拥有许多相同的假定。不足为奇，早期的伦理决策理论，正如同前面讨论的观点，也倾向于认为坏人是组织不端行为的源泉。关于决策者个体特征的研究假定，一些人（比如男性相较于女性）更容易实施不道德行为。关于决策者情境的研究假定，人们所处的情境会使其产生一些观念，让他们更容易实施不道德行为。因此，类似于组织不端行为的文化解释，关于决策者情境的研究将组织不端行为锚定于那些已经浸染在"坏桶"中以及在这个过程中已经变成"坏苹果"的人。

早期的伦理决策理论和研究大大增强了人们对伦理决策过程的理解。它提供了一个将伦理决策概念化的框架，并为规范伦理决策制定的因素提供了有效信息。然而，它也留下了许多悬而未决的问题。或许最令人烦恼的是，早期的研究产生了许多相互矛盾的观点。比如，当一些研究指出女性比男性更有可能做出道德判断时，另一些研究则表明男性比女性更有可能做出道德判断，还有大量的研究揭示出性别和道德判断之间可能并没有必然联系（Tenbrunsel and Smith-Crowe，2008：556-557，566-567）。当一些伦理决策研究者继续产生有说服力的结果来表明更早期发现中的矛盾和隔阂时，其他一些研究者已经开始形成观点和报告结果来质疑早期伦理决策中的关键因素。一些研究与人们在实施不道德行为之前会理性地思考的显性假设相背离，一些研究与人们在实施不端行为之前会进行独立决策的隐性假设相背离。我将要转向这些理论和研究。

四、近期的伦理决策理论

(一) 有限理性

1. 伦理有界性

早期的伦理决策理论假设人们理性地裁定伦理决策。但是，正如第四章所述，认知心理学家已经指出人类的理性是有限的。基于这些认知心理学家的研究，David Messick、Max Bazerman 和 Ann Tenbrunsel 等人开展了大量令人印象深刻的理论研究，用以解释人类的认知局限是如何影响其对伦理决策的裁定的（Messick and Bazerman, 1996; Messick and Tenbrunsel, 1996）。

近期关于伦理决策认知局限性，即有限理论的理论和研究（Chugh, Banaji, and Bazerman, 2005），聚焦于人们倾向于对周围的世界、其他人和自己产生不现实的理解。这项研究揭示了诸如在考虑伦理决策选择时，人们倾向于低估各方面潜在影响的范围和漠视低概率事情的结果。这项研究也证明了人们倾向于将他人视为一般水平，而将自己视为高水平，不管是在智力上还是在道德上。一项沿着这条思路并被多次引用的研究表明，人们倾向于低估其对利益冲突的敏感程度（Moore et al., 2006）。

最近关于伦理有界性的研究已经着眼于决策框架与启发式教学的相关影响。此项研究揭示出那些已经在理性选择解释情境中讨论过的，比如，当决策被以损失的形式描述时所产生的风险偏好倾向，当进行成本-收益分析时所产生的忽视长久的行为后果的倾向，也都会影响伦理决策。一项典型的研究证明，当决策者为避免损失而非追求利益构建决策选项，尤其当决策者受限于时间压力时，他们更容易实施不道德行为（Kern and Chugh, 2009）。

2. 一个更不确定的伦理有界性

伦理有界性的研究极其重要，因为它指出，推理的系统性误差会使原本合乎道德的人对道德问题变得不敏感，误用道德准则，丧失道德动机，从而产生不道德行为。但是，我认为，如果这项研究通过两种方式扩展，那么它的影响就会被进一步放大。

首先，我认为伦理有界性的概念可以被扩展成包含更多一般性的约束条件，也就是当人们获取、存储和处理信息时所面临的问题。March 和 Simon（1958）使用更广义的有限理性术语来描述人类在获取、存储和处理信息时天生的局限性。人类并不能完全、准确地收集和存储信息。同时，他们也不能完全、彻底地分析他们所能收集和掌握的信息。上述人类理性更为一般的局限性导致人们会基于不完整和不准确的信息以及不彻底的分析做出决策。当人们必须在有限的时间内处理大量信息时，有限理性的影响最为重要，这在组织中表现得最为典型。这表明人们在努力积累、存储、处理各类信息。因此，他们有时之所以会实施不道德行为，进而扩展到不端行为，仅仅是因为他们丧失了奋斗的动力。

其次，我认为关于伦理有界性的理论可以被扩展到考虑人们执行伦理决策的直接信息情境中。信息情境会随着信息的数量和可得性而相对变化，这些信息是人们做合理决策时必须要处理的。人们需要处理的信息数量越多，获得所需信息的难度越大，有限理性对其决策选择的影响就越大。Williamson（1983）指出，决策情境在对合理决策的需求以及做出合理决策所需的信息量上有几个维度的差异，在这些维度中，最重要的是复杂度、不确定性和信息不对称。

复杂度，用于刻画决策者可用的决策选择的数量、由这些决策选择产生的可能后果，以及和这些后果有关的利与弊（同时包括成本-收益和规范标准视角的）。复杂的决策涉及许多选项，每一个选项都存在大量潜在的后果，每一个潜在的后果又可能产生很多的利与弊。决策的复杂度掩盖了决策者的认知能力，以至于即使是认知能力最强的人在制定合理决策时的能力也会受限。

不确定性，用于刻画决策者能够预测替代性方案的后果以及这些后果带来的利与弊（同时包括成本-收益和规范标准视角的）。不确定性决策指的是替代性方案的后果及其利弊无法被正确预测。不确定性限制了决策者对可获得的替代性方案含义的准确理解，以至于即使是认知能力最强的人在制定合理的决策时也会面临能力受限的困境。

信息不对称，一个技术经济术语，指上文所讨论的与选择、后果和利弊相关的信息的不可获得性。信息不可获得有很多原因，从决策情境的固有特征到其他决策者的策略行动，都会影响到信息的可获得性。信息不对称导致决策者对替代性方案的含义理解不准确，以至于即使是认知能力最强的人在简单和确定的决策情境中制定合理决策的能力也会受限。

这些观点表明，当人们的决策情境充满复杂性、不确定性和信息不对称时，决策者将发现获得、存储和处理信息以制定合理的伦理决策变得非常困难。因此，当他们的决策情境呈现出这些特点时，他们很可能就会实施不端行为。

3. Daniel Bayly、美林证券以及安然的尼日利亚驳船权益处置方案

Daniel Bayly（美林证券投资银行的主管，同时也是美林证券的四位高管之一，涉嫌和安然的管理人员 Andy Fastow 共同参与资产权益处置方案）的案例说明，人们面对决策时的有限理性、复杂性、不确定性和信息不对称会导致不道德行为和不端行为（Eichenwald，2005；Thomas，2005）。Bayly 帮助安排了一场交易，在该交易中安然首先向美林证券出售了三艘尼日利亚电力驳船，但在六个月之后又从美林证券回购了这些电力驳船。安然销售的电力驳船是一种浮动发电厂，可以将电力输送到偏远的地方。电力驳船的交易使得安然获得 1 200 万美元的临时性收益，进而使其达成了季度业绩目标。美林证券购买电力驳船和后续电力驳船被回购使它实现了 22% 的利润率。

如果买者购买资产并且知道卖者在稍后某一时刻将以更高的价格回购这些资产，那么销售和回购资产就可以被认为是不道德的和商业欺诈行为。在这种情况下，资产并没有真正离开卖者的"账簿"，通过销售得来的收益也没有真正进入卖者的"账簿"；相反，资产仅仅在买者那里短暂停留，销售获得的收益本质上是借给了卖者（利息由买者来承担）。类似的交易安排会误导投资者有关资产买者和卖者的真实财务状况。在这种情况下，控方声

称,并且陪审团也同意,Bayly 和 Fastow 就安然会在六个月之内回购资产的事实存在共识。结果,Bayly 被定罪并被送进了监狱。但是,问题可能比检察官了解的及陪审团推断的要更加复杂。

尼日利亚电力驳船的欺诈开始于 1999 年 12 月,当时安然的财务主管 Jeff McMahon 带着提议接近了美林证券负责管理银行和安然之间关系的银行家 Robert Furst。McMahon 告诉 Furst,安然需要卖掉驳船,并且声称公司已经有一个潜在买者,但是交易进度实在是太慢了。McMahon 向 Furst 提议,美林证券暂时购买并持有这些驳船,与此同时,安然去寻找另外的长期买家。Furst 之所以喜欢这一提议,不仅是因为它承诺有一个较高的回报率,还因为它提供了一个表明美林证券对安然的忠诚,进而在安然未来的投资银行业务中增加其获得更大市场份额的机会。所以,他向 Bayly 提议实施这一方案。

Bayly 起初对购买尼日利亚的驳船感到不安,因为这与他之前经历过的投资类型完全不同。再说,尽管投资承诺有较高的回报率,但是,承诺的利润数额是相当小的,风险回报率也不尽如人意。但是,随着时间的推移,Bayly 接受了这一提议,部分源于其有追求更激进的商业银行业务的内部压力。所以,Bayly 召集美林证券其他的银行家商量,并邀请公司的律师审查合同。会议中,银行家 James Brown 反对这次交易,因为他认为这带有盈余管理的性质。同时,他也指出,如果安然陷入金融困境,而这次交易又公之于众,美林证券看起来将会很糟糕。但是,会议中其他的银行家反驳道,交易并不构成盈余管理,部分是因为考虑到安然先前强劲的获利能力(一个理由并不充分的意见),他们相信所涉及的钱的数额并不大;另一部分是因为他们假定安然的审计员 Arthur Anderson 已经仔细审查并认可了这份合同(一个被证明是错误的假定)。更进一步地说,他们认为安然不可能沿着这条路陷入金融困境,部分源于他们相信安然当时的财务状况非常好(一个被证明是错误的评估)。

最后,团队成员给了 Bayly 执行这份合同的导向信号,Bayly 的上司也签署了这份合同。在这种情况下，Bayly 和 Fastow 进行了商讨，并且得到了安然在六个月之内找到驳船新的购买者的保证。所以 Bayly 打电话给 Fastow，在五分钟的通话中，Fastow 向他保证（用含糊不清的话语），安然要么将找到驳船的购买者，要么将在 6 月 30 日回购驳船。结果证明，Fastow 没能找到独立的驳船购买者。因此，当美林证券的高管迫使安然实现自己的诺言以便美林证券撤资时，Fastow 要求他的下属 Michael Kopper 用安然的特殊目的实体 LJM2 从美林证券回购驳船。这个实体是被 Fastow 和 Kopper 共同控制的。当安然破产时，正如 Brown 所担心的那样，这次交易也被曝光了。

  证据显示，Daniel Bayly 在这个决策情境中是有限理性的。他对电力驳船市场，尤其是尼日利亚电力驳船市场的认识是很有限的。同时，这些证据也表明其决策情境是很复杂的。一群高级银行家和律师仔细审查了合同，却没有就其正当性达成一致性的评价。此外，证据表明，这个决策情境充满了不确定性。Bayly 无法准确预测未来尼日利亚电力驳船市场的状况，因此也难以确定安然能够找到第三方驳船购买者的概率。更进一步地说，Bayly 和他的同事也无法准确预测安然未来的财务状况。另外，Bayly 和 Fastow 通过电话达成的协议中多多少少存在一点不确定性。最后，证据表明，那些可能会提升 Bayly 驾驭复杂性和减少不确定性能力的信息会受到影响。几乎可以肯定的是，安然知道自己找到第三方驳船购买者是非常困难的，但它没有将这个信息分享给美林证券（事实上，它传递了相反的假象）。进一步地说，对美林证券而言，假定 Anderson 已经同意驳船交易，并且其对安然财务状况的评价是安全的这一点是非常难以检验的。

  有限理性、复杂性、不确定性以及信息不对称很可能是相继发生的。如果 Bayly 对电力驳船市场有更多的了解，如果相关的购买问题更简单，如果与决策相关的未来状况可以被更准确地预测，如果安然拥有的相关信息更容易被获得，Bayly 可能就不会帮助美林证券实现对驳船的购买。事实上，我甚至强烈地怀疑，如果 Bayly 知道这样三件事：驳船的潜在购买者很少，Arthur Anderson 并没有仔细审核过合同，安然的财务状态并不可靠，他就可能会果断地打消购买驳船的念头。

尽管如此，这并非表明 Bayly 应该承担由于他的决策促成尼日利亚电力驳船交易而产生的损失。我已经努力说明，通过考虑 Bayly 推理的有限理性特征及其决策情境固有的复杂性、不确定性和信息不对称，将有效增强对 Bayly 参与购买和回购尼日利亚电力驳船协议过程的理解。我并没有试图争辩说 Bayly 的行为是道德的或是合法的。Bayly 的道德或者法律罪责问题是一个规范性的问题。考虑到这一点，值得注意的是，一位法官最近推翻了对 Bayly 及其美林高管同事的定罪，裁定用来起诉他们和其他几名最近被定罪的白领罪犯的"诚实服务"理念过于宽泛。这项司法决策可以被认为要么是合理的要么是不明智的，这取决于一个人的规范性观点。但是从社会科学的观点来看，这项决策被认为是其情境复杂性更进一步的证明。显然，判定一种行为是好是坏有时比事后诸葛亮要难。

4. 超越伦理界限：直觉和情感

最近，一些伦理决策理论家已经开始质疑在面对有道德影响的决策时个体思考的程度（即便采用有限理性的方式）。这些理论家认为决策者会经常对道德困境自动做出反应，并迅速做出道德判断，后来才发现或编造（这往往很难）出这些判断的理性基础（Haidt，2001）。伦理决策的自动性被认为由深层次的直觉（比如认知模板）所支配，或由情感所强化（Damasio，1994）。最近，决策理论家已经开始系统地阐述对理论决策的双过程的理解，在决策中的情感状态不能与认知过程并列，却可以被认为是认知的组成部分（也就是关键的组成要素）。与这个模型一致，Green 和 Haidt（2002）发现调节情绪表现的脑部受到持久性伤害的人的道德推理能力也会减弱。

行为不端者经常说，他们对正当与不端有直观的理解，并对实施不端行为的想法有情绪反应。Betty Vinson 是世通公司的一名会计，她被认定犯有欺诈罪，因为她在上司的要求下进行了误导性的会计调整。她起初是拒绝这样调整的，因为她担心这一调整是不恰当的，但是她最终还是对这一要求屈服了（我们将在第九章讨论她屈服的原因）。后来，尽管 Vinson 遭受内疚的折磨,并且决定离开公司,但是,当她的上司、公司德高望重的首席财务官 Bill Sullivan 为她的这次会计处理提供了一个权威的辩护时,她重新考虑了自己辞职的决定(Pulliam,2003)。很明显,Vinson 第一次的评估和直觉反应均优于 Sullivan 渊博的知识。正如前文所述,Paul Krimmage 经历了自己注射兴奋剂后的思想巨变,因为他将注射进他身体内的任何物质都与兴奋剂联系起来。这种巨变是他两年来抵制住诱惑不使用安非他命的部分原因,最终他在 1987 年环法自行车赛之前屈服了。

虽然决策理论家聚焦于当人们打算实施不端行为时直觉和情感所起的作用,但是我怀疑即使在人们实施不端行为之后,直觉和情感仍然会继续影响他们。任职于 Kidder Peabody 的并购合伙人 Martin Segal 在 20 世纪 80 年代早期为 Ivan Boesky 提供了内部消息。起初,Segal 通过提供消息来换取 Boesky 的经纪业务份额,这恰好是处于挣扎中的 Kidder Peabody 所急需的。然而,不久之后,Segal 开始从交易中寻求私人利益。于是,他要求 Boesky 为他提供货币补偿,也就是为他的服务提供额外的"奖金"。Boesky 同意了,就像间谍小说中的场景一样,他指示一个代收贿金者在纽约城市广场酒店大堂将装满钱的一个公文包交给了 Segal。在拿到公文包之后,Segal 径直走向他在上东区的公寓,打开公文包,拿出一眼即见的 150 000 美元的巨额钞票,双手抱头瘫倒在地,随即感到一阵眩晕(Stewart,1991)。类似地,Walter Pavlo 回忆,因为参与 Harold Mann 诈骗 MCI 的方案,当客户越陷越深时,他越来越感到不安并且发现自己很难入睡,他还试图利用过量的酒精来缓解这种症状。

(二)伦理决策作为一个演变过程

1. 沉思、行动和反思的演变过程

早期的伦理决策理论认为伦理决策随着时间的推移而发展。正如上文所指出的,它假定人们通过连续的四个阶段来制定伦理决策。这四个阶段,尤其是前两个,可以被认为是独立的决策。最重要的是,伦理决策理论家并没

有认为伦理决策随着时间的推移而演变。然而，却有两个非常明显的例外：

第一，Tenbrunsel 和她的同事（Tenbrunsel, Diekmann, Wade-Benzoni, and Bazerman, 2010）阐明了个别伦理决策是如何随着时间的推移而发展的。他们认为人有两个自我：一个是"渴望"的自我（用我的术语来解释，就是一个理性选择的自我），另外一个是"应该"的自我（用我的术语来解释，就是一个规范评价的自我）。进一步，他们认为人们在思考不道德行为的过程中，这两个自我会互相斗争。"应该"的自我在伦理决策转化为行为之前和之后起支配作用，而"渴望"的自我会在决策被制定那一刻战胜"应该"的自我。根据 Tenbrunsel 及其同事的看法，当人们思考未来和过去的行动时，人们倾向于运用抽象思维，但是在决策被转化为行动时，推理似乎更准确。结果，规范性思考在决策之前和之后都很重要，潜在的奖励和惩罚在那一时刻也很突出。Tenbrunsel 和她的同事认为，这是人们的行为方式常常与他们的道德信念不一致的原因。

第二，Murnighan 和他的同事（Zhong, Ku, Lount, and Murnighan, 2009; Jordan, Mullen, and Murnighan, 2011）考察了多元的伦理决策是如何随着时间的推移与其他的伦理决策相互关联的。他们认为人们努力保留道德身份，这定义了他们独特的道德水平。当人们制定的决策的道德水平低于他们认定的道德身份应有的水平时，他们会通过在未来制定更加合乎道德的决策来补偿。当人们制定的决策的道德水平高于他们认定的道德身份应有的水平时，他们会通过在未来制定不那么道德的决策来补偿。在这种方式下，个人可以在其身份基准附近维持一定的道德水平。

2. 伦理决策是一系列相互关联的决策

我认为，早期的伦理决策理论以及 Tenbrunsel 和 Murnighan 及其同事近期的分析所提供的建议可以作为伦理决策过程的一个更具时间性的动态理论。基于这种观点，我提出了基于这两种基本断言的一个基础理论框架：

第一，我认为人们涉及不道德行为（并且延伸到不端行为）的过程经常由一系列相关的决策流组成，决策流中的早期决策通过其产生的结果与后期决策相关联。最初的决策通过创造决策机会、开放和封闭决策选项以及塑造决策者评估这些选项的方式为后来的决策奠定基础。

第二，我认为人们常常会同时运行多个相互关联的决策流，他们运行一个决策流的进度会影响其运行一个或多个其他平行决策流的进度。通过创造决策机会、开放和关闭决策选项以及塑造决策者评估这些选项的方式，早期的决策体系可以为后来的决策体系奠定基础，进而一个决策流中的决策可以通过同样的方式为第二个决策体系奠定基础。

为了理解一个人完成一系列相互关联的决策的过程是如何导致不端行为的，我们必须确定该系列决策可能产生的后果的类型，以及这些后果是如何形成其所面临的决策、可供考虑的选择以及接下来（在决策流的后期）的选择的。决策可以产生许多后果。下面我列举了本书到目前为止对不端行为的理性选择、文化和伦理决策解释所给出的一些结果。

显而易见，人们通常会就是否实施某种行为做出决策。准确地说，当人们决定实施一种行为时，他们通常会选择既定的行为（即使不成功）。决策所产生的行为能够促进经验的积累。没有这样的决策，就无法获得这样的经验。这些经验会改变人们对成功实施不端行为能力的感知，也会改变他们对实施不端行为之后获取收益能力的感知。它们还可以提高对不端行为可能带来的回报的赞赏。在第四章所考虑的预期理论指出，决策能够改变一个人对与行为相关的努力-绩效以及绩效-结果的期望评价，也会改变人们对与行为密切相关的奖励的效用评价。正因如此，这些经验能够改变一个人实施不端行为的动机。

决策产生的行为也会导致决策制定者所在的环境中其他个体执行或者不执行决策。在这个过程中，决策者可能会增加对其组织文化的欣赏。与第五章讨论的组织文化一致，决策者能够意识到他所在的组织文化对其实施不端行为的支持程度。决策者也能够意识到他所在的组织文化对不端行为可以被接受的情有可原情况的中和技术的支持程度。

最后，决策引发的行为能够使决策者产生通常所说的滑坡效应，从而增加他们实施不端行为的可能性。当人们实施在道德、社会责任或者法律上存疑的行为时,他们会对这些行为变得习以为常,这使得他们在将来更有可能实施这些行为。此外,人们会对实施可疑行为之后的厌恶变得不敏感,这使得他们在将来更有可能实施其他的可疑行为(Ashforth and Kreiner,2002)。在某种意义上,可疑的犯罪行为放松了抑制犯罪行为的情感约束。

此外,当人们实施可疑行为时,他们会改变用来评价一种行为是接近还是跨越了正当与不端界限的规范标准。认知心理学家发现,当人们在做判断、锚定这些标准以及调整距离使他们与其当时的情况相适应时,他们会频繁地使用其所获取的外部标准(Bazerman,2006)。锚定和调整探索使得人们降低了决策成本,但是当外部可用标准不恰当时,它就会导致错误。当人们考虑实施一种新行为是否明智时,不管是基于成本-收益还是规范性考虑,他们通常都会锚定最近的行为,因为这是对未来行为进行评估的现成标准。如果预期行为与最近的行为没有差异,人们就会认为它是一个良好的行为过程。因此,最近实施的行为为随后的行为评估建立了新的基准。这种评估可选行为方式的过程会助长人们实施不端行为。预期可疑的不端行为可能被认为是正当的,因为它与以前完全正当的行为相差无几。预期的不端行为也可以被认为是正当的,因为它与以前存疑的正当行为(但被认为是完全正当的)相差无几。

人们在制定伦理决策过程中扩展的特性存在三点影响:

第一,它提出了这样一种可能性,即孤立地考虑不具有道德影响的决策裁定可以对同时和随后做出的其他具有道德影响的决策裁定产生影响。支持Rest的四阶段模型的伦理决策理论家假定人们首先确定决策是否需要应用道德标准。他们认为,如果决策者确定决策需要应用道德标准,他们才会继续将伦理决策推向第二阶段,这就使得决策如何应用随手可得的道德标准成为必需。如果人们认为决策不需要应用道德标准,他们就会制定"不道德"的决策。伦理决策理论家专注于理解那些认为决策需要应用道德标准的个体的选择。因此,他们含蓄地假定那些认为决策不需要应用道德标准的个体的选择与伦理决策过程是无关的。然而，如果组织参与者因为一系列相关的决策进展而参与不道德行为，那么他们对"不道德决策"的处理就会影响现在和未来的伦理决策。例如，一个有社会意识的 MBA 学员可能做出明显不道德的决定去接受一份投资银行的工作。不过，这一决策可能会导致这个学员对可观的金钱回报产生一种特别的偏好，并且银行提供的这种可观的金钱回报可能导致在银行工作的前 MBA 学员也坚持以组织为中心的文化（与以客户为中心相对）。这会增大该学员在未来实施不端行为的可能性。

第二，在有限理性、复杂性、不确定性和信息不对称的背景下考虑伦理决策过程的这一扩展特征时，它提出了另外一种方法，即本来有道德的人可以实施不道德行为。在以复杂性、不确定性和信息不对称为特征的决策环境中，有限理性的人很难预测其最初决策的后果，因此也很难预测他们后续决策的轨迹。因此，他们有时会发现自己面临的决策、思考的选项和选择的替代方案，是他们在着手进行一系列决策时没有预见到的。而这意味着，人们可能会在决策流的早期做出决策，但如果他们意识到这些决策会导致不端行为，他们可能就不会做出这些决策。如果他们知道其最初的选择会如何发展，他们就可能会以不同的方式裁定他们早期的决策。这可以解释为什么那些实施了组织不端行为的人，在试图回顾其不端行为的过程中，有时会发现很难理解自己是如何达到目的的。

第三，伦理决策过程的扩展特性指出了被伦理决策理论家和研究者忽略的一条重要线索。伦理决策理论家对人们如何应对道德困境有自己的一些观点。采用实验方法的伦理决策研究者设定了道德困境，并将具有预定属性的被试者暴露在这些困境中。然而，伦理决策理论家和研究者在大多数情况下并没有调查人们在现实的组织中是如何面对真正的道德困境的。伦理决策过程的扩展特性表明，人们之所以会实施不端行为，部分原因在于，他们之前的决策导致他们面对实施不端行为的决策；相反，伦理决策过程的扩展特性表明，人们之所以会安分守己，部分原因在于，他们之前的决策不会导致他们面对引发实施不端行为可能性的决策。因此，形成对人们如何面对道德困境的理解与形成对人们如何制定导致不端行为的决策的理解同样重要。

3. Walter Pavlo、MCI 以及客户保理骗局

在第五章中，我们曾简要地讨论过 Walter Pavlo 参与由 Harold Mann 发起的欺骗 MCI 及其逾期客户的案例。这一事件阐明了人们如何因为运行多个决策流而卷入组织不端行为之中（Pavlo and Weinberg，2007）。它也对复杂性、不确定性以及信息不对称如何导致人们实施不端行为进行了更深层次的说明。正因如此，我将在这里更进一步地讨论这个案例。

正如之前所指明的，Pavlo 在 MCI 的运营商财务部门工作，从最初的一般职员到后来的集团经理。运营商财务部门负责收取主要经销商（以较高的价格向不想或无力与电话公司签订正常月度合同的客户出售 MCI 网络接入服务的公司）和 900 电话公司（通过电话推销服务的公司，如色情电话供应商）所欠的账款。Mann 是 MCI 的 900 电话公司的 CEO 和所有者。根据 MCI 所提出的方案，如果逾期客户没有支付其大部分的拖欠账款，Pavlo 将以终止提供服务来威胁他们。然后很自然地，Mann 会接近这些客户并主动提出承担他们的债务以换取固定费用和每月的分期付款，即通常被称为"保理业务"的安排。但是 Mann 并不打算偿还这些客户的债务；相反，他计划和 Pavlo 一起瓜分这些客户的付款。Pavlo 在两个同谋的帮助下操纵 MCI 的会计账簿以制造客户偿还了他们对公司所欠债务的假象。Mann 提出的建议在很多方面都是不道德的：它侵犯了 MCI 及其客户的财产权，也侵犯了公司投资者的自由表决权。这个计划也是不合法的，Pavlo 和 Mann 因此而入狱。下面我将描述 Pavlo 决定参与 Mann 的计划的一系列决策。然后我将描述 Pavlo 所做的其他两个系列决策，这两个系列决策导致他加入了 Mann 欺骗 MCI 及其逾期客户的计划。在这个过程中，我强调了伦理决策理论对这一点的争论。

（三）主要的系列决策

Walter Pavlo 和 Harold Mann 的联系可以追溯到 1996 年 Mann 和 Pavlo 共进午餐推出保理方案之前。Pavlo 在 1992 年加入 MCI 后不久，一个销售代表就送给他两张高尔夫球专业锦标赛的门票，其中一张是给 Pavlo 的妻子的。尽管对销售代表的赠票动机有所顾忌，尤其是觉察到他可能会提出交换条件，Pavlo 还是接受了这两张门票。在 Pavlo 接受门票之后，销售代表告诉他，Mann 的公司欠了 MCI 一大笔逾期账款，并且 Mann 夫妇也会和他们夫妇二人一起观看锦标赛。此外，Mann 的妻子还给了 Pavlo 一张 25 000 美元的支票，作为公司债务的部分抵支。

Pavlo 并不知道他对锦标赛门票的接受实质上是对与 Mann 夫妇共度周末邀请的接受，也不知道在接受 Mann 的门票后，随之而来的是 Mann 的公司逾期债务的部分偿还。关于这两个决策后果的信息对他的决策产生了影响，并且也不能作为他在决定是否接受门票时考虑的因素。尽管对销售代表的赠票动机有所疑虑，Pavlo 还是接受了门票，因为他低估了自己对利益冲突的敏感性（Moore et al., 2006）。即使 Pavlo 低估了自己对利益冲突的敏感性，但如果他事先知道接受门票决策的实质是和 Mann 夫妇一起观看高尔夫球锦标赛，并且知道其是作为接受 Mann 对 MCI 部分欠款的偿还的前提，他将不会接受高尔夫球锦标赛的门票。如果 Pavlo 已经知道其决策的后果，他就会对暴露在他面前的利益冲突看得更仔细了。在这种情况下，和客户的业务关系可能会与他们之间的私人关系相重叠。这可能会增加他正确判断接受门票的决策是不道德行为的概率，从而决定放弃这次机会。

无论 Pavlo 接受赠票是出于什么原因，且事实上他并不喜欢和 Mann 夫妇共度周末这一提议（因为他认为 MCI 的欠费客户是不光彩的角色），他和妻子还是观看了高尔夫球锦标赛，并且让他吃惊的是，他们非常享受那个周末。在接下来的几周里，Pavlo 做出了一系列很小的并且无疑是看似无关紧要的决定：与 Mann 共进午餐和通电话。在这些场合，他选择宴请 Mann 或与之交谈。Pavlo 第一次选择与 Mann 见面或交谈，是因为在高尔夫球锦标赛上他非常享受与 Mann 一起度过的时光。后来，Pavlo 选择与 Mann 见面和交谈，部分是因为他在早期的午餐和电话交谈中了解到，Mann 在生活享受、礼物馈赠（Mann 经常请 Pavlo 吃午餐）以及一些与工作相关的信息和专业知识（Mann 经常向 Pavlo 传授关于电信批发的商业秘诀）等方面可以为他带来很多好处。

这些早期的决策为决策流中的后续决策奠定了基础，这导致 Pavlo 在几个重要方面参与了欺诈的保理方案。第一，如果 Pavlo 没有接受销售代表赠送的高尔夫球锦标赛门票，他就不会和 Mann 变得熟悉起来，后续也不会接受 Mann 的见面或谈话邀请。如果 Pavlo 没有和 Mann 变得熟悉起来，他就不会考虑参与欺诈性的保理方案。毕竟，这个方案是 Mann 的主意。第二，如果 Pavlo 没有发现自己和 Mann 有许多利益互动，他就不会接受由 Mann 提出的高努力-绩效期望和高绩效-结果期望的建议，也就丝毫不会去考虑保理方案。

Mann 在一次偶然的午餐聚会时向 Pavlo 提出了欺诈 MCI 及其逾期客户的计划。他是通过向 Pavlo 询问名为 TNI 的承运人欠 MCI 的账款开启这一话题的。Mann 和 Pavlo 在之前的场合曾提及 TNI 的 CEO Robert Hilby，因为 Hilby 曾在他另外的合资公司 Simple Access 里为 Pavlo 提供了一份工作。当 Pavlo 告诉 Mann TNI 已经欠 MCI 200 万美元时，Mann 建议 Pavlo "尽快向 Robert Hilby 施压。设法让他拿出 200 万美元"。Pavlo 驳回了这一观点，并指出让 Hilby 在短时间内拿出那么大一笔钱根本不可能。对此，Mann 回答道："确实如此，但是为了 TNI 能够活下去，他就算毁了自己也会拿出足够的钱，到时我就会去找他。" Mann 继续说道："我会告诉 Hilby，我将接管他欠 MCI 的 200 万美元的欠债。作为交换条件，他必须支付一笔重组交易的预付费给我，并且把剩下的欠款慢慢还回来。你能先向他施压吗？" Pavlo 回应道："我可以，但是我为什么要向他施压呢？他给你还钱时，你计划转还给 MCI 吗？""不一定，"Mann 神秘地回答道："现在不用担心那个。"他继续说道："你只管向 Hilby 施压。为你自己做这件事。如果他与 MCI 成交了，那就意味着他在某个地方还藏有巨额资金，那你就应该接手在 Simple Access 的工作。如果他没有与 MCI 成交（我知道他没有），那么我们就有了利润丰厚的新创业机会。"Pavlo 所不知道的是，Mann 在那个时期欠了 Hilby 一大笔钱，在 Hilby

被 Pavlo 逼迫时，Hilby 向 Mann 求助的可能性就增加了。因此，这自然给 Mann 向 Hilby 推荐保理方案提供了机会。

  这一描述表明，Pavlo 逼迫 Hilby 偿还 MCI 账款决策的可能影响具有不确定性。如果他决定向 Hilby 施压，许多结果都可能会发生，而他无法全面地评估所有的可能性。Hilby 可能会还清全部欠款，在这种情况下，MCI 能够收回所有的欠款，并且 Pavlo 会因此受到老板的表扬。如果这种情况发生了，他决定向 Hilby 施压就是道德的，至少从功利主义的观点来看是这样的，并且是完全合法的。如果 Hilby 没有全部还清欠款，Hilby 可能会向 Mann 求助，也可能不会向 Mann 求助。如果 Hilby 没有向 Mann 求助，MCI 和 Pavlo 的状况与前述情况相差无几。如果 Hilby 向 Mann 求助，MCI 可以要回 TNI 所欠的一些钱。Mann 曾经说过 Hilby "不一定"会偿还 TNI 的债务，这增加了 Mann 接管 TNI 欠 MCI 的一部分债务的可能性。如果这种情况发生了，Pavlo 向 Hilby 施压的决定可能就是道德的和合法的。但是一些更加不道德的事情可能就会发生。Mann 曾经说过"我们"有"利润丰厚的新创业机会"。这表明 Pavlo 和 Mann 可能通过某种未明确指出且可能不道德的方式受益。如果这种情况发生了，Pavlo 的决策可能就是不道德甚至是违法的，这取决于 Mann 如何处理 Hilby 付给他的钱。

  这一描述也表明，与这些不同结果可能性有关的信息受到了影响。Pavlo 当时并不知道 Mann 欠 Hilby 一大笔钱，当 Hilby 被 Pavlo 逼迫时，其向 Mann 求助的可能性就增加了，进而也增加了 Pavlo 逼迫 Hilby 的决策被认为是不道德和不合法的可能性。面对这种信息受到影响、不确定的决策情境，Pavlo 决定向 Hilby 和 TNI 施压，并解释道，"我认为向 Hilby 和 TNI 施压是没有坏处的……每个月我都会对其他许多公司做类似的事情"（Moore et al. 2006：113）。如果 Pavlo 面临更少的不确定性并拥有更多的信息，他可能会选择采取不同的行动。

  正如 Harold Mann 所预料的，Pavlo 向 Hilby 下最后通牒，要求他还清逾期账款，否则 MCI 就会终止服务。不久后，Hilby 给 Mann 打电话求助。接着，正如计划中的那样，Mann 主动提出接管 Hilby 对 MCI 的欠款以换取一次性的固定费用以及额外的分期付款。也正如 Mann 所预料的那样，Hilby 接受了这一交易。然后，Mann 电话告知 Pavlo 继续实施剩下的方案。这意味着 Mann 和 Pavlo（如果他参与这个阴谋）将 TNI 的还款装入了自己的口袋。Pavlo 修改了 MCI 的会计记录，以造成 TNI 正在还款的假象。直到此刻，Pavlo 才明白他逼迫 Hilby 偿还逾期债务决策的后果。通过向 Hilby 施压，他启动了一套欺诈 TNI 和 MCI 的方案。在这个过程中，Pavlo 制造了这个方案可行的证据。根据期望理论的术语，他可以看出这个方案存在高努力-绩效期望，至少在 Mann 说服 MCI 逾期客户同意保理方案的能力方面是如此。他也可能意识到，他使其朋友 Mann 以及他自己可能遭受严重惩罚。如果他不赞同 Mann 的方案，Mann 对 Hilby 的误导肯定会被发现，这将使 Mann 或他自己被刑事起诉。

Pavlo 告诉 Mann，他需要一些时间考虑 Mann 的方案。某个工作日结束时，他检查了拖欠账户的电子表格，确定有足够的数字空间支持有利可图的欺诈行为。从期望理论的角度来说，他确定这个方案有高绩效-结果期望。基于他的评估，他认为这个方案既有高努力-绩效期望又有高绩效-结果期望。尽管他也意识到参与这个方案可能会伤害 Mann 甚至他自己，但他还是决定接受 Mann 的邀请加入欺诈 MCI 及其逾期客户的这个方案中。如果他没有逼迫 Hilby，他就不会有关于该方案努力-绩效期望的信息，也不会了解到关于该方案绩效-结果期望的信息，并且也不会让自己处于伤害朋友和自己的境地（如果他没有参与该方案，可能就不会这么做）。如果没有这些信息以及决策困境，他很可能会拒绝加入 Mann 的方案。

Pavlo 后来决定与 Mann 合作，他们基于同样的方案去欺诈 MCI 的其他客户，最终也欺诈了 MCI。很有可能，欺诈 TNI 和 MCI 的决策为后来 Pavlo 和 Mann 一起合作去欺诈 MCI 的其他客户奠定了基础（同时，在这个过程中也欺诈了 MCI）。如果人们认为欺诈 TNI 和后来欺诈 MCI 的其他客户是等价的，那么他们可能认为这无足轻重。但非常有可能的是，后续决策和初始决策在几个重要方面并不是一样的。

首先，Pavlo 和 Mann 每成功欺诈一个 MCI 的客户，与这个方案相关的努力-绩效期望可能就会增加。

其次，Pavlo 每次成功应用这个方案时，他都会获得回报。他每次获得回报时，回报带给他的效用似乎也会提高。事实上，当检察官逐渐锁定诈骗案时，Pavlo 的被捕也近在眼前，他最后一次前往开曼群岛（他的不义之财被封存在那里），只为了感受手中最后一捆大额钞票。努力-绩效期望的提高以及方案带来的效用的提高使得 Pavlo 更倾向于欺诈其他的客户。

再次，每次 Pavlo 成功地实施保理欺诈方案时，MCI 实际的和汇报的财务状况的差别就会增大。MCI 实际的和汇报的财务状况差别越大，对 Pavlo 而言，从欺诈方案中抽身出来免受严重惩罚就变得越困难。Pavlo 在这方面面临的困境被另一个企业诈骗犯——Ramalinga Raju——完美地诠释了。Raju 于 1987 年创建了 Satyam——印度的一家软件服务出口商。Satyam 逐渐成长为印度第四大软件服务出口商，但在 21 世纪的第一年，却开始面临财务困境。为了防止投资者和债权人的信心下滑，Raju 在开始操纵公司账簿的同时为恢复公司的正常运营而狂热地工作。最后，他发现把已经滑入深渊的公司救出来已是不可能的了。在向警方自首后，他告诉记者他曾经努力地想要退出这个计划，但是不知道该怎么做才能不被逮捕。用他的话来说，他感觉自己像是骑在老虎背上，却不知道如何下来而不被老虎吃掉（Reuters, 2009）。

最后，当 Pavlo 实施不端行为时，他的身份也随着时间的推移而有所变化。在参与欺诈一年之后，他在很大程度上已经变成了一个不同的人。他以正面的态度解释行为不端者及其不端行为。他不再把 Mann 当成是一个令人厌恶的家伙，而是把他视为一个邪恶的天才。他也开始自诩为一个勇敢和充满冒险精神的人。就在他预料到自己会被指控犯罪的那一刻，这种转变似乎快要完成了。由于信奉战斗飞行员的口头禅"闭嘴，像飞行员一样死去"，他购买了一艘远洋快艇，并且厚脸皮地将它命名为"契约小姐"。

(四)两个并行的系列决策

正如上文提及的系列决策的多个层面一样,它展现了其他两个系列决策的情境。Pavlo 继续进行其他两个系列决策在一定程度上为他后续与 Mann 共谋欺诈 MCI 及其逾期客户的决策奠定了基础。为简洁起见,我将简短地描述这两个系列决策。

在 Walter Pavlo 和 Harold Mann 建立联系之后(但在他决定参与 Mann 欺诈 MCI 及其逾期客户的方案之前),他参与篡改公司记录以掩盖 MCI 坏账的比例,这一行为侵犯了公司投资者的自由表决权,并构成会计舞弊。MCI 的高层管理者高度重视收入的增长,因为收入增长会抬高公司的股票价格。公司的股票价格提高时,经理人的股票期权价值就会提高,年度奖金数量就会增加。此外,公司吸引并购伙伴的能力也会提升,这反过来也会增加 MCI 员工以更高水平的现金支出兑现其在公司投资的机会。

MCI 的高层管理者为了促进收入增长,大力鼓励销售人员与批发客户签约,因此批发客户购买的通话时长比零售客户购买的多得多,但是他们却很少实施确保客户支付账款的激励和控制措施。结果,运营商财务部门发现自己有越来越多的问题客户和大量逾期而可能无法收回的账款。这是运营商财务部门预感到的一个棘手的问题。它们账簿上无法收回的账款越多,其业绩就越差。这也是 MCI 高层管理者预感到的一个问题。公司账簿上无法收回的账款越多,公司的现任领导者就越有责任去强调其收益,结果必然导致公司股票价格的市场调整。

正是在这种情况下,Pavlo 着手制定了一系列的决策,使得操纵公司记录以掩盖其逾期可能无法收回账款数量的行为达到顶峰。起初,Pavlo 在他的上司 Ralph McCumbe 的指示下(并征得 MCI 高层管理者的同意),制订了一个方案,为逾期客户提供签发本票的机会,并承诺他们最终会支付账款。这就使 MCI 可以将客户的债务从逾期类别中移除并转换成收益,同时允许客户继续拖欠账款。在 MCI 有理由相信客户最终会支付其账款的情况下,这一决策与公认的会计原则和普遍的道德标准就是一致的。然而，在 MCI 怀疑客户可能永远不会支付账款的情况下，这一决策就是不道德和带有欺诈性的。Pavlo 知道那些签发本票的客户不可能偿还所有的债务，甚至连一小部分也不会偿还。

后来，随着 MCI 逾期且不可收回账款数量的不断增加，Pavlo 和 McCumber 设计了一个创新的方案——从无可救药的拖欠账款的客户那里获得替代性补偿。在上级不知晓，更别说批准的情况下，运营商财务部门的这两位管理者就代表公司接受了客户大量的股票以代替逾期账款的支付，从而增加了 MCI 接受其卖给客户通话时长部分补偿的机会。Pavlo 和 McCumber 的上司在了解了这一交易后，严厉训斥了这两个人。然而，在客户的股票价格骤然上升后，所有的行为都被原谅了。

但这些努力并不足以将逾期和可能无法收回的账款数量控制在预算范围内。所以，高层管理者暗示 McCumber 和 Pavlo 通过不正当的手段解决问题，并命令两人减少逾期账款的数量，但其实每个人都知道这是不现实的。再后来，高层管理者明确地命令 McCumber 和 Pavlo 将当年的部分逾期账款以及不可收回的票据转移到之后年份的预算中去。尽管声称反对这么做，但两人还是遵从了命令。这一行为加剧了对 MCI 实际收入金额的虚报，并且在这个过程中将评估未来行为的基准直接推向了不道德和欺诈的领域。随着时间的推移，MCI 的高层管理者告诫 McCumber 和 Pavlo 要更加充分地利用这个方案以及上述其他两种计谋，并最终授权取消了两个最大的逾期账户。

Pavlo 不断推进的系列决策影响了他后续的系列决策，导致他参与了上述伦理欺诈行为。第一，它为 Pavlo 提供了发展必要技能的机会以实施欺诈 MCI 及其逾期客户的方案。最为重要的是，它为 Pavlo 提供了一个机会，使其从 MCI 的账簿上消除欺诈性未付账款的技能变得更加娴熟。第二，它让 Pavlo 明白管理层愿意采取违法手段而获得有价值的产出。这也为发展一种中和技术奠定了基础，这种技术削弱了他在考虑加入 Mann 欺诈 MCI 及其逾期客户方案时的罪恶感。正如第五章所描述的，Mann 明确地主张，当向

Pavlo 呈现这一方案时，MCI 并不是受害者，因为 MCI 本身定期欺骗投资者已经有一段时间了。

大概在 MCI 高层管理团队指示 Pavlo 和 McCumber 推迟注销逾期债务的同时，Pavlo 实施了一个流氓融资方案以加快客户向 MCI 支付账款的步伐，这违反了公司的规则，并损害了公司的产权。MCI 的客户之所以经常无法及时支付账款，在一定程度上是因为他们的客户（MCI 客户的客户）经常无法及时向他们（MCI 的客户）支付账款。当 Harold Mann 把 Pavlo 介绍给 Mark Benveniste 时，Pavlo 着手制定了一系列决策，并导致其融资方案的实施。Benveniste 提出了一个合法的交易计划，Mann 鼓励 Pavlo 接受。在这个计划中，Benveniste 的公司 Manatee 会贷款给 MCI 的客户，金额与他们欠 MCI 的金额相等，然后 Manatee 会负责收回这笔款项。这将使 MCI 的客户按时支付尔 MCI 的账款。

这个计划，后来被称为快速推进（Rapid Advance），成为一种财务手段。MCI 的客户们将更迅速地获得收入，MCI 也将更迅速地获得收入，同时 Manatee 也会因为其服务而获利。但是这个方案也存在缺陷。Manatee 的财务支持者——一家加拿大银行——要求 MCI 对 Manntee 无法收回的任何客户债务都给予补偿。Pavlo 知道 MCI 的管理层不会做这样的担保。毕竟，高层管理者知道从客户那里收回债务有多么困难。尽管如此，Pavlo 还是同意在几个星期内与 Benveniste 碰面以敲定建议方案的细节，很明显，他希望随着时间的推移，他可以想出办法解决加拿大银行提出的让 MCI 保证客户及时偿付的问题。最后，银行没有放宽其条件，Pavlo 也没能想出办法让 MCI 的高层管理者同意这项担保。因为不愿意放弃唾手可得的交易机会，Pavlo 精心策划了一通欺诈电话，以使 Manatee 和它的赞助商们相信 MCI 的高层管理者愿意对客户的及时偿付进行担保。

Pavlo 继续进行他第三阶段的系列决策，并与上文描述的第二阶段的系列决策相结合，这将很可能影响到他后续的决策，直接导致他参与 Mann 的保理欺诈方案。Pavlo 进行的第二和第三阶段的系列决策流很可能改变评估未来行为的基准点。Pavlo 通过决策流的发展，最终操纵了 MCI 的账目（以掩盖公司过期和可能无法收回的票据数量），使他实施了符合公司利益并得到公司最高管理层认可的不端行为。这为 Pavlo 在决策流中取得进展奠定了基础，最终他创造了符合公司利益但没有得到高层管理者认可的快速推进计划。而这也为 Pavlo 运行第三个决策流奠定了基础，最终他参与了 Mann 的欺诈性保理方案。这不符合公司的利益，也没有得到公司高层管理者的认可。事实上，当 Pavlo 完成对 MCI 及其逾期客户的欺诈时，Mann 向他提出了这样的推理过程。正如第五章所指出的，当 Pavlo 对参与该方案表示沉默，说"这是不对的"时，Mann 却指出 Pavlo 在过去几年中代表 MCI 已经实施过类似的方案。Pavlo 过去的行为和这个建议行为唯一的区别就是 Pavlo 将从现在的方案中获益。

Pavlo 继续运行第二和第三阶段的决策流也很可能激活一个心理过程，使得人们对实施不端行为变得麻木起来。当 Pavlo 从代表公司利益并得到高层管理者支持而参与不端行为转向代表公司利益但未得到高层管理者支持而参与不端行为时，他可能对实施不端行为变得麻木起来。这可能让他参与 Mann 的方案欺诈 MCI 及其逾期客户变得更加顺手（Bandura, 1990, 1999; Bandura et al., 1996）。

（五）小结

Walter Pavlo 在 MCI 的经历阐明了一些决策情境的多面特征。除参与这些决策，最终导致他实施欺诈 MCI 及其逾期客户的方案之外，他还参与了另外两个系列决策，这为他参与 Mann 的虚假保理协议奠定了基础。他前期参与保理欺诈的决策让他与设计这个方案的人产生了联系，并且让他认为这个人是有效的行动者。他参与的两个并行的系列决策为他欺诈 MCI 及其逾期客户提供了有用的技巧，也为他提供了可用于塑造中和技术的原始素材，以减轻参与欺诈的愧疚感，并最终形成了一个基准点。在这个基准点上，欺诈可以被认为只是轻微的偏差。

早期的决策理论会认为 MCI 的激励机制和文化助长了 Walter Pavlo 实施上述欺诈的决策。这很可能是正确的（事实上，我在第五章已经提及很多）。它也表明 Pavlo 具有容易实施不道德行为和不端行为的属性（比如人口特征、教育背景或者价值导向）。这也很可能是正确的。毕竟，MCI 其他的雇员虽然也处于同样的激励机制和文化中，但至今都没有实施不端行为。

但是，如果我对 Pavlo 实施不端行为决策过程特征的描述是正确的，那就意味着，如果 Pavlo 没有做之前并行相关的诸多决策，其中一些也没有明显的道德倾向，则他就可能不会做出参与欺诈 MCI 及其逾期客户的决策。它也表明 Pavlo 没有充分认识到许多决策的影响，因此也无法通过一系列道德和不道德决策预测其进程。尽管提到了与 Daniel Bayly 的联系，但这并不意味着 Pavlo 不应该为他参与欺诈 MCI 及其逾期客户的行为承担责任。Pavlo 的有罪或者清白是一个规范性的问题，对此，陪审团给出了含糊的答案。Pavlo 因为各种违法行为被判入狱三年零五个月。

决策者选择的另一个潜在后果：认知失调

一个人的决策会产生大量的后果，这些后果预示着其以后的决策。到目前为止，我只讨论了理性选择、文化以及伦理决策制定对组织不端行为的解释。在结束这个话题之前，我要考虑个人决策可能引起的另外一个后果。这个后果到目前为止还没有被已有的理论提及，并且我相信这是非常重要的：选择的事后解释。这个结果对其自身是重要的。从理论上说，它将决策的有限理性观点与决策的时间维度观点联系起来。从实践上说，它也有助于理解为什么人们有时会坚持实施不端行为，尽管事实上他们意识到其行为无论是从成本-收益还是规范性观点来看都是不合理的。客观上来讲，这个后果也是重要的，因为它为第八章中所讨论的一个重要的情境化的社会影响过程奠定了基础：人们将为失败的行为而升级自己的承诺。

一些心理学家认为，尽管人们实施一些行为时通常并没有进行深入理性的思考，但他们倾向于事后解释其行为，仿佛那是完美的理性预见的结果（Festinger, 1957; Aronson, 1973; Aronson, 2007 [1972]; Tavaris and Aronson,

2007）。Elliot Aronson 是这一观点的先驱，用他的话来说，尽管人类不是理性的动物，但他们正在向理性的道路迈进。有时，人们形成的事后因果关系在解释其行为过程中与他们自身固有的观念相互冲突。当这种情况发生时，他们便会产生"认知失调"。在这种状态下，人们明白自己是出于特定的成本-收益或规范性考虑，但其行为却表明他们是出于相反的考虑。Aronson 认为人们发现认知失调会带来情绪上的不安，并且会用以下三种方式中的一种来应对这种不安。这三种方式包括：①调整他们行为的事后因果解释，以便他们能够与自己的观念保持一致；②忽略表明他们的身份与其行为不一致的信息；③任由这种认识失调发展。

认知失调、人们对它的反应，以及这些反应塑造未来行为的方式，能够让有限理性的个体在决策情境中因为复杂性、不确定性和信息不对称（以下简称为处于问题决策情境中的有限理性决策者）而陷入决策流中，进而导致不端行为。处于问题决策情境中的有限理性决策者在实施不端行为时通常会经历认知失调。这些行为不端者之所以会产生认知失调，是因为他们认为自己是通常意义上的"好人"（也就是守法的、有道德的以及有社会责任感的），但是又意识到自己在特定的情况下表现为"坏人"（也就是不合法的、不道德的或者没有社会责任感的）。或者说，他们之所以会经历认知失调，是因为他们相信自己有能力使自身行为与利益保持一致，但又意识到在某些特定的情况下他们的行为与自身的利益是相悖的（也就是说，很可能导致被监督和惩罚）。行为不端者可以通过调整其行为的事后解释来减少这种认知失调，从而使他们的行为从规范性或者自身利益的视角来看是明智的。或者说，行为不端者可以回避从规范和自利的角度看待他们的行为在多大程度上缺乏价值的信息，或者仅仅沉湎于承认他们做了反规范和自我毁灭的事情。

减少认知失调通常会强化行为不端者参与不端行为，因为这为他们的行为提供了一个理由。对认知失调的规避和宽容会产生两种相互矛盾的影响。一方面，规避或接受认知失调能够为行为不端者放弃不端行为提供机会。只要行为不端者没有将其不端行为合理化，他们对于不端行为的投入就是不完全的。另一方面，规避或接受认知失调会使行为不端者继续其不端行为。行为不端者继续不端行为的时间越长，其对不端行为的投资（有关的时间、精力和其他资源）就越大。正如我将在第八章详细讨论的那样，行为不端者对不端行为的投资越大，他们对不端行为就越坚定。

当有限理性的决策者在不确定决策情境中实施不端行为，并且在认为自己是一般意义上的好人和特定情况下的坏人之间经历认知失调时，他们可以通过运用在第五章讨论不端行为的文化解释中提到的六种中和技术中的一种或多种来减少其认知失调。减少认知失调的中和技术的使用与文化解释部分的中和技术的使用是存在显著差异的。根据不端行为的文化解释，在组织文化中应用中和技术将增加组织参与者实施不端行为的可能性。根据认知失调理论，中和技术在组织文化中的应用增加了组织参与者坚持他们已经开始实施的不端行为的可能性，因为这些技术允许当事人从积极的角度回溯其不端行为。以这种方式使用的中和技术也被称作道德脱离机制（Bandura, Barbaranelli, Caprara, and Pastorelli, 1996；Bandura, 1990, 1999）。在第四章中我简要地讨论过 Robert Wilkis 参与的由 David Levine 策划的内幕交易方案。尽管 Wilkis 也经历了强烈的负罪感，但我也指出，Wilkis 觉得这个阴谋让他感到刺激，并且这种兴奋感促使他继续执行这一方案。Wilkis 通过采用拒绝伤害的中和技术减轻了这种强烈的负罪感，认为没有人在企业并购内部消息的分享和交易中受到伤害。结果是，问题并购继续被执行，并为被兼并公司的股东创造了巨额的利润，尽管事实上 Wilkis 从这场交易中非法获利。

当有限理性的决策者处于不确定的决策情境中，并且对寻求自身利益能力的理解与其自身行为不明智的认知之间存在认知失调时，他们会通过推断自己被监督和惩罚的实际概率很低来减轻认知失调。比如，在 David Levine 开始进行内幕交易之后，他安慰自己及其同谋，他们不会因此而被捕，因为证券交易委员会的调查员没有他们那么聪明。他分析到，如果证券交易委员会的调查员有他们那么聪明，这些调查员就会在华尔街工作赚大钱，而不是在华尔街维护交易秩序，赚取相对微薄的收入。

行为不端者可以通过很多方式避免与不端行为相关的认知失调。在极端情况下,行为不端者根本不谈及(因此,也许想都不会想)他们参与的不端行为。在第四章所讨论的20世纪50年代的电视智力竞赛节目造假中,最引人注目的一点是,制片人和参赛选手很少明确承认他们参与了对直播比赛的操控,即便他们正在研究骗术的机理。在很多情况下,尽管没有明确地承认,但制片人以赛前"热身"的方式为参赛选手提供了正式比赛中使用的问题和答案。许多参赛选手指出,在参与直播的过程中,他们已经得到了问题和答案。但是,他们通常不会告诉别人制片人的这一安排,即便他们后来意识到自己正在参与欺诈。

更进一步地说,即使在一些情况下制片人明显地将操控比赛的意图传递给参赛选手,他们也经常用隐晦的方式提及这种欺诈。Twenty-One 节目的制片人之一 Albert Freeman 向参赛选手 Harold Craig 介绍操控其第一场比赛的方案时说,"我们想要尝试一些新的东西。我认为这会非常有趣,但是你不能告诉 Enright 先生或其他任何人,否则就将搞砸这一方案"(Stone and Yohn, 1992: 100)。对 Enright 先生(总制片人和欺诈行为的策划者之一)隐瞒欺诈行为的唯一理由是让 Craig 尽量少地承认欺诈行为(对别人从而对自己)。事实上,当选手们离开节目时,他们有时会口头上明确表示实际上没有任何欺诈行为出现。比如,Freeman 在 Craig 最后一场比赛之后告诉他,"如果有任何人告诉你说我曾经给过你答案,他们都是在说谎"(Stone and Yohn, 1992: 102)。后来,在节目制片人和参赛选手被纽约州地方检察官及美国国会调查时,制片人安慰选手说没有什么好怕的,因为他们可以实话实说——比赛没有作弊。

通常,规避认知失调有更多微妙的方式。Robert Wilkis 似乎进行了认知失调的规避,因为他没有确认或彻底处理 David Levine 透露的其进行内幕交易活动的信息。在 Levine 明确地将内幕交易方案抛给 Wilkis 的数月之前,Levine 就在暗示他已经开始交易内部信息。伴随着 Wilkis 的每一次暗示,Levine(或许是有意而为之)都有效地参与了他的内幕交易方案。随着 Wilkis

对 Levine 内幕交易活动的了解越来越多（但没有通知当局），他本质上已经变成是与 Levine 合伙参与这个方案。但 Wilkis 尽量去忽略这些"暗示"。比如，1979 年夏，Levine 向 Wilkis 吐露："我们是在和大人物过招。"Wilkis 说："什么意思？"Levine 回应道（并且有点不耐烦），"对于一个上过哈佛大学的人来说，你还不够聪明"（Stewart，1991：63）。在之后的谈话中，Levine 提及他还有一个瑞士的银行账户。又一次，Wilkis 似乎无法理解这些信息的含义，回应道："那又怎样？"Levine 又有一些恼火地回应道，"如果你理解不了就算了，我也不想说出来"（Stewart，1991：64）。后来，当反思这些早期谈话时，Wilkis 回忆道，"在某种程度上，我知道发生了什么，但不愿去关注它"（Stewart，1991：66）。

处于问题决策情境中的有限理性决策者，如果实施不端行为，随后经历了基于价值的认知失调，但并没有发展出事后的合理化以将自己的不端行为转向积极的一面，那么，他们只能容忍其认知失调。他们只是相信，他们是一般意义上的好人，但同时也会实施特定的不端行为，也就是说——他们在淡化其认知失调。

Ralph Gretzinger 和 Kermit Vandivier 是 B. F. Goodrich 的前员工，曾参与编写 A7D 战斗机制动器的欺诈性质量报告。A7D 战斗机是由 Ling Tempco Vought（LTV）公司在 20 世纪 60 年代末为美国海军生产的（Vandivier，1972）。我已经在第五章中提及 A7D 战斗机制动器的案例，并将在第八章中再次进行详细讨论。在这里，我将以此说明行为不端者如何沉浸在由其不端行为带来的认知失调中。Vandivier 在描述他如何使编写这个报告变得有意义时，回忆道："无论谁伪造报告的哪一部分，无论是通过错误的数字还是错误的语句来伪造报告，都是没有区别的……因此，参与欺诈的每个人都有罪。"Gretzinger 曾试图以只是提出设想为借口利用事后合理化来减轻认知失调，但失败了，之后他得出了类似的结论，认为参与虚假报告的准备工作从根本上就是错误的。与 Vandivier 交谈时，他坦白道："我们在压榨 LTV。说到 LTV，我现在完全能体会到一个妓女的感觉，因为那正是我已经成为的——一个工程学上的妓女。"后来，随着报告的编写接近尾声，Vandivier 和 Gretzinger 坦诚地将他们的行为与德国纽伦堡纳粹集中营的审判行为做比较。

同样，处于问题决策情境中的有限理性决策者，如果实施不端行为，随后经历了基于自身利益的认知失调，但并没有对自己的不端行为进行合理的回溯，那么，他们也只能容忍其认知失调。他们相信，在其有能力追求自身利益的同时，他们也会实施一些很可能被发现并受到惩罚的不端行为。Twenty-One 的制片人 Daniel Enright 回忆道，当他操控直播比赛时，"总是有些担心——总是担心这件事情会莫名其妙地被曝光，我们也会被发现，这个念头一直折磨着我们"（Krainin Productions, Inc. and WGBH Educational Foundation, 2000：14）。当然，行为不端者越担心与监督和惩罚风险相关的认知失调，其减轻认知失调的压力就会越大。因此，Enright 也回忆道，"但是一段时间后，你将通过思考将行为合理化：选手自己也都参与了操控，他会揭发什么呢"（2000：14）。当然，对这个夸张问题的明显答案就是"那些认为按照节目剧本故意失败会导致他们失去金钱和社会尊严的选手会揭发欺诈行为"。最终，就是这样的两个选手揭发了欺诈行为。

五、对近期的伦理决策理论的评价

近期的伦理决策理论与解释组织不端行为的主导性方法严重偏离。最为重要的是，伦理有界性开始质疑最基本的假设，即人们在实施不端行为之前会进行理性的思考。我对许多决策情境中固有的复杂性、不确定性以及信息不对称的探讨推动了对决策制定的解释在主导性方法上更进一步的发展。更进一步地，关于自律性的理论研究质疑了人们会在实施不端行为之前，至少以一种有意识的方式深思熟虑的假设。此外，Tenbrunsel 等人关于"应该"的自我和"渴望"的自我的暂时性变化影响的研究对人们在避免或实施不端行为时进行独立决策的基本假设提出了质疑。Murnighan 及其同事关于连续伦理决策之间相互作用的研究指出了道德行为是如何随时间的推移而演化的。最后，我建议对这一研究进行扩展，将决策过程定性为一系列在其他相关决策流的背景下展开的关联决策，这促进了决策解释在主导性方法方面更进一步的发展。

组织行为不端者有时会发现，回过头来理解他们是如何卷入不端行为中的是非常困难的。如果这一章中对不端行为解释完善而详尽的阐述是正确的，那么这种现象就不足为奇了。这种解释假定人们有时会通过制定一系列的决策而跨越正当与不端的界限。从而，这种解释表明，人们很难通过这一系列决策来预测其后续行为。如果没有从理性思考中获益或有时无法从有意识的思考中获益，人们在一系列决策中所做的每一项决策都会导致不端行为。进而，他们对每一项决策的裁定都会造成一定的后果。这种后果会塑造他们未来的选择以及他们评估这些选择的方式。因为他们是有限理性的，所以他们并不能预先领悟到这一点。人们可能会间歇性地暂停对决策流的驾驭，以评估自己的行为相对于正当与不端界限的位置。然而，当他们这样做时，他们很可能会将先前的行为作为判断当前行为的基准。由于导致不端行为决策流中的每一项决策通常都只会导致和先前行为细微的差别，因而这样的评估很可能起不到预警作用。

对组织不端行为的这种解释与前几章阐述的有很大的区别，因为它隐晦地认为人的本性是好的，虽然先天上容易在不知不觉中陷入不端行为之中。在组织不端行为强化决策论述中，没有"坏桶"或"坏苹果"，不管是腌制的还是其他的。如果要选择一个恰当的比喻来呈现强化决策论述对组织不端行为的理解，那就是一个有视觉障碍的人在穿越雷区。

基于这一表述，即使关于伦理决策（我提出的扩展也包含在内）的新近研究也在三个方面与组织不端行为解释的主导性方法相符合。第一，它倾向于假定人们总是刻意实施不端行为。伦理有界性的研究假定人们产生意图并实施不端行为之前会进行深入的思考（尽管是以有限理性的方式）。自律性研究假定人们产生意图并实施不端行为之前会利用根深蒂固的直觉和情感。正如第二章所指出的，正念是一种精神状态，在这种状态下，人们会专心处理其在认知和情感层面发现的自我情境的独特之处。第二，扩展的伦理决策解释含蓄地假定人们在社会真空中会规划自己的行为。正如该领域中一个有影响力的评论所指出的，关于伦理决策最近期的研究没有探索社会互动影响决策者选择的方式（Trevino, Weaver, and Reynolds, 2006：977），尽管Murnighan及其同事的工作呈现了一个有前景的例外（Murnighan, Elyashiv, and Cantelon, 2001；Cohen, Gunia, Kim-Jun, and Murnighan, 2009；Gunia et al., forthcoming）。第三，扩展的伦理决策解释假定人们在实施不端行为之前就有这种积极倾向。即使那些通过直觉或者情绪反应来选择实施道德或不道德行为的人，也会被隐晦地假定具有使其行为与直觉或情感状态保持一致的积极倾向。

六、总　结

至此，我已详尽阐述了组织不端行为的三种解释：理性选择、文化以及伦理决策。每一种解释都有助于我们对组织及其内部不端行为动因的理解。但是，像所有其他理论一样，每一种解释都因为其假定条件而在应用上受到限制。

通过将不端行为的伦理决策解释组织视为主导性方法和替代性方法之间的桥梁，我开始了对它的讨论。基于这一传统的早期研究工作接受了四个强调主导性方法的假设。更近期的研究抛弃了其中一些假设，而接受与替代性方法相对立的预设特征。在这个过程中，伦理决策解释变得更具包容性（比如允许对理性和有限理性的深入思考），因而拓展了我们对组织不端行为动因的理解。尽管如此，即便在最近的高级形式中，伦理决策解释仍然受到其假定条件的限制。有趣的是，伦理决策研究者通过证据侧面揭示了这种方式的局限性，并且指出其他卓有成效的研究方向，即我们接下来要探究的。

伦理决策研究者发现，如果制裁机制处于有效状态（如果成本和收益与决策选择相关），人们就不太可能以道德为标准裁定决策，这是大多数商业情境中的案例（Tenbrunsel and Messick，1999）。他们也发现，当这些决策与工作相关而非与工作无关时，人们更不太可能以道德为标准裁定决策（Weber，1990；Weber and Wasieleski，2001）。这些结果表明，在工作组织情境中，人们不太可能认为决策需要调用道德标准，也不太可能完善地应用道德标准。粗略地讲，伦理决策研究者的证据表明，相较于工作组织中的决策制定，实验室情境中的决策制定与伦理决策文献更为相关。

进一步地说，正如前面所指出的，伦理决策理论家认为，在裁定伦理决策时，人们会随着其道德观念的发展和参与原则性道德推理的相应趋势而变化。Kohlberg（1969，1981）认为，只有那些道德发展达到最高水平的人才会进行原则性推理。然而，最近的研究指出，只有20%的人以最高的道德发展水平进行推理。剩下80%的人中，有一部分人通过坚持理性选择或者文化逻辑做决策，其中，自身利益和对正当与不端的共同理解占据主导地位。其余的人则通过关注规则、同伴压力、权威和对惩罚的恐惧来做决策（Rest et al.，1999）。在接下来的三章中，我们将转向规则、同伴压力、权威和对惩罚的恐惧，以及在组织中无所不在的社会强制力量等主题。在这个过程中，我们对组织不端行为的解释将会完全不同于之前对行为不端者的假设，即行为不端者会谨慎推理、独立决策、在社会真空中操作以及总是发展实施不端行为的积极倾向等。

Chapter 7
第七章

// 管 理 体 系 //

一、引　言

　　理性选择视角将组织视为多个利益相关者间的契约集合，且其中每位成员都同意为组织做出贡献以获得某种回报。进一步地，组织参与者被描述为成本-收益的计算者，他们从利得与成本的角度来审视自我行为。由此看来，当组织的激励机制有利于不端行为时，就会产生不端行为。文化视角则将组织视为一个共同体，其成员共享相同的规范、价值观和信仰，以及有关组织领域的一些假设。进一步地，组织参与者被描述为规范是否适当的评估者，从是否符合组织文化的角度来审视自我行为。从这个观点来看，当一个组织的文化内容有利于不端行为时，不端行为就会产生。伦理决策视角本质上跨越了理性选择论和文化视角。尤其在早期阶段，这种视角假定，人们在进行四阶段的道德决策时，主要是对其所处的激励或规范环境做出反应。从这个有利的角度看，当激励机制和规范环境导致决策者缺乏道德意识、判断和意愿，从而导致他们实施不道德行为时，不端行为就产生了。

　　Granovetter（1985）已将理性选择论和文化观分别表征为人类行为的社会化不足和过度社会化这两个概念。理性选择论提供了关于人类行为的非社会化概念，因为它们往往忽略了社会的影响。文化观被视为关于人类行为的过度社会化概念，因为它们倾向于假设人类行为完全是由社会所影响和决定的。Granovetter 指出，尽管理性选择论和文化观对于社会的重要性持完全相反的观点，但它们拥有"由原子化行为者实施行为和执行决策的共同概念"。Granovetter 用"原子化行为者"一词来表示彼此之间或者与其他人或组织没有联系的人或组织。从理性选择论的观点来看，"原子化是狭隘的功利主义者对自身利益的追求"。从文化的角度来看，原子化是"行为模式被内化"的结果。因此，在 Granovetter 看来，这两种解释在很大程度上都忽略了人类的"即时社会情境"（1985：485），更具体地讲，是"关系史及其在关系中的地位——或许可以被称为关系的历史性和结构性嵌入"（1985：486）。在本章和接下来的三章中，我将考虑即时社会情境、历史和结构对组织不端行为的解释。

二、管理体系对组织不端行为的基本解释

管理体系对组织不端行为的解释，根植于关于组织的一个更广泛的理论视角——它认为，组织是协调人们执行相互依存的任务的体系。这种视角还将组织参与者描述为在这些结构中运作，以获取和分析信息，并着眼于通过提升效率、增强有效性和协调性的方式执行任务，从而最终实现组织目标的人。最早将组织视为管理体系的现代理论家们认为，组织的任务环境非常复杂，且组织参与者具备"有限理性"（March and Simon, 1958）。在他们看来，组织环境呈现给组织参与者的是大量复杂的决策。并且，组织参与者在收集并处理信息以便制定复杂决策方面的能力非常有限。

管理体系有助于组织参与者应对复杂环境和有限理性的困境。在组织参与者们采取一系列行动之前，它们就提供行动指南，降低其对每种情形进行彻底的理性分析的需求。通过允许组织参与者们以一种程序化的方式采取行动，它们帮助组织节约必须专用于决策制定的大量资源，从而使得组织更有

效率。因此，关于组织不端行为的管理体系解释，可以被认为取代了近年来的伦理决策理论。与最新的伦理决策理论一样，管理体系解释假定，组织参与者们的认知是有限的，且他们处于问题丛生的决策情境中。但是，不同于伦理决策理论，它还补充说明了各种管理体系中的组织参与者们是如何应对复杂环境和有限理性困境的。

理论家们已经定义了管理体系的两个大类（Perrow，1972）。显性控制为组织参与者们提供了应如何完成自己任务的相对清晰的指引。它们包括规则、标准作业程序以及劳动分工。隐性控制则为组织参加者们提供了应如何完成自己任务的更为含蓄的指引。它们"限制信息的内容及其流动，从而控制可用于决策的前提；它们设立期望以便突出现状的某些方面，而淡化另一些方面；它们限制对替代性方案的寻找，从而确保了更可预测和一致的解决方案；它们指出危险信号发出的阈值水平，从而减少了做决策的机会，并促进了满意的而非最优的行为；它们通过选择特定类型的工作技巧和时间安排，来实现对工作的协调"（Perrow，1972：156-157）。隐性控制包括职业和专业规范、脚本和图式、沟通渠道以及技术方面的控制。

在管理体系解释中，组织不端行为产生于显性控制和隐性控制运行失当之时。在某些案例中，这些控制被设计用来怂恿他人参与不端行为。在另一些案例中，它们原本被设计用来实施正当行为，却适得其反。在本章中，我将检验显性控制和隐性控制是如何助推组织不端行为的，并区分有意为之和适得其反两种情形。我也会考察多种显性控制和隐性控制如何配合起来以促进不端行为。最后，我将对管理体系解释进行整体评价。

三、显性控制

（一）规则和标准作业程序

规则指导员工如何完成任务，其中有一部分是告诉他们如何应对与工作相关的意外事件（例如，如何处理不同属性的输入问题）。标准作业程序是同一任务下相关规则的集合。规则和标准作业程序往往写在公司的文件，比如备忘录和政策说明上。而当涉及无意识的行为时，它们取代了旷日持久的审慎且理性的成本-收益分析，或当员工在工作中面临意外事件时可能被另外要求实施的规范性评估。因此，规则和标准作业程序使组织更有效率。但在无意识的模式下，规则和标准作业程序也可导致组织参与者进入不端的行为过程中，因为忠实的员工及管理者通常不会质疑规则和标准作业程序在法律、伦理或其他方面的正确性，而只是机械地遵循它们。当然，对规则和标准作业程序的盲从程度，也因情况的不同而有所变化。在很多情况下，员工在进行成本-收益分析以及规范的适当性评估以判定其所遵守的规则和标准作业程序是否"起作用"时，很可能是匆忙的、部分审慎和有限理性的。对于这些细微差别，接下来我会重点讨论。

1. 蓄意的不端行为

规则可以由意图引导下属参与不端行为的上级设计，且这些行为都是上级有意和理性实施的。在 20 世纪 50 年代的一个电视智力竞赛节目 *For Love or Money* 中，奖品会显示给参赛者和观众，但其 1 美元和 9 999 美元的价格则显示在只有观众可见的屏幕上。参赛者被安排回答一个问题，机械装置通过六个小数位（如 50 美元的奖金，若小数点移动，则呈现的数字分别是 5 美分、50 美分、5 美元、50 美元、500 美元，以及 5 000 美元）使屏幕上的"跳动小数点"依次前进。观众们被告知，这个机械装置的设置是这样的：只要一个参赛者得出正确的答案，小数点就将停止跳动。而此时的获胜者可以选择带走奖品或获得屏幕上他们看不到的金钱数目。这是真实的，但有一个重要的例外。后台工作人员被分配控制机械设备上的一个开关，这样他们就可以随时向前移动小数点。制片人颁布了一条工作人员必须尽职遵守的规则，规定如果小数点看起来似乎要落在 1 000 美元的范围内，他们就要让小数点向前移动一位（即使其落在 1 美分的范围内），从而确保没有选手有机会赢得最高奖项（Stone and Yohn，1992：229）。

然而，只要 *For Love or Money* 节目工作人员行为的不端性质是相对透明的，其就有可能认识到并且了解自身行为的不端性。如果是这样的话，规范其不端行为的规则并没有滋生完全盲目和非理性的不端行为。换句话说，可能是成本-收益分析或适当性评估部分支持了工作人员遵守这个游戏规则的决定。

安然公司的高级能源交易员向初级交易员散布市场操控协议的方式，说明了规则和标准作业程序可能会以一种完全无意识的方式运作。安然公司的主要交易商部分通过实验制定了操控加利福尼亚能源市场的策略之后，起草了实施这些策略的协议。这些协议最初是通过电子邮件发送的。在一份标题为"死亡之星的最终程序"的电子邮件中，一位交易员详细阐述了如何复制一种策略，即在一些输电线上制造拥堵，通过替代线路提供备用电力来获取超额利润。该交易员称："'死亡之星'项目已经成功实施以缓解路径26、15和COI的拥堵"，并总结道，"谢谢，祝你好运"（McLean and Elkind，2004：270）。这些交易协议后来在《安然服务手册》中正式确立。用McLean和Elkind的话来说，该服务手册"包含了可能出现的各种市场情况，联系哪些'（交易）合伙人'，为了利用特定情况采取哪些步骤，以及对利润分享安排的解释"（McLean and Elkind，2004：271）。

似乎至少有一些使用这份服务手册的安然公司雇员并没有认识到或者理解其行为的不端性，因为这种不端行为远不是透明的。事实上，当安然公司的首席交易员向该公司的律师努力解释其交易协议时，很多案例的细节都过于复杂，以至于他们根本无法理解。如果不是因为这些策略的名字可疑（如"胖男孩""死亡之星""矮子当道"和"跳弹"），律师们都不用为行为的不端性而感到烦恼。因此，至少使用服务手册的一些员工有可能在无心和非理性的情况下促成不端行为。然而，在某种程度上，使用这些服务手册的安然公司员工可能确实意识到了其行为的不端性。就其程度而言，他们的参与不能被认为是完全无意识和有限理性的。

Arthur Anderson的法务人员诱导客户经理销毁与安然公司的欺诈性会计行为有关的文件，这一行为为规则和标准作业程序如何以无意识的方式促使不端行为提供了更清晰的说明。当 Arthur Anderson 的高级会计师知道安然公司一直在实施会计欺诈行为时，他们才意识到自己可能会因为客户的行为而被追究责任。为了降低自己被追究责任的可能性，他们指示其下属销毁可能提供他们有罪证据的电子邮件和文件。但他们并没有明确地下令其下属销毁具有潜在危险性的文件；相反，他们提醒下属，公司的政策是不需要完成审计的文件记录都要销毁（这项政策被记录了下来并可以在公司网站上查阅）。会计师 John Stewart 在被告知必须删除自己为安然公司工作时的绝大多数邮件并销毁绝大部分来往文件时，提出了抗议。对此，Anderson 法律部门的负责人 Nancy Temple 说，她也被要求删除电子邮件和销毁文件。"Anderson 有政策，"她说，"你应该遵循这些政策"（Eichenwald，2005：529）。

Temple 与 Stewart 之间的这种交流很好地说明了规则和标准作业程序对行为的自动指引。Temple 没必要解释和证明公司已有的政策，只需要援引这项政策就可以获得服从。正如 Eichenwald 所指出的，"公司里很少有人理解 Anderson 的保留政策"（Eichenwald，2005：529）。这也很好地说明了规则和标准作业程序是如何超越下属的偏好的。在 Stewart 与 Nancy Temple 初次相遇的第二天，他就抱怨道，"我不得不告诉你，在安然事件中关于删除电子邮件和销毁草案文件的事情上，我仍然感到很不舒服"（Eichenwald，2005：529）。Temple 随后做出了一个承诺，Stewart 可以设定一个他不想销毁的电子邮件和文件的范围，她会为他保存好。Eichenwald 写道："Stewart 对这一想法并不满意。不过，他最后还是同意了。"

2. 无意的不端行为

规则和标准作业程序通常是上级为了指导下属实施道德、合法以及对社会负责的行为而设计出来的。但是，规则和标准作业程序指引组织参与者的行为，通常是在正常条件或者偏离正常条件的典型事件中（例如在投入质量的下降可预见的情况下）。由于组织的任务环境是复杂的，设计这些规则的人是有限理性的，因此规则和标准作业程序有时对过程中出现的情况并不适用。当出现这种情况时，规则和标准作业程序会导致意料之外的后果，包括无意中助推组织不端行为。

正如第四、五章所述,许多人认为,是理性选择和文化因素造成福特公司生产和销售平托车——尽管预生产安全测试表明,当汽车低速行驶时尾部被撞击容易起火,因为汽车的油箱相对于其后车轴和保险杠处于不利的位置。不过,尽管公司的工程师知道它的设计缺陷,规则也有可能导致生产和销售平托车的决定。福特公司的总裁 Lee Iacocca 规定,平托车的设计承重应不超过 2 000 磅,且成本应不超过 2 000 美元,这一要求就是福特后来被称为"2 000 法则"的规则。遵守此规则可能导致工程师在面对油箱位置问题时,放弃更低廉的修复方案(有的甚至低至 11 元),因为这样做会增加汽车的重量,提高其成本,从而有违反规则的风险(Dowie,1977)。

(二) 劳动分工

劳动分工是组织结构的另一个基本元素。采用分工合作的组织有一套完整的雇员职责分配体系,其中,每个专门的不同子集有不同的任务,并且每个子集服从不同的规则和标准作业程序。分工降低了参与者在工作的过程中需要收集和处理的信息量。其结果是,它减轻了员工承担决策的负担。大多数管理理论家都同意 Adam Smith(1991)的观点,其认为劳动分工实现了组织的目标之一——提高效率。还有人认为,分工是一个控制员工的系统,通过缩小员工的影响范围,降低企业对技术熟练员工的需求(Braverman,1974;Edwards,1979;Clawson,1980)。

然而,忽略其主要功能,劳动分工至少可以在两个方面助推集体的不端行为。一方面,它可以使信息碎片化,使得组织中的一部分参与者缺乏在组织的另一部分可用的信息,而这些信息可以使他们避免产生不端行为。另一方面,它可以模糊责任,使得一部分组织参与者不觉得有义务阻止或揭露组织另一部分参与者的不端行为(甚至会觉得阻止或揭露是不被允许的)(Braithwaite,1989;Darley,1992)。

1. 蓄意的不端行为

劳动分工可以便利不端行为。股权融资公司在 20 世纪 60 年代末销售虚假保单就清楚地说明了这一点（Soble and Dallas, 1975）。最初，股权融资高级管理人员在定期的"政策聚会"上编写欺骗性政策。然而，随着欺诈范围的扩大，创始人成立了一个独立的单元（误导性地将其命名为"大众营销部"），让它坐落于小镇上，录用低级别的数据录入人员，并指示员工们制作虚假保单。员工们没有被告知其所制作的保单的用途，并且现有证据表明，员工们开展他们的工作时并不认为自己有义务确定其意图。事实上，即使大众营销部的负责人也没有觉得有必要去调查其部门工作任务的目的。用他的话来说，虽然他"知道有什么地方出错了"，但他"不知道正在发生的事情的全貌"。当然，劳动分工已经发展到组织中的每个人都不需要知道全貌的地步。

现有的劳动分工也可以被用来助推不端行为的发生。安然公司的首席财务官 Andy Fastow 臭名昭著的库亚巴交易说明了，一家公司的现有劳动分工是如何通过碎片化信息和责任分散来助推不端行为的。安然公司在巴西的库亚巴拥有一个电厂，该电厂（与安然公司）签订了利润丰厚的天然气生产合同，但建设遭到延误，并且面临资金问题。安然公司的经理 Kent Castleman 的任务是卖掉电厂，因为卖掉电厂将获得资金回报，同时减轻公司债务。安然公司特别项目组的成员 Ben Glissan 建议 Castleman 将电厂卖给一家名为 LJM 的公司。当时，Castleman 并没有意识到，LJM 实际上是 Andy Fastow 为一个特殊目的而设立的公司，因此并不是一家独立的公司。但后来当他与 Fastow 的助理 Cheryl Lipshutz 进行谈判以达成销售时，他明白过来了。即便如此，他还是完成了这笔交易。据研究这笔交易的 Kurt Eichenwald（2005：262）称，Castleman 问："你为 LJM 而谈判？"Lipshutz 回应道："这是任务。"Castleman 想："奇怪，安然公司的高管正在与安然公司的高管谈判，卖东西给安然公司？""但是，他的立场毋庸置疑，"他总结道。

最后，现有的劳动分工可以阻碍揭露不端行为的努力。Vince Kaminski 是安然公司的一个风险经理，为该公司诸多复杂的财务安排产生的累积效应而感到担忧。他相信，虽然与众多个人交易相关联的风险被逐个充分审议，但与交易的整个系统相关联的风险尚未被发现。

Kaminski 经 Rick Buy 批准去进行公司范围的研究。但当他努力收集来自特定单元比如 Andy Fastow 的全球金融集团的数据时,却屡遭子单元的阻挠。后来,当 Kaminski 开始怀疑 Fastow 的可疑交易时,他发了一份备忘录给该公司的境外会计师 Arthur Anderson,要求他提供更多的信息。但他的做法遭到公司内部会计师 Ryan Siurek 的严厉批评。Siurek 说,除了安然的高级会计师 Rick Causey,任何人都没有被授权可以直接与外部会计师事务所联络。尽管 Kaminski 决定听从内心的怀疑,但他很快还是服从了组织的劳动分工,他说:"好吧。如果这就是程序,那我也不会再给 Anderson 发送任何信息了"(Eichenwald,2005:526)。

2. 无意的不端行为

由于组织工作的环境是复杂的,并且组织结构设计者只具有有限理性,因此劳动分工也可能在无意中导致不端行为。福特公司的平托车案例说明了通过碎片化信息,组织结构是如何在不经意间助推不端行为的。如前所述,尽管预生产测试显示汽车后部被低速撞击后可能会爆炸,福特公司还是在 20 世纪 70 年代开始销售平托车。平托车投入生产后,即使证据表明车是在追尾碰撞后燃烧起来的,福特公司依然拒绝召回平托车。管理层未能及时召回平托车,可能是由福特公司的劳动分工造成的。福特公司预生产安全测试单元和召回单元分别位于组织层级的不同部分,追尾事故导致油箱起火的信息没有传到公司的产品召回部门。因此,福特公司召回部门的协调员 Denis Gioia 无法利用该信息来解释平托车出现的火灾,这种情况在汽车投入市场的头几年一直存在(Gioia,1992)。

Fen-Phen 是一种抑制食欲的药物鸡尾酒,产生了严重的、在许多情况下甚至是致命的副作用,Fen-Phen 事件似乎可以说明劳动分工是如何在不经意间通过责任分散助推不端行为的(Mundy,2001)。芬氟拉明(Fen-Phen 的两种成分之一)的生产商 Wyeth-Ayers 的安全官 Amy Myers,意识到药物产生副作用的情况——被称为药物不良反应(ADE)——越来越多。她将这一情况反映给她的上司 Fred Wilson 博士，说越来越多的药物不良反应被列入该药物的标签中。Wilson 博士起草了标签的更新版本，并最终获得审批通过。此后不久，Wilson 退休，没有人被聘请来接替他的位置。而这位离开的经理人的老板拒绝执行这项变革，可能是因为他认为这样做会妨碍公司获得食品和药物管理局对相关药物（右芬氟拉明）的批准。Amy Myers 最初只是建议更换标签，但事实上却没有要求该标签的实际更换。虽然我们无法确定为什么会出现这种情况，但可能是因为她认为只要自己说出了对于芬氟拉明的药物不良反应越来越多的担忧，并且草拟出新的标签，自己的任务就完成了，更换标签就成了别人的责任。一个组织中间层的空置使这一猜测更具可能，因为命令链出现了断裂。雇员可能觉得自己有义务提醒上司贯彻这一方面的工作，但她觉得自己没有义务提醒其上司的老板这样做。

四、隐性控制

（一）职业和专业角色

员工们不仅从规则、标准作业程序和劳动分工中获得具体指导，也可以从上级、同事甚至下级那里学到更多关于如何完成工作的一般性原则，这些原则包括双方对员工在不同情况下工作方式的共识。社会心理学家把员工们在组织中的位置看作他们的"角色"，并且把他们关于该角色形成的共识称为"规范"。这些具体角色的规范规定了组织参与者如何完成相关任务，这与第五章讨论的组织规范有所不同（第五章的组织规范规定了员工如何按照正当与不端的界限进行思考和行动）。

对于可预见的具体环境，规则和标准作业程序对员工们提供指导是非常有效的。但对于员工们可能面对的每一种情况是很难制定规则和标准作业程序的，一方面是因为这种情况众多，另一方面是因为情况不易预见。特定角色的规范为员工们提供了更为灵活的指导，让他们知道组织中的其他人希望他们如何应对各种各样难以预料的情况。

承担工作任务的人有义务去遵守相关的规范，但不用对规范的价值进行有意识的、理性的成本-收益分析或者规范性评估，有时甚至并不赞同这些规范。职业规范是组织中最重要的角色规范，为从事无法编写具体规则和标准作业程序的职业及专业的人提供指导。这些规范通常描述了可接受的行为，但是，像更具体的规则和标准作业程序一样，它们也可能会导致不端的行为。

1. 蓄意的不端行为

Fen-Phen 的两种主要成分芬氟拉明和芬特明（已经被食品和药物管理局独立批准用于治疗肥胖）的处方引发了许多伦理及法律问题。其中一个问题是关于处方药物用于美容、减肥的适当性。芬氟拉明的制造商 Wyeth-Ayers 的女性健康部副总裁 Carrie Cox 对于将 Fen-Phen 用于美容、减肥的处方药感到担忧，她请求自己的上司——也是一名医生——批准她写一封信，提醒医生这些药物的"批准用途"。不过，她的上司无情地否定了这个想法，他说，"不应该由公司来告诉医生如何开药方或者如何做他们的工作"（Mundy, 2001：261）。尽管 Cox 当时感到很不舒服，但她没有那么坚持了。据推测，Cox 之所以没有就该公司药品的不端处方向医生发出警告，是因为医生提醒她，尽管她完全有能力对该问题做出判断，但这样做并不是她的职责所在。

2. 无意的不端行为

横跨 21 世纪头十年最后几年的次贷危机和随后的金融危机，为研究不端行为的学生提供了很多材料。从 2006 年开始，房价趋于平稳，然后开始下降。这导致了拥有可变利率漂浮式抵押贷款的房主贷款违约，进而侵蚀了抵押贷款支持证券的价值。在随后的两年时间里，抵押贷款支持证券的贬值在金融体系中产生了反响，侵蚀了其他金融衍生品的价值，并最终威胁到世界上最大的那些金融机构的生存，破坏了全球经济的发展。在这场金融危机中（我们将在之后的第十章做更深入的讨论），调查记者和执法人员在商业环境中寻找可以为这场灾难负责的行为不端者。一些记者和调查人员把矛头指向了抵押贷款经纪人，他们有时不顾道德规范甚至非法地向购房者提供贷款，而这些人很可能会拖欠债务。但抵押贷款经纪人本质上是销售人员，他们的行为在这种情况下似乎符合其职业规范。正如一个抵押贷款经纪人所说："在任何销售岗位上，你都不会拒绝客户。"全国抵押贷款经纪人协会的主席将这一规范描述为一种责任，他说，"如果他们符合条件，你就必须为他们提供贷款"（Spivak and Bice，2008）。

（二）沟通渠道

尽管有规则、标准作业程序、劳动分工和规范来指导组织参与者的日常工作，他们还是不得不经常通过收集和处理有关决策情境的信息来决定如何完成其任务。沟通渠道决定了组织参与者在做决策时所掌握的信息的数量和类型，从而决定了他们的选择。沟通渠道可以通过让组织参与者在最相关的信息和对信息最合理的解释基础上参与决策，来促进组织的运作。但是，它们也可以通过增加组织参与者在不正确的信息或扭曲的解释的基础上做出决策的机会，来助推不端行为。

1. 蓄意的不端行为

20 世纪 70 年代末，保诚贝奇证券公司的中层管理人员开始以有限合伙的方式销售股票。这些合作被标榜为安全投资，既可以避税，又具有高增长潜力。但随着时间的推移，诈骗性投资的数量越来越多，而与客户结成伙伴关系的该公司经纪人对其真实品质却知之甚少。他们对合作关系的理解基于上级提供的文件，这些文件歪曲了合作关系的真实性质。Eichenwald（1996）记录了保诚贝奇证券欺诈事件，他以这种方式描述了保诚贝奇的一个经纪人的经历。"Piscitelli 从来没有审阅过合作伙伴提交的那些晦涩难懂的法律文件——他既没有时间也没有意愿……相反，像大多数股票经纪人一样，他检查了公司提供的销售材料。文件上写道，文件的内容应该用简单的话语来总结。之后他将信息传递给了客户。" Piscitelli 是在他的客户（其中很多是他的朋友）开始赔钱时才知道这对合作伙伴而言是可疑的（在某些情况下甚至是欺诈性的）行为。当他意识到自己无意中揭开了这一骗局时，他变得心烦意乱，甚至认真地考虑过自杀。

2. 无意的不端行为

安然公司的崩溃给我们提供了许多机会来深入了解组织。在第四章中，我讨论了安然公司的不端行为的理性选择解释（关于不现实的高绩效预期）。在第五章中，我讨论了安然公司的不端行为在文化方面的解释（关于促进违规行为的规范内容）。在本章的前面，我讨论了安然公司的不端行为在组织结构方面的解释——关于操控加利福尼亚能源市场的标准作业程序。

安然公司的一些不端行为显然也是由其沟通渠道的结构促成的。沟通渠道促成不端行为最直接的方式是构建信息流，使得组织的参与者无法获得其做出正确决策所需的信息。像许多现代公司一样，安然公司与外部的会计师事务所 Arthur Anderson 和独立的律师事务所 Vinson and Elkins 保持着持续的工作关系。但这些专业服务公司却没有通过正式的沟通渠道进行沟通。因此，其中一家公司所拥有的、另一家公司所需要的信息并不总是能传到另一家公司那里，有时会导致另一家公司做出助长不端行为的决策。

举个例子，Vinson and Elkins 律师事务所的律师 Ronald Astin 开始担心，从会计的角度来看，特殊目的实体 LJM 的设计存在问题。他向安然公司的财务主管 Ben Glissan 表达了他的担忧，但 Glissan 驳斥了他的担忧，认为其仅是字面上的争论。Kurt Eichenwald 在他关于安然公司破产的书中写道，"Astin 并不信服。Glissan 的文字游戏听起来套路很深。尽管如此，律师们还是有时间来考虑这件事，或许还可以和 Anderson 的人好好谈谈，毕竟，他们是会计，而不是 Vinson and Elkins 的人"（Eichenwald，2005：213）。尽管 Astin 仍然对这笔交易的会计处理方式感到不安，但他并没有和 Anderson 的任何人进行过多的交流。十有八九，他必须做出特别的努力（也就是说，他必须绕过正常的沟通渠道）来引起 Anderson 方面的注意，但他并没有做出这样的努力。结果，Anderson 做出了对 LJM 有利的裁决，但后来却发现这个特殊目的实体在几个关键方面违反了公认会计原则（GAAP）。

（三）技术

组织用技术来处理输入并进行输出。在某些情况下，输入是物质，输出是产品。在另一种情况下，输入是人，输出是服务。第一批考察组织技术的学者认为其和规模一样，是行政结构的主要决定因素（Woodward，1965；Perrow，1967）。这些学者区分了确定的技术和不确定的技术。此外，他们认为，具有特定技术的组织在采用以集中决策为主要特征的机械式结构时表现最好，而那些具有不确定技术的组织在采用以非中心化为特征的有机式结构时表现最好。之后的学者们将组织技术概念化为一种行为控制方式，它决定了组织参与者可以做出的决策类型，以及他们做出决策的前提（Braverman，1974；Edwards，1979；Clawson，1980）。无论如何，只要技术为组织提供了生产产品和提供服务的手段，它们对组织的生存就是必不可少的。不过，技术也会导致组织不端行为。

1. 蓄意的不端行为

组织技术可以被有意地用来对不端行为进行编码。如上所述，20世纪70年代末，保诚贝奇证券公司开始出售具有欺骗性风险的、在某些情况下是欺诈性的有限合伙企业股票。到20世纪90年代中期，这一做法已经被整合到公司的日常事务中，公司还组建了一支内部销售队伍，向经纪人推销合作伙伴。此外，经纪人常为客户开发出明智的计算机程序，这种程序可以实现多样化的投资组合，将客户的资产包括在尽可能多的组合成分中。而且，正如 Kurt Eichenwald 所写的，"计算机几乎总是提示客户，他的一大笔钱应该投到保诚贝奇合伙企业中去"（Eichenwald，1996：5）。

2. 无意的不端行为

组织技术也可能被无意地用来对不端行为进行编码。Joseph Jett 在 Kidder Peabody 公司交易政府文件时使用的计算机程序显然在他冒进地在公司实施不端行为的过程中扮演了重要角色（Freedman and Burke，1998）。如第四章所述，Jett 负责发起与联邦储备银行的交易，这是一种通常只能产生适度回报的交易。不过，Jett 与联邦储备银行的交易利润丰厚得令人难以置信，并且他还因此获得了丰厚的奖金和一次重大晋升。最终人们知道，Jett 的大部分利润都是编造的——是由于记录交易收益的计算机软件出现了错误，而实际上这些交易并没有产生真正的利润。

Jett、他的同事、独立调查人员和其他专家对他的欺诈责任存在分歧。许多人认为 Jett 一直都知道这些交易产生了虚假的利润。然而，有些人认为 Jett 一开始并没有意识到交易产生了虚假的利润，但他后来意识到了这一事实，随着时间的推移，他利用了这个对他有利的偶然的程序故障。有些人甚至认为 Jett 并不知道他的收入是虚构的。纽约大学的金融学教授 Roy C. Smith 对最后两种看法做出了评价。他若有所思地说，"我认为 Jett 偶然发现了一种利用公司的电脑赚钱的方法，他可能认为（至少一开始是这样）利润是真的……据我估计，在事情败露时，支付给 Jett 的 900 万美元中有 800 万美元依然在他的经纪账户中。如果他想要欺骗 Kidder，为什么要把钱放在可以被冻结的地方呢"（Freedman and Burke，1998：13）。布鲁金斯学会（Brookings Institute）访问学者 Martin Mayer 的观点更为深入。在电视节目《60 分钟》（*Sixty Minutes*）里，Mayer 以"是他，不是他"为标题，专门报道了这起诈骗案，他说，"我认为直到今天 Jett 都没有完全意识到，他的利润在多大程度上是一个错误的计算机程序的反映"（哥伦比亚广播公司 1995 年 2 月 19 日报道）。无论如何，所有人都一致认为，这次欺诈是由电脑软件的故障造成的。

（四）图式和脚本

有时，上面描述的规则、标准作业程序、规范和管理体系并没有为员工提供做好工作的充分指导，因为他们的工作需要知识和理解，而这些知识和理解只有做这些工作的人通过在职经验才能获得。因此，员工有时不得不自己弄清楚要如何应对特定的突发事件。当他们成功时，他们通常会吸收在应对突发事件中学到的东西，进入社会心理学家所说的"图式"和"脚本"

中。图式规定了组织参与者在遇到特定的与工作相关的突发事件时，如何处理信息和消化情绪。脚本规定了组织参与者在面对特定的与工作相关的突发事件时（这些突发事件由组织参与者根据其使用的图式进行解释），如何执行任务。因此，就像到目前为止所考虑的行政结构一样，图式和脚本取代了更费时、理性的成本–收益分析。因此，它们往往会使组织更有效率。不过，与到目前为止讨论的管理体系一样，图式和脚本也可能导致不端行为。但由于员工创建图式和脚本主要是为了提高效率，因此，这些管理体系只会在无意中助长不端行为。

无意的不端行为

在本章的前面我就提到过，福特公司的劳动分工可能是该公司未能召回平托车的原因之一，尽管有越来越多的证据表明，低速行驶时如果被从后方撞击，油箱容易起火。图式和脚本也可能促成福特公司召回平托车的失败。福特公司的召回协调人 Dennis Gioia 回忆说，他没有看到从后方撞击引发平托车油箱起火的早期证据，因为这些证据并不包含在他过去工作中遇到的需要发出召回命令的问题中（Gioia，1992；以及个人通信）。Gioia 认为，他用来识别问题的图式要求回忆集中在事件的分类和频率上，相同类型的高频率问题触发回忆，不同类型的偶尔出现的问题不会触发回忆。事件被归类为同一类型的部分依据是它们是否有可能是潜在原因的结果。在这种情况下，如上所述，Gioia 没有得到任何信息表明，火灾可能是由一个共同的原因引起的（例如，油箱的位置靠近后车轴），并且从后方撞击引起的火灾的次数也相对较少。

Gioia 还建议，他用来识别应引发召回的问题的图式，应该集中在可能导致事故和伤害的机械故障（例如轴裂）上。但是平托车的油箱起火并不是由机械故障造成的，而是由一些事故造成的（例如，司机没有在自己和前方车辆之间留出足够的距离）。最后，Gioia 指出，他识别可能引发召回的问题时，脑海中的图式会阻碍情绪反应或使情绪反应更迟钝。在执行任务的过程中，他学会了不去理会事故报告中有时令人毛骨悚然的内容，以便能够客观地进行报告。因此，他自动剔除了早期平托车油箱起火报告的恐怖内容（尽管后来该报告的可怕在认定福特公司的不道德行为中起到重要作用）。

因此，Gioia 并没有因为经过深思熟虑的理性的成本-收益分析和规范性评估而低估早期报告中追尾导致平托车油箱起火的重要性；相反，他对这些报告不以为然。鉴于他的行政职位，以及这些报告不符合应该引发召回的情形，他并不建议召回平托车，他认为让平托车继续使用的决定在当时看来是完全合乎道德的。然而，多年以后，当他发现平托车的油箱存在缺陷，并考虑到他过去在日常工作中所使用的图式时，才意识到让这款车继续使用是不道德的（Gioia, 1992）。

五、结构性过剩

我已经讨论了一些可以促进组织不端行为的结构性元素：规则、标准作业程序、劳动分工、职业和专业角色、沟通渠道、组织技术，以及图式和脚本。虽然我已经分别考虑了每个结构性元素，但重要的是要认识到几个结构性元素可以结合起来促进相同的不端行为。例如，我曾指出，作为沟通渠道的保诚贝奇证券公司的营销宣传册，促使经纪人向寻求安全可靠投资的退休的固定收益客户推荐高风险有时甚至是欺诈性质的股票和债券。但我也指出，一个计算机程序，一种组织技术，也可以助长不端行为。此外，保诚贝奇证券公司管理体系的其他因素也可能导致这种不端行为。重要的是，保诚贝奇证券公司的劳动分工降低了对有限合伙企业的诚信持怀疑态度的经纪人对其提出质疑的可能性。当提到保诚贝奇证券公司的一个经纪人对营销宣传册中的信息毫无质疑时，Eichenwald 注意到，该经纪人之所以没有怀疑，部分原因在于，"这不是他的工作"（Eichenwald, 1996：5）。

六、对管理体系解释的评价

管理体系对组织不端行为的解释与组织不端行为的其他几种解释在几个

方面有所不同。第一，它允许组织中的许多行为是无意识的。最明显的是，组织参与者经常自动地遵循规则和标准作业程序，而不考虑这些规则和标准作业程序所编码的行为过程的真正意图及价值。第二，管理体系解释允许许多有意识的组织行为是有限理性的。劳动分工限制了组织参与者能接触到的信息，而图式和脚本导致组织参与者以受限的方式处理可用信息。第三，管理体系解释考虑了即时的社会情境。第四，管理体系解释指出，当组织参与者以一种无意识的方式对组织结构做出反应时，他们不会形成积极的倾向去参与组织结构规定的行为。另外，当组织结构引发无意识的行为时，人们就形成了一种自动模式，而没有形成行动的倾向，至少没有形成意图性倾向。

然而，管理体系解释也保持了一些与分析组织不端行为的主导性方法相关的假设：

首先，管理体系解释没有考虑社会互动是如何塑造组织参与者的行为的。在大多数情况下，组织参与者被看作是对组织结构的响应。诚然，这些结构中有些是由其他人明确设计的，但结构追随者和结构设计者之间的相互作用最多是间接的（通过结构进行中介）。组织结构解释确实纳入了专业和职业规范的影响，但是一旦组织参与者经过社会塑造进入其职业或职业相关的角色和规范中，这些结构性元素就会成为内在化的约束。组织参与者环境中的其他成员只有在提醒个人符合预期的角色和规范时才是重要的。

其次，管理体系解释隐含地假设人们做出离散的决策来实施不端行为，因此没有考虑不端行为是如何随着时间的推移而发展的。组织参与者被描述为，通过参考组织指导方针或利用组织安排所形成的信息来应对与工作相关的突发事件，然后着手采取与这些指导方针和所形成的信息相一致的行动。他们的反应没有被赋予时间维度。

最后，管理体系解释隐含地假设，当人们基于在结构上有条件的信息谨慎地做出决策时，他们会有积极的倾向去实施相关的行为。

七、总　结

管理体系对组织不端行为的解释，就像伦理决策解释的最新强化版本一样，允许人们有时在无意识或有限理性的情况下实施不端行为。因此，就像那一版的伦理决策解释一样，它也允许人们有时在没有形成实施不端行为的积极倾向的情况下实施不端行为。但是，通过明确地考虑人们所处的即时情境，管理体系解释超越了伦理决策解释的最新强化版本。它将人们视为组织的参与者，而不是独立的决策者。尽管如此，管理体系解释还是坚持了一些与分析组织不端行为的主导性方法相关的假设。在下一章中，我们将探讨与主导性方法进一步背离的对不端行为的另一种解释。

Chapter 8
第八章

情境化的社会影响

一、引 言

关于组织不端行为的情境化的社会影响解释植根于理论的角度,它视组织为本地化的社会互动系统,并认为组织参与者留意其周围环境中人们的态度和行为是天生的且必然的。组织由那些通过社会关系相联系的人所构成,这种社会关系建立在其相近的地理位置和社会分工上。人们评价不同的(可替代的)思考和行动,以确定它们是否符合与其互动的人的期望。

重点在于,情境化的社会影响观点的支持者们认为人们关注的焦点是与其相近的人的期望。因为他们发现自己经常处于模糊不清的情境中,所以他们难以进行完整的成本-收益分析或者规范性评估。更进一步地,支持者们认为一些塑造行为的情境化的社会影响过程基本上是无意识的。为了说明这种现象,Cialdini(2001)用一个术语"咔嗒-呼呼"(click-whir)来描述这些过程。"咔嗒"指的是一个刺激的出现,"呼呼"指的是由刺激引发运作的机制。因此,情境化的社会影响的观点隐含地假定组织的参与者最多是有限理性的深思熟虑者,并且在很多情况下都是无意识的参与者。

早期的管理理论家们认为情境化的社会影响对组织不利,其使得员工偏离了指定正当行为的管理体系。但后来理论家们开始认为情境化的社会影响对组织有利,其给员工提供了正式架构难以提供的指导,甚至激励员工更加努力工作并完成好被分配的任务(Perrow,1972)。社会心理学家已经证明了对情境化的社会影响的理解可以如何策略性地运用于塑造他人的行为(Cialdini,2001)。我采用了早期管理理论家们的观点并借鉴近期社会心理学家们的见解来解释各种情境化的社会影响的形式是如何促进组织不端行为的。

我从三种形式的情境化的社会影响开始,这几种情境化的社会影响建立在前几章提出的思想之上:社会信息处理、群体思维和对情境的定义。然后我转向其他形式的情境化的影响,最后对失败行为的承诺(社会影响的一种形式,我的案例研究阅读材料建议进一步关注它)进行了讨论。情境化的社会影响可能导致组织参与者非故意地陷入不端行为之中。它也有可能被理性的行为不端者用来故意拉拢其他的组织参与者加入其计划或者正在实施的不端行为中。下面我将对非故意的和故意的情境化的社会影响产生的效果进行阐述,为简洁起见,我没有对每一种情境化的社会影响产生的两种效果类型都进行阐述。[①] 最后,我以对情境化的社会影响解释做出总体评价作为结论。

二、社会信息处理

员工动机的期望理论与第四章中阐述的组织不端行为的理性选择解释相关联,假设人们会衡量在社会真空中可选择的行为过程所带来的潜在收益和成本。Salancik 和 Pfeffer(1978)运用情境化的社会影响拓展了期望理论,这对理解组织激励有着深远的启示。社会信息处理过程激励理论认为,一个人对奖惩的评估与行为过程有关,他对努力-绩效和绩效-结果的期望与同环境中其他员工明示或暗示的看法所影响的行为过程有关,这可以通过他们的

[①] 我在之前的章节中对考虑到的每个管理体系非故意和故意的情境化的社会影响的潜在影响都进行了阐述。我认为做出与情境化的社会影响相关联的类似的细致阐述是没有必要的。

行为反映出来。一个员工对特别奖励的渴望和对特别惩罚的厌恶通常会与同一社会环境中的其他人一致。同样，一个员工对与行为过程相关联的努力-绩效期望和绩效-结果期望的评估通常也与环境中的其他人相一致。

社会信息处理过程激励理论认为，一个人所在的环境中，其他人对该个体参与任务的动机有着深远的影响。其他人不仅可以影响到这个人完成任务的能力和完成任务得到的奖励（或者防止惩罚），还可以影响到这个人如何看待奖励和避免惩罚，并影响他对于完成任务的可能性和完成任务得到奖励或者受到惩罚的评估。社会信息处理对组织有益。它会导致员工对奖励和惩罚的评估以及对努力和绩效、绩效和结果之间关系的期望趋于一致，并且当员工对工作环境的看法一致时，有利于组织开发标准化的激励方案（设计和执行起来比为不同看法定制多重方案花费更少）。但是社会信息处理也会导致不端行为。

James Stewart 的《贼巢》（Den of Thieves）（1991）中提到的 20 世纪 80 年代的内幕交易丑闻提供了大量的证据，证明社会信息处理可以影响行为不端者对与不端行为相关联的奖励和惩罚的感知，也会影响与该行为相关的期望。我已经讨论了 20 世纪 80 年代最大的内幕交易方案组织者 David Levine 及其下属 Robert Wilkis 之间的关系。在第六章中，我认为 Wilkis 第一次了解到 Levine 的机密活动时就经历了认知冲突，并在成为其中一员后利用中和技术来减轻罪恶感。在第四章中，我认为 Wilkis 参与这个方案获得了兴奋感，并且该奖励很可能激发了他继续做下去的动力。但是，Wilkis 之所以决定参与 Levine 的秘密计划运用社会信息处理过程激励理论阐述是最为贴切的。

20 世纪 80 年代早期，当 Wilkis 和 Levine 分别是拉扎德公司的投资银行家和美邦公司的投资银行家时，他们就开始交换内幕消息。Levine 要求 Wilkis 向他提供拉扎德未决定的并购信息，这样他就可以以此为基础进行交易，并且他保证会向 Wilkis 提供他从美邦那里收集到的信息，这样 Wilkis 就可以转而进行交易。可以确定的是，并购的目标往往会随着收购者出标的过程逐渐升值。事先知道消息的交易员可以在中标结果公布之前购买目标企业的股票，然后在中标结果公布之后以可观的利润卖出。在思考了一天后，Wilkis 同意了 Levine 的计划，于是他们二人开始了持续很久的内幕交易关系。

Wilkis 开始参与内幕交易计划看起来是因为他认为通过该计划得到的奖励超过了风险。但根据 Stewart 的观点，是因为 Wilkis 并没有从他工作得到的奖励中获得满足。Wilkis 秉持自由主义政治信仰并期待一份与价值观相一致的工作。他为了在布莱斯（Blyth Eastman Dillon）的职位而离开了花旗银行（他的第一份工作），因为布莱斯开始了一项将会资助第三世界发展计划的国际商业银行业务。当那些计划无法实现时，他离开了布莱斯而转向拉扎德的国际部。但拉扎德的职位也没有为他提供施展抱负的机会。Levine 向 Wilkis 推销方案时注意到了他的不满足，于是把"这份事业"描述为可以让他放手去做他一直希望做的善事。Levine 说："你可以变得富有，离开华尔街。你可以去尼泊尔，变成一个佛教徒，那不是你一直都想要的吗？"久而久之，Wilkis 逐渐接受了这个想法。正如 Stewart（1991：66）所说："这个想法的由来已经深深植根于 Wilkis 的脑海中。他在拉扎德的工作并不比他之前在布莱斯或者花旗银行的更好。也许正如他朋友所说的，他可以变得富有，然后为了做善事而离开华尔街。"

而且，Wilkis 参与到内幕交易计划中的动机看上去部分源于他的努力-绩效期望。Levine 教会了 Wilkis 如何进行非法交易。他解释了如何建立一个离岸的开曼银行账户，并通过该账户进行交易和存储他非法取得的盈利。Levine 教导 Wilkis 进行多笔小额交易，这样他的交易就不会被证券交易委员会的调查员察觉。但更恰当地说，除了向 Wilkis 提供这种技术信息和培训，Levine 一再做出自己的判断，称他设计的交易系统不会受到攻击。除此之外，他还到处炫耀内幕交易的成功，这似乎证实了他的判断。

最终，证据表明，Wilkis 参与该计划与公司的绩效-结果期望成正比。Wilkis 的热情随着每一笔交易的完成而增加，但随着调查、解雇、对他自己或者其他公司内幕交易员的起诉而减少。更为重要的是，Levine 没有因为意识到事情的走向而离开 Wilkis；相反，他反复地做出他设计的交易系统不可能经不住检测的判断。此外，他还散发出一种极度的自信，这似乎证实了他的判断。

三、群体思维

之前在第六章中讨论到的伦理决策理论假设人们无法成功地越过被认为构成了伦理决策过程的四个阶段时，就会实施不端行为。之前在第六章中讨论过的更多近期的伦理决策理论探索了有限理性是如何导致人们无法越过伦理决策过程的四个阶段的。但我迄今为止所讨论过的所有决策理论和研究都集中于个人决策，而事实上很多决策都是由群体做出的。Trevino、Weaver 和 Reynolds（2006）注意到伦理决策的研究大部分忽略了群体是如何做出伦理决策的。但存在一个更普遍的讨论群体决策的理论，它对群体中的伦理决策有着显著的影响，这个理论就是"群体思维"。

Irving Janis 认为，当群体的凝聚力强时，群体成员就有审查他们自己和其他群体成员对于群体决策所做贡献的倾向，并认为这是对于组织忠诚的行为（为了维护组织的团结），尤其是当这个组织面临压力时（Janis，1971，1972）。审查自己和其他群体成员对群体决策贡献的压力有时会抑制对不太可能提高群体决策质量的观点的重新论证，从而有助于提高组织效益。但在极端条件下，这些压力可能会导致组织在一个首选的决策上集中得太快。特别是它们可能导致组织避开对首选决策和其他替代性决策细致与现实的审查。此外，它们还可能会导致群体关注那些能够证实其最初偏好的信息，而放弃寻找那些可能会与之相悖的信息。Janis 断言，群体思维不仅会导致实践上还会导致"道德判断"上的决策错误。他坚持认为在压力之下，有凝聚力的组织通常会夸大成员在道德和智力上的优越感，并倾向于瞧不起和刻薄地对待群体外部的人。

Janis 指出，当群体受到群体思维影响时会表现出一系列症状，其中包括相信组织的无坚不摧和道德优越感、对外部人的刻板印象和异常高的一致性。他对几个著名的失败的群体决策，包括肯尼迪总统任期内的猪猡湾事件和约翰逊总统任期内对越南战争的推行进行了详细的研究，揭示了群体思维的潜在机制及症状。

两位管理学学者已经使用了群体思维的理论来分析组织的不端行为。Sims（1992）对三个著名的组织不端行为的案例进行了群体思维的分析：Beech-Nut 的假冒浓缩苹果汁策略、E. F. Hutton 的空头支票欺诈，以及所罗门兄弟公司的国债拍卖诈骗。Scharff（2005）对世通公司的假账进行了群体思维的分析。虽然 Sims 和 Scharff 的分析很有说服力，但是他们主要关注群体思维症状的存在，而非群体思维的机制。这是可以理解的，因为触发群体思维的机制总是被掩盖起来。但这也是个问题，因为大多数群体思维的症状也可能是其他组织弊端的症状。

道康宁（Dow Corning）公司的隆胸手术争议说明了理论上产生群体思维的社会心理机制是如何导致不端行为的。道康宁生产乳房植入物，很多人相信这些植入物会导致被植入的女性患上许多严重的使人衰弱的自身免疫系统相关疾病。结果，该公司变成了大量负面媒体报道、民事诉讼和司法部刑事调查的攻击目标。批评家们起诉道康宁没有确保其生产的乳房植入物达到高质量的标准，忽略了对乳房植入物性能和安全性的详细检查，即使知道乳房植入物可能的缺陷和危害也没有把这一信息分享给潜在的乳房植入者和监管机构——同一时间它积极地把产品推向了市场。最终，当司法部因为缺乏证据而放弃了对道康宁的刑事诉讼时，该公司被食品和药物管理局要求从市场上撤下乳房植入物，并被要求向乳房植入者赔偿数十亿美元，最终公司破产。

John Byrne 曾经详细地说明了道康宁的隆胸手术悲剧。他的书《知情同意》（*Informed Consent*）（1997）的独特之处在于它引入了大量由 John Swanson 提供的信息。John Swanson 是该公司商业行为委员会的一名职员。这个委员会的任务是监督该公司的道德规范并最终在公司对乳房植入物业务的诉讼抗辩中起到关键作用。Swanson 是关于该危机的关键信息源，不仅因为他在关于道氏化学公司（道康宁的母公司之一）的道德规范和处理乳房植入物争议上处于无比有利的位置，还因为他的妻子 Colleen 也植入了道康宁的乳房植入物，她后来患上了严重的自身免疫系统相关疾病，以至于他们二人都认为其是由乳房植入物造成的。因此，他可以洞察到道康宁的决策过程以及对道康宁的管理持有异议的成员是如何表现和被对待的。

Byrne 提供证据表明道康宁存在 Janis 主张的来自群体思维的那种决策缺陷。道氏化学公司的高管不容置疑地坚持硅酮具有抗菌性这一最初的信念，尽管越来越多的证据表明，手术植入乳房假体与随后出现自身免疫系统相关疾病之间有关。另外，公司的高管从未动摇过其最初的战略，即反驳关键证据、在民事诉讼中打官司或和解并继续销售设备，即使达成该战略的成本高昂。实际上，道康宁的高管们对硅酮的信心是如此之强，他们对自己的战略是如此自信，以至于 Byrne 报告说，当陪审团和法官做出有利于原告的裁决时，他们感到十分震惊。最终，在这场危机中，令 John Swanson 感到沮丧的是，道康宁的高管对那些明显患上与乳房植入物有关的自身免疫系统相关疾病的女性并没有表现出丝毫的同情心，其中一些女性的身体受到了极大的损害以至于她们都难以参与法律诉讼程序。

重要的是，Byrne 和 Swanson 都不认为道康宁的高管泯灭人性。而且，在这场乳房植入物危机中，道康宁的高管相信他们都占据着道德的制高点。随着诉讼费用和法院裁决以及负面报道的增加，公司短暂地考虑停止乳房植入业务以减少损失。但是公司认为其有道德义务继续该业务，因为有一大批女性依赖于其提供的有价值的产品。道康宁的高管甚至认为那些攻击公司的人——收取胜诉费的律师和调查记者——是自私和不道德的。

Byrne 还提供证据表明道康宁的决策受到那些导致群体思维的社会机制的阻碍。道康宁的高管们都是相似的，在社会上是孤立的人。他们几乎都是白人，出生并成长于中西部，且被训练成工程师。此外，因为道康宁是两大上市公司（道氏化学和康宁玻璃）的子公司，所以高管们不受股东的影响，且该公司总部位于密歇根州米德兰的一个偏远小镇，高管们没有受到太多的群众监督。这种社会相似性和孤立促进了群体凝聚力的提高。也许是出于上述原因，在道康宁的高管之间明显的冲突甚至公开的争论都是罕见的。

道康宁高管之间表面上的和谐可能部分源于他们个人观点的一致性。当 Colleen Swanson 开始出现严重的自身免疫系统相关疾病症状（比如疼痛和胸前皮疹）时，她和丈夫 John Swanson 都没有考虑过将其归咎于乳房植入物的可能性，尽管 John 对公众的关注和逐渐增加的与乳房植入物相关的法律诉讼非常清楚。此外，当 Colleen 向 John 透露她十分确信是乳房植入物导致了她的健康问题时，John 惊呆了。显然，Colleen 和 John 都太浸淫于道康宁的文化以至于他们很长时间才理解其中的关联。

但 Colleen 和 John 的其他经历表明，Janis 认为的引起群体思维的那种自我审查也起了作用。也许是出于害怕被审查的考虑，对于 Colleen 健康问题的信息，Colleen 和 John 都选择了保密。John 甚至没有把 Colleen 的病情告诉他最好的朋友 Dan Hayes——乳房植入物生产部门的首席运营官。除此之外，Colleen 在征得 John 的同意后决定取出乳房植入物，他们寻求了米德兰以外的医疗救助。Colleen 和 John 都害怕关于 Colleen 的疾病、评估和计划的行动的消息会反馈给道康宁的高管以及泄露给其亲近的群体，使得他们无法继续维持与公司和群体中其他人的关系。这种恐惧是有根据的。在 John 最终告诉 Dan Hayes 关于 Colleen 的健康问题和可疑的原因后，Hayes 逐渐与他疏远了。

此外，在一个明确的自我审查的行动中，John Swanson 没有选择成为道康宁乳房植入政策的批评者；相反，他要求回避对乳房植入物危机管理过程的参与，即使 Colleen 的健康问题已经恶化到濒临死亡的地步。最终，Colleen 移除了乳房植入物，身体状况得到了一些改善。John 拿到退休的全部福利后立即离开了道康宁。他最后的任务是审查公司的道德计划。他的报告的确鉴定出该计划的一些缺陷，但当他在退休前夕把这份报告提交给高管时，他没有明确提到道德计划的缺陷与公司乳房植入物危机（该危机在那时几乎毁灭了整个公司）之间明显的关联。令人惊讶的是，Swanson 解释说他没有在对公司道德计划的批评中提到乳房植入物危机的原因是，他害怕这样做会引起管理者之间的一个关键反应，担心该反应会使得管理者们分散对报告的注意力。

在远离事件本身审视人性悲剧时（正如我现在所做的），很容易冷静地仔细分析人类的行为、推导其中的原因，并在审视过程中不经意地低估参与者的人性。我希望在这里我没有这样做，我认为 Colleen 和 John Swanson 对其个人悲剧的应对从某些方面而言是可敬的、勇敢的。但我也认为有理由相信这反映了凝聚力强的群体所带来的社会压力会在决策上产生约束性的影响。如果这些影响表现在道康宁的其他高管身上，那么他们有可能已经产生了群体思维，这种思维可能促成了道康宁对危机决定性的处理。有意思的是，John Byrne 将 John Swanson 在位于明尼苏达州明尼阿波利斯市的圣托马斯大学向 MBA 学员陈述案例的经历作为自己对有关道康宁乳房植入物争议一书的结尾。一些学员想知道为什么 Swanson 要花那么长的时间才采取行动离开公司。Byrne 回答了这个问题，他解释说，"John Swanson 是我所认识的最忠诚的人之一，他为公司做出的贡献是毋庸置疑的"（Byrne，1997：245）。

四、情境的定义

在前面的章节中，我们讨论了构成组织管理体系一部分的职业、行业的角色和规范。我坚持认为遵守规范基本上是无意识的和自动的。在人类遵守规范前，即使他们的遵守是无意识的，他们也必须意识到他们在认识自我的情况下被要求扮演的角色，回忆起或者迅速学习与那些角色有关的规范。人们有两种方法辨别与他们相关的角色和规范：他们观察环境中的线索，这个环境表明了情境中所需的角色和规范，他们仔细审查环境中的其他人，这些人表达了对他们所应扮演的角色和展现的规范的期望。另一些人则通过对个体的态度和行为以及微小的奖惩来表达他们的期望。他们也通过展现合适的态度和行为来表达期望。结合这些线索、微小的奖惩、表现出的态度和行为来"定义情境"。因此，如果一个职员进入一个房间，发现一个坐在主座上穿着西装、打着领带的高管模样的人以及围着他坐了一圈的人，每个人都举止得体，并安静地阅读摆在他们面前的文件，这个职员可能会合理地得出这次聚会是一个正式商务会议的结论。而且，如果这个职员用一句"嗨！"向上级问好，那么这个问候可能会遭受上级和同事反对的目光。

管理者可以以提高组织利益的方式来定义情境。例如，假定上文描述的高管认为用非正式的方式（比如邀请底层员工参与）来开展业务团队会更具执行力，那么他可能会脱下西装外套，松开领带，靠在椅子上，然后向某个下属提出一个和工作无关的问题来打破沉默。Joan Emerson（1970）对妇科医生、护士甚至患者是如何将妇科检查定义为"医疗情境"而不是"一个聚会、一次性侵犯、一个心理实验或者其他情境"进行了深入的分析。这确保了可能会使患者和医学专业人士产生破坏性焦虑的检查有效地继续进行。但人们也可能用某种方式错误地定义情境，从而导致他人加入其想要实施的不端行为中。

20世纪50年代对电视智力竞赛节目的操控阐明了上述管理者如何定义一种情境，使其他人加入其不端行为中（Stone and Yohn，1992）。当Twenty-One电视台的制片人Daniel Enright找到有望参赛的Herbert Stempel，让Stempel有机会参加收视率最高的智力竞赛节目时，他把这种情况定义为一场戏剧表演，而不是一次竞赛。而且，他表现出自己对竞赛的操控仿佛是这类竞赛中十分正常的一个部分。首先，他含糊地询问Stempel是否愿意作弊。而在Stemple给出明确的答案之前，他就认定Stempel已经接受了提议并接着概述接下来节目的人员分配和剧本。用Stone和Yohn（1992：29）的话来说，Enright表明Stempel"将在第二天晚上成为Twenty-One节目的参赛者"；他会在第一轮游戏中要求回答一个9分的问题，第二轮再要求回答一个9分的问题，然后将会获胜。接着，还没有等到Stempel表示愿意加入这个计划，他就要求看看Stempel的衣柜。在看到一件破旧的、亮闪闪的蓝色双排扣西装后，他说："你就穿这件吧。"然后，他又挑选了一件领口磨损的蓝白相间的条纹衬衫,说:"这是蓝色的,这就是你要在电视上穿的。"Stempel 给调查这一骗局的纽约州高级检察官的证词表明,他当时"不知所措",并"理所当然地认为被提问、排练问题和答案以及被告知穿什么是智力竞赛节目的标准流程"(1992:29)。

五、互惠的规范

在前面的章节中我讨论了组织中约束行为的职业、专业的角色以及规范,而且在上文中我描述了人们是如何开始了解专业的角色和规范的,但组织中有更加普及的角色和规范来约束个体行为。组织参与者可以扮演的最基本的角色是同事,与该角色相关的最基本的规范是互惠。互惠的规范是有义务对他人之前提供的支持提供几乎等价的回报,即使他人之前的帮助是自发的甚至不受欢迎的。两个人越亲密,"大致等价"的约束被执行得就越宽松。实际上,即使在密友之间,对"大致等价"约束的宽松执行也可能被认为是违反规范的。例如,如果一个人对密友所展现的慷慨精确地等价于其密友过去对他所展现的那样,就会被认为是一种算计——违反了友谊的规范。广义的互惠规范及其在友谊上特定扩展的必然结果是使人感到有义务补偿对他人,特别是朋友所造成的伤害。

互惠的规范在人类精神中是根深蒂固的,要么出生时就有,要么在早期生活中习得。当人类被赋予恩惠时则会更自然地遵守这一规范。例如,Cialdini(2001)发现,如果人们先被募捐者献花,他们就更可能给募捐者捐款,即使其中很多收到花后捐款的人在收到之后几乎马上就把花丢掉了。这意味着并不是鲜花的诱惑而是对互惠规范的调用激发了捐赠行为。互惠的规范可能是社会的基石(Becker, 1956; Gouldner, 1960; Baker and Levine, 2010)。他人提供帮助,无论是为了回报之前的帮助,还是为将来的帮助打基础,都可能是组织中有效的社会互动最重要的基础之一(Hargadon and Sutton, 1997)。然而,互惠的规范也会促进组织不端行为。

上文中我描述了 David Levine 是如何使 Robert Wilkis 加入他的内幕交易计划的，很明显，他运用了社会信息处理中的激励理论来招揽其共犯。Levine 也招揽了其他的一些共犯来加入该计划。在一些情况下，他采用互惠手段来欺骗他的共犯。这在他招揽 Watchtell 律师事务所的一名专门从事公司并购和收购业务的律师 Ilan Reich 时表现得很明显。1980 年 3 月，仅仅在他们第二次进行面对面会议时，Levine 就提出让 Reich 加入这场阴谋。Reich 回答说他需要想想之后再给出答案。两个月后，Reich 自愿向 Levine 提供了 Watchtell 律师事务所知道的关于仍处于保密状态的阿奎坦公司收购科美基公司的信息。不久，Reich 成了 Levine 获取内幕消息最好的来源之一。

Reich 开始参与这一内幕交易计划可能在一定程度上是因为他估计与该计划有关的回报会高于风险。与 Robert Wilkis 一样，Reich 加入这场阴谋是在他对工作现状不满的时候（当他清楚地知道自己会成为律师事务所合伙人后退出了这一阴谋，这次晋升会带来他所看重的工作保障、额外的金钱奖励和来自同事的认可），但这可能并不是他加入 Levine 的阴谋的唯一原因。当 Levine 向 Reich 描述该计划时，Levine 提出，为 Reich 建立一个供他利用从 Levine 那里获得的内幕消息进行交易的银行账户。Reich 可能视这一提议为一份他有义务提供内幕消息来作为回报的礼物。

即使 Reich 向 Levine 提供了消息，他也拒绝用 Levine 给他开立的账户进行交易。所以 Levine 开始为了 Reich 而在那个账户进行交易（基于 Reich 和其他人提供给他的消息），并定期向 Reich 汇报自己为 Reich 增加收入的消息。Reich 可能认为 Levine 为了他进行交易是一份额外的礼物，于是觉得自己有义务提供更多的内幕消息，即使他从未从这个账户中支取一分钱。如上所述，广义的互惠规范以及它在友谊上特定扩展的必然结果是感受到有义务弥补对他人造成的伤害。Reich 向 Levine 泄露的第一个消息，是上述提到的对阿奎坦公司收购科美基公司的预测，但该预测后来被证明是错误的，Levine 的交易因此遭受了损失。James Stewart 和 Reich 谈到了阿奎坦公司的事。用 Stewart 的话来说，Reich "认为自己不得不补偿 Levine"。他对"自己和

Levine 恢复名誉"的渴望使得他提供了后来成功了的第二个建议（Stewart，1991：72-73）。"不得不"一词暗示着与规范有关的使命感。"恢复名誉"一词暗示着与互惠规范有关的平衡的恢复。

区分互惠的规范和一报还一报是很重要的，后者含有谨慎理性的成本-收益特征（Axelrod，1984）。互惠的规范使人们有义务用他人曾经对待自己的方式对待他人，不管其是否期望在未来因此而获得良好的待遇。一报还一报的维持是由于人们希望在未来获得良好的待遇作为回报。事实上，很难在互惠的规范展现出的帮助他人和作为一报还一报的一部分交换中做出区分。那些与 Reich 遵从 Levine 对内幕消息的要求有关的证据相比于一报还一报，似乎更符合对互惠规范的解读。

第一，Reich 从没有从他对该计划的参与中获得任何利益，正如他从未在 Levine 代表他进行的交易中支取任何现金一样。第二，他在成为律师事务所合伙人后就脱离了该计划，在某种程度上意味着他参与该计划至少部分是因为一种履行义务的责任感。Reich 没有直接告知 Levine 他想要停止提供内幕消息，如果是一报还一报的话，他可能还会继续这样做。最初，他不再给 Levine 打电话。后来，当 Levine 打电话给他时，他假装自己不在办公室，也不给 Levine 回电话。后来，他不断表露出他没有任何有价值的消息可以提供给 Levine 的迹象。然后，他开始有意识地给 Levine 提供错误的或误导性的消息。最后，在电话交谈中，他开始向 Levine 暗示他想要"出局"。当 Levine 尝试通过强调该计划的无风险性来说服他继续该计划时，他通过回复"是的，最近一直也没有回报"来使 Levine 注意到自己最近所提供消息的无用性。在事后解释自己的行为时，Reich 向 Stewart 坦言，他不敢直接告诉 Levine 他想停止提供消息，因为他不想面对 Levine 的"情感勒索"。

六、群体动力

在前面的章节中，我讨论了专业的角色和规范，这些角色和规范规定了特定职业及行业的人应该如何思考与行动。在这一章的前一节中，我们讨论了人类应该如何对待彼此的普遍的互惠规范。管理学理论的第一次重大革命源于指导组织中行为的角色和规范另一层次的发现，这一层次位于上述提到的专业的和广泛的这两个极端水平之间。这种被称为群体动力的新理论认为，员工们在非正式组织中保持成员资格，这些非正式组织的角色和规范塑造了员工行为（Barnard，1938；Roethlisberger and Dickson，1947）。

群体动力理论的支持者们把非正式组织定义为"层展现象"，这里有两个含义：

第一个含义是，在没有管理型指令的情况下，非正式组织形成并逐步形成它们自己的基本结构。组织的参与者构建组织来满足人类基本的归属感需求，以获得组织无法提供的奖励（例如人类通过联系他们觉得有吸引力或有相似目标和观点的人来获得满足感），并学习和完成正式组织所无法完成的任务。而且，组织成员有时会将他们自己区分为领导者和追随者。

第二个含义是，非正式组织往往制定成员应该如何思考与行动的规范。所有的组织成员示范和遵守这些规范。但当领导者们出现时，他们极有可能示范和遵守这些规范。对符合群体规范最主要的奖励是认可，最主要的惩罚是排外。最早关于群体动力的研究关注了制定员工该多快多好地完成工作的群体规范（Roethlisberger and Dickson，1947）。它也关注群体成员是通过什么方式提升工作满足感的（Roy，1959）。因此，关于非正式组织最早的理论认为，小型组织中的成员身份为组织参与者提供了如何做好工作的指导和努力做好工作的动力，但是加入小型组织也会促进不端行为。

1919年世界职业棒球大赛的阴谋阐述了群体动力是如何促进组织不端行为的。芝加哥白袜棒球队的八名球员被指控共谋故意输掉系列锦标赛中的几场比赛，尽管可获得的证据表明八名球员中只有七名实际参与到该计划中。运动员们共谋输掉比赛，以换取两个独立的赌徒团体提供的回报，这些赌徒计划利用他们提前知道的比赛结果对白袜队的对手Cincinnati Reds（今天被称为黑袜队）下可靠的赌注，虽然这八名球员没有在法庭上被判共谋罪，但他们被职业棒球大联盟执行长 Judge Kenesaw Landis 判为终身禁赛。

　　白袜队看上去包含了两个非正式组织：第一个是球员，他们将自己与管理层和教练区分开来；第二个是由七名球员组成的小团体，他们将自己与球队中的其他人区分开来。七名球员的小团体似乎有两个领导人：Arnold "Chic" Gandil 和 Charles "Swede" Risberg。这一系列的阴谋都是由小团体中的七名球员实施的，这场阴谋由小团体领导者 Gandil 和 Risberg 通过意想不到的小插曲发起并引导。

　　两个非正式组织的标准似乎都对推动这场阴谋起到了重要作用。首先，最明显的是遵循领导者倡议的小团体规范和小团体成员对阴谋的日益参与。有一些证据显示，害怕反对意见和排外有可能使一些小团体成员继续参与这场阴谋，即使他们曾试图从中解脱出来。白袜队左场手"赤脚"Joe Jackson 对加入七名球员的小团体中感到不安，因为他相较于同辈来说未受过太多教育（他既不能读也不会写）。尽管 Jackson 表面上是自愿加入阴谋中的，但在第一场锦标赛前不久他就改变主意了。然而他并没有直接向队友们表达出想要退出这场阴谋的意愿，如果他最初的决定是基于一个简单的成本-收益分析或规范性评估，他可能已经这样做了。其他队员为比赛热身时，Jackson 反而退回到队伍场边的休息区，告知教练他身体不适，并说："我不想比赛了。"当惊讶的教练进一步询问时，Jackson 说，"我说了我不想比赛了，你也可以告诉老板"（Asinof, 1987: 59）。"赤脚"Joe Jackson 似乎不愿意直接告诉队友们他决定退出该计划，因为他害怕遭到他们的排挤。所以他选择了更间接的方式——装病（一个最终失败的策略）——来退出这场阴谋。

　　几乎没有关于白袜队小团体成员参与阴谋的确凿证据。① 但体育团队对兴奋剂的接受及兴奋剂对推动运动员实施不端行为所起的作用在 Paul Krimmage 和 Frankie Andreu 对职业自行车赛中禁止使用兴奋剂的描述中都非常明

---

① John Sayles 导演的电影 *Eight Men Out* 和 Asinof 的书的标题相同，包括的几处场景都描绘了对参与到阴谋中的关键队员，包括"赤脚"Joe Jackson 的招募。Sayles 认为，对电影（Sayles and Smith, 1998）非常关键的这些情境提供了充足的机会来说明对被认可的渴望在使派系成员加入阴谋中起着非常大的作用，我没有在这里讨论它们是因为我还无法证明其真实性。

显。Paul Krimmage 说他想要成为"男孩们中的一员"的愿望促使他决定在环法自行车赛之后的法国经典环形公路赛中使用安非他命。当 Lance Armstrong 作为美国邮政队的队长时，Frankie Andreu 也说了类似的话，"为了被录取，你必须使用兴奋剂，成为酷小孩有非常大的压力"（Macur，2006）。

在促进白袜队的阴谋中起到重要作用的第二个规范是支持队友的运动员准则。不足为奇的是，在阴谋中发挥了积极作用的七名白袜队队员并没有与同伙"翻脸"。即使第八名被错误指控的队员——三垒手 George "Buck" Weaver——也拒绝指控他的队友。正要在大陪审团调查这场阴谋之前作证时，他被一个记者问及是否会提供可能指控队友的特定证据。他回答："我离成为告密者还差得远呢。"当他恳求法官 Judge Landis 让他们八名被禁赛的队员复出时，他说，他曾被邀请加入 Chic Gandil 的阴谋中，但他拒绝了。Landis 无动于衷，声称如果 Weaver 知道了这场阴谋，他本该做些什么来阻止它。但 Weaver 说他不可能告发同谋者们，因为他们是他的朋友。他补充道，他或许会重新考虑他早些时候的爆料，但除此之外，他从来不知道他们是否真的那样做了（Asinof，1987：279-280）。实际上，即使其他白袜队队员想要得到世界大赛冠军的希望被阴谋者们的计划破坏了，他们也拒绝告发，而是选择保持沉默——至少对媒体、法庭和棒球大联盟执行长而言是这样。队伍的教练 William "Kid" Gleason 和接球手 Raymond William "Cracker" Schalk 都与参与到阴谋中的成员们发生了肢体冲突，Gleason 对团队的经理 Charles Comiskey 也产生了怀疑，这一切都是因为他们希望可以破坏这次阴谋。但在阴谋被发现的前后，Gleason 和 Schalk 都没有公开谴责阴谋实施者们。

七、社会性比较和基于喜爱的顺从

我们已经讨论过塑造组织中态度与行为的三种类型的角色和规范，特定层次的角色和规范描述了从事特殊职业和行业的人是如何思考与行动的，广义层次的角色和规范规定了所有人应该如何对待彼此，中间层次的角色和规范规定了非正式组织成员是如何交流的。但总有一些情境化的社会影响过程没有通过角色和规范来运作。我通过讨论三种这样的过程来结束这一章，前两个过程被称为社会性比较和基于喜爱的顺从。

社会性比较，也被称为社会认同，指的是将他人的行为、态度和情感作为自己行为、态度和情感的参考。基于喜爱的顺从指的是倾向于遵从我们喜欢的人的要求。当分开分析时，社会性比较和基于喜爱的顺从有时难以在实践中理清，因为它们可以同时进行。首先，社会性比较过程可能会产生好感。我们往往喜欢那些我们认为喜欢自己的人。其次，社会性比较和喜爱有一个共同的决定因素——相似。我们倾向于模仿和喜欢那些与我们相似的人（Cialdini，2001）。植根于所意识到的相似性的社会性比较和基于喜爱的顺从可以提供令人满意的指导，告诉我们当面对复杂或者不熟悉的组织突发事件时，该如何思考、感知和行动。此外，因为社会性比较和基于喜爱的顺从简化了决策，所以它们节约了信息搜寻和分析的成本，可是这些过程也促进了不端行为。

上文我描述了 1979 年 David Levine 是如何同时使用社会信息处理过程和互惠规范来招揽 Robert Wilkis 加入其内幕交易团队的。但其实在 Wilkis 产生加入 Levine 内幕交易阴谋想法的两年前，他们同时在花旗银行工作时，他们就建立了关系（Stewart，1991）。Levine 与 Wilkis 建立关系的基础在于建立他们之间的相似性。在很多方面，这两个投资银行家实在是太不同了：Levine 毕业于纽约城市大学，而 Wilkis 毕业于哈佛大学和斯坦福大学商学院。但即使再不相似的两个人也有共同之处。只要 Levine 和 Wilkis 待在一起，Levine 就会强调他们的共同点，尤其是他们同有犹太血统，以及同样对工作和婚姻不满。

Wilkis 认为自己在某种程度上与 Levine 相似，以至于 Levine 会期待 Wilkis 视自己为榜样并认为与自己是相近的。Wilkis 在某种程度上视 Levine 为榜样并觉得与 Levine 相近时，Levine 会期待 Wilkis 接受自己的行为、思想、情感和请求。Levine 也许采用了社会性比较过程来引起基于喜爱的顺从。Levine 对待 Wilkis 就好像他喜欢 Wilkis 一样，他经常赞扬 Wilkis 的交易技巧，并且像对待自己的好友一样对待 Wilkis，分享他最私密的希望和恐惧（Stewart, 1991: 61）。随着时间的推移，Levine 让 Wilkis 参与到两个很小但情节逐渐严重的违法行为中：首先，鼓励 Wilkis 和他一起提前下班，然后，说服 Wilkis 为他拿到伪造的花旗银行高管的饭卡。最终，在 Levine 跳槽去花旗美邦、Wilkis 跳槽去拉扎德公司后，Levine 向 Wilkis 展示了内幕交易计划。在一天之内，Wilkis 就加入了进来。①

八、承　诺

我将通过对承诺的进一步讨论来完成对由组织不端行为引起的情境化的社会影响的阐释。社会心理学家将承诺描述为这样一个过程：人们以一种无意识或有限理性的方式实施行为，回顾性地解释自己的行为，经历认知失调，改变自己的认知以降低认知失调，最终变得更执着于其行为。组织理论家对承诺给予相当大的关注，因为它可以支持组织有效运作所必需的行为和无法通过其他方式维持的行为。在其他方面，承诺可以帮助组织，让员工尽最大的努力，即使它们无法向员工提供有价值的奖励，比如在经济衰退时（Salancik, 1977）。然而，组织理论家对承诺感兴趣是因为它可以维持对当事人，或者更广泛地说，对整个组织有害的失败行为（Staw, 1976）。不端行为是承诺所造成的最重要的失败行为之一。

---

①　基于喜爱的顺从和互惠的规范同样为最近的一起内幕交易的阴谋奠定了基础。Raj Rajaratnam 是盖伦集团对冲基金公司的创始人，也是世界上最有钱的人之一。2011 年，他被控告建立了美国大型公司的关系网来提供机密信息，以供他做出有利可图的投资。很多已经承认参与阴谋的联系人都是 Rajaratnam 多年的好友，并长期从他那里得到好处。其中一个联系人是英特尔的前高管 Raj Goel，他们二人自 25 年前在宾夕法尼亚大学沃顿商学院相遇时就成为好友。一份报告称，"当他们生活在不同的海岸时，他们仍经常保持联系，他们的家庭也常常一起度假"。在这个时候，"Rajaratnam 两次出于个人财务原因给了 Goel 钱"。当 Goel 承认他在这次阴谋中的罪行时说，"因为我和 Rajaratnam 的友谊，我为他提供了消息"（Kouwe, 2010）。

（一）一般过程

社会心理学家认为对失败行动的承诺往往开始于小的、循序渐进的步骤，这些步骤在规范性特征和成本-收益的后果上与之前可选择的行为过程区别甚微。因为这种小的步骤与之前可选的行为过程区别甚微，所以人们在开始这些步骤前并不觉得有必要进行深思熟虑和完全理性的思考。然而，随着每一个连续的小步骤，人们会离自己原始可行的行为状态越来越远，而越来越接近并最终跨入失败的行为过程之中。重要的是，人们没有做任何个别的、离散的决策来遵循失败的行动方针。准确地说，他们在一段时间内采取了一连串的步骤。每个步骤都通过无意识和有限理性的方式进行。20 世纪 80 年代，在 Ivan Boesky 和 John Mulheren 之间非法股票假脱手的案例就很好地阐述了一个接一个的小步骤是如何随着时间的推移，通过一种无意识和有限理性的方式演变成不端行为的。

20 世纪 80 年代的 Ivan Boesky、John Mulheren 和股票假脱手

Ivan Boesky 和 John Mulheren 是独立的套利者。套利者指的是根据准公开信息买卖大量股票，希望基于每股价格少量的上涨来获得大量利润的人。从 1985 年 7 月开始，Boesky 要 Mulheren 从他那儿购买部分股票。Boesky 掀起了一场野心勃勃的股票购买热潮，并处于可能达不到证券交易委员会对保证金的要求的危险中，该要求规定了现金套利者手头必须持有多少保证金来担保借贷购买的股票。为了避免达不到保证金要求，Boesky 要 Mulheren 购买、持有然后回卖他自己持有的几家企业，包括优尼科石油公司、斯托尔通信公司、卡斯卡特公司和华纳传播公司的大量股份。Boesky 要求的一个关键条件是需要 Mulheren 在未来某天用 Mulheren 买入的价格再回卖给他。证券交易委员会认为这类被称为"股票假脱手"的交易是非法的，因为他们以伪造的方式规避证券交易委员会的保证金要求。总而言之，在这样的安排下，股票从来没有从卖者手中脱手过。尽管证券交易委员会对这类交易做出了这样的解释，但 Mulheren 实际上仍然遵从了 Boesky 的要求。

Mulheen 对 Boesky 的股票假脱手做了独立理性的判断。Mulheren 遵从 Boesky 的要求可能是他在进行了成本-收益分析后为了维持目前有利可图的报答关系的结果。众所周知，套利者经常为他人提供信息和服务，期望其他信息和服务以同样的方式获得回报。Stewart 记载道，Mulheren 相信"华尔街是一个充满连锁利益的大型网络"（Stewart，1991：177）。当 Mulheren 的一个下属询问他新购入的逐渐跌价的优尼科公司股票时，据说他是这样回答的："这是帮 Ivan 的一个忙，别担心"（Stewart，1991：177）。Mulheren 遵从 Boesky 的要求也可能是出于考核规范的原因，以及他对证券交易委员会保证金要求合法性的信念。据 Stewart 说，大多数套利者对证券交易委员会的保证金要求"有着几乎不加掩饰的蔑视"（Stewart，1991：177），因为他们认为这些要求过于严格。

对该证据更具体的解读显示，Mulheren 以一种不理性的方式逐步加入非法的股票假脱手安排。Boesky 首先联系了 Mulheren 并询问他在加利福尼亚联合石油公司（Unocal Corporation）持有的一只股票。他让 Mulheren 购买该股票，仅仅解释说他是在"筹措资金"（Stewart，1991：177）。他提出该要求并没有指明他想要 Mulheren 以后把股票回卖给他。Mulheren 立即同意了这一要求。然而，当 Boesky 的助理 Michael Davidoff 联系 Mulheren 完成这一交易时，Davidoff 暗示，Boesky 将来可能想要从 Mulheren 手中回购股票，并暗示，如果他真这样做的话，他想要以 Mulheren 购买的价格回购股票。正如 Davidoff 所说："我打算卖给你，并且我可能想要买回来。这对你无害。你将不会有任何金钱上的损失"（Stewart，1991：177）。据 Stewart 所说，Mulheren 立即明确地拒绝了这一条件，说"你可以就此打住。我通常是不会做这些交易的。要不是因为我现在冒着市场风险，我是不会做这笔交易的"。也许是因为 Boesky 急于筹集资金，所以他答应了 Mulheren 的替代条件，交易达成。

不久后，Davidoff 又要求 Mulheren 购买 Boesky 在华纳传播公司和其他几家公司持有的股票，暗示 Boesky 他将会在之后回购这些股票并愿意"冒险"。再一次，Mulheren 按规定拒绝了这一提议，并发表声明说："我之前告诉过你，我不想做这类交易。我是一个有头有脸的人，我之所以会承担市场风险，是因为如果那样做的人是你的话是不合法的。"Davidoff 再一次让步，在 Mulheren 提出的条款之下与他达成了交易。在这两个例子中，Mulheren 明确拒绝了参与非法市场交易的请求，并最终以完全合法的条件达成了交易。

数月之后，当 Davidoff 打电话要求 Mulheren 将华纳通信公司的股票回卖给 Boesky 时，这些交易才呈现出股票假脱手的特征。华纳的股票价格大幅上升，Mulheren 将股票回卖给 Boesky，获得 170 万美元的利润。Davidoff 明确表示他认为 Mulheren 应该给 Boesky 一些补偿。据报道，Davidoff 哀怨地问："你不打算为我们做任何事吗？"据说 Mulheren 这样回答："我没有那样说，我只是告诉你它们的位置在哪里以及我决定要怎么做。"之后，Mulheren 回卖给 Boesky 其他的一些股票，以获得可观的利润。据报道，Boesky 反复地问 Mulheren："你不认为你欠我们什么吗？"Mulheren 又一次用态度不明朗的方式回答："我不知道。"Boesky 一再施压："好吧，你会给我签一张支票吧？"据说 Mulheren 反击道："在任何情况下我都不会给你支票。我也不会给你现金。我是不会给你一分钱的！"

正是在这个节骨眼上，Mulheren 迈出了决定性的一步。作为对 Boesky 进一步劝诫的回应，他同意用持有 Boesky 的股票获得的利润来补偿 Boesky。Mulheren 说："我会为你做其他事情。我会给你一些建议。我会让你做更多经纪业务。我会做各种各样温和的事情、有正常回报的事情。"在接下来的几个月的时间里，当 Mulheren 收到 Boesky 的佣金账单时，Boesky 支付给他的金额超过了经纪服务通常能够获得的金额。最终，可能在双方都认为补偿足够了时，超额支付终止了。

这一系列事件与上面所概述的承诺理论的基本原理相符：

第一，Mulheren 没有做任何单一、独立的决策来为 Boesky 脱手股票。他反而采取了一连串的小步骤，接近并最终跨越了正当与不端的界限。他先是无附加条件地同意购买优尼科公司的股票；然后，在被警告购买优尼科公司的股票可能会附带一些条件后，他还是购买了。在再次被警告购买华纳公司的股票可能会附带一些条件后，他又购买了华纳公司的股票。最终，他同意把利润返回给 Boesky（同样以递增的方式）。

第二，Mulheren 采取的每一个小步骤都是通过有限理性的方式。每一个决策都有 Mulheren 无法预测的后果，并促成了他接下来的决策。Mulheren 无法确定优尼科、华纳或者其他从 Boesky 那里购买的股票在他购买和回卖给 Boesky 的这段时间内是否会增值。如果华纳和其他公司的股票没有在这段时间增值，Boesky 可能不会向 Mulheren 如此强烈地施压，要求他用原始购买价格回卖给他。

第三，看起来 Mulheren 有自己的一套文化理解，能帮助他确定后设理性，以支持他逐渐参与 Boesky 的股票假脱手计划。如上所述，华尔街的套利者们相信证券交易委员会的保证金要求过高。Mulheren 可能对证券交易委员会的保证金要求不屑一顾，这显然没有让他抓住机会和 Boesky 一起进行股票脱手交易。Mulheren 一再拒绝 Boesky 提出的关于建立脱手关系的提议。但是 Mulheren 对证券交易委员会保证金要求的蔑视可能构成了事后认知的基础，这种事后认知为他与 Boesky 日益可疑的关联提供了理由。

但这引发了另一个问题。为什么 Mulheren 采取了一系列小步骤来达成和 Boesky 的脱手计划呢？也许按照定义，这些小步骤并没有引发参与者进行理性的成本-收益分析和规范性评估。然而，这并没有解释为何 Mulheren 在缺乏完全理性的成本-收益分析或者规范性评估时采取了这些步骤。另一个社会影响过程是互惠规范，它也许导致 Mulheren 采取了这些小步骤。

如上所述，广义的互惠规范要求人们用过去他人对待自己的方式对待他人。在 Boesky 提出股票脱手计划之前，Mulheren 和 Boesky 已经在正常的商业往来中互相帮助了十多年。Mulheren 为 Boesky 提供信息和专业知识（Stewart, 1991：85-86）。Boesky 为 Mulheren 提供经纪业务。更具体的互惠规范规定了朋友之间的行为：人们给朋友提供的帮助要超过朋友过去给他们提供的帮助。Mulheren 和 Boesky 已经来往多年。Boesky 曾经参加过 Mulheren 的婚礼。Mulheren 曾经参加过 Boesky 女儿（犹太女孩）的成人礼。实际上，

Mulheren 是 Boesky 女儿信托基金的托管人。Stewart 评论道，Mulheren 尊敬 Boesky 并渴望被他喜欢。

20 世纪 80 年代初，Boesky 和 Mulheren 每天都进行交流。Mulheren 也许购买过 Boesky 持有的优尼科、华纳和其他公司的股票来回报过去 Boesky 代表他自己提供的帮助。有理由相信，过去 Mulheren 帮 Boesky 的忙多于 Boesky 帮他的忙。Mulheren 之前已经在好几个场合帮 Boesky 解围，最引人注目的是当 Boesky 购买了大量海湾石油公司的股票，处于失去大量财富的危险中时，其他人都不愿意帮忙，Mulheren 却代表他组织了一次荣誉晚宴。但因为 Mulheren 把 Boesky 看作一个朋友，所以他可能没有问自己，他在购买 Boesky 持有的优尼科和华纳公司股票时是否欠 Boesky 额外的人情。

如上所述，不管是调节了友谊的广义的还是具体的互惠规范，都在分析上与一报还一报的关系不同，一报还一报的关系具有理性的成本-收益分析的性质。广义的和具体的互惠规范要求人们用过去他人对待自己的方式对待他人，而不管人们是否期待在未来获得优惠待遇。一报还一报关系的维持是由于人们期待在未来将获得优惠待遇作为回报。如上所述，很难区分帮助别人是互惠规范的表现还是一报还一报中的一部分。然而，在这个案例中，证据看上去更符合互惠规范。Mulheren 曾坚决抵制 Boesky 的提议但最后只能不情愿地应允他的恳求。总之，证据显示，Mulheren 觉得有义务去回报过去的恩惠，而不是渴望保持一个持续的战略协议。

（二）规范承诺的一些因素

社会心理学家认为，人们在实施事后总结为成本-收益或者规范性价值不足的行为后，经历认知失调的倾向是不同的。那些自认为进行成本-收益分析能力很强的人或良好的规范性评估者最有可能经历认知失调。

社会心理学家还认为，不同情况导致经历认知失调（在实施事后总结为成本-收益或者规范性价值不足的行为后）的人产生事后合理化的程度不同，这些事后合理化使他们对产生认知失调的行为持积极态度，从而继续他们的行为。越有责任感的人越认为自己的行为不可逆转（他们投入行为过程中的时间和精力越多），他们的行为被别人看见得越多，他们就越有可能接受对行为有利的因果合理化并继续他们的失败行为（Staw，1976；Cialdini，2001）。

一定程度上，不端行为也是一种失败行为，责任感、可见性和不可逆性会导致行为不端者发展事后因果合理化，让人们从积极的角度来看待不端行为，因此他们很有可能继续之前的不端行为。相反，这三个因素出现得越少，行为不端者越不可能为他们的不端行为找出合理性，他们越可能变好。因此，当人们因为承诺而参与不端行为时，他们不仅是以一种盲目或不理性的方式在这样做，并随着时间的推移而陷入其中，而且受到社会环境的影响。我们对责任感、可见性和不可逆性在规范承诺对不端行为所起的作用上有两种阐释。第一种阐释比较简短，简明扼要地说明了责任感、可见性和不可逆性是如何产生作用的。第二种阐释较长，更深入地阐释了责任感、可见性和不可逆性的运作机制，以及导致承诺恶化为失败行为的其他因素。

1. 达尔克盾

美国家庭产品公司（AHP）在营销其称为达尔克盾的宫内节育器（IUD）时实施了一系列不道德的和违法的行为。他们传播了有关产品有效性的误导性信息，隐瞒了关于产品危险性的准确信息。美国家用产品公司的高层从发明者那里购买达尔克盾时没有完全了解到它的局限性，部分原因在于他们缺乏评估宫内避孕装置的专业知识，另一部分原因在于他们没有时间来进行决策（因为另一家公司当时已经想要从发明者那里购买该产品），还有一部分原因在于发明者向他们隐瞒了信息（关于该产品的无效性和危害）。在美国家用产品公司的高管推出达尔克盾后，他们对该产品的投入越来越大。他们出于自愿购买了达尔克盾（为了和另外一家药品公司竞争），发起了一场声势浩大的营销活动（购买该产品更多的是为了它的象征意义而不是期望其营利），进行了大量无法收回的投资（超过 100 万美元）。因此，随着关于该产品无效性和危害性证据的日益增加，美国家用产品公司的高管坚定不移地为该产品进行辩护,最终承担了巨大的法律成本并损害了公司的声誉（Perry and Dawson,1985）。

2. B. F. Goodrich A7D 制动器案例①

在第五章中,我用 Goodrich A7D 喷射制动器案例来说明否认责任的中和技术。在第六章中,我再次用了这个案例来说明,在没有成功避免或减少的情况下,人们是如何经历认知失调的。这里,我用 Goodrich 的案例来说明承诺是如何导致不端行为的。在这个过程中我将会联系之前对该案例的讨论。故事始于 Goodrich 高级管理团队向制动器 A7D 的承包商——LTV 公司——投标（Vandivier,1972）。该投标基于之前重量轻、性能高的初步设计——该设计出自企业最资深、最受人尊敬的工程师 John Warren。Goodrich 赢得了合同,Warren 最终完善了制动器的设计。

Warren 准备好最终的设计方案后,把方案传给了下属 Searle Lawson,并让他去构建和测试原型。但当 Lawson 建立原型并开始测试时,他发现这个模型的性能并不符合设计规范。Goodrich 的高层管理人员和高级工程师的行为显然是有限理性的。此外,制动器意料之外的糟糕表现似乎使 Warren 和他的上级产生了分歧。当 Lawson 把制动器性能很差的消息告诉 Warren 时,Warren 为制动器的设计辩护,并命令他用新的内衬材料再次进行测试。

Lawson 用了各种各样的内衬材料来测试原型,但结果同样令人失望,他开始怀疑制动器的设计是有缺陷的。所以他把他的发现和评价报告递交给了 Warren 的上级 Robert Sink。但 Sink 像之前的 Warren 一样,保证制动器的设计是合理的,并命令他用其他新型内衬材料再次测试原型。Lawson 用了更多的新型内衬材料来测试原型,仍只能得到令人失望的结果,于是确信制动器设计有缺陷。Lawson 再次向他的上级们报告制动器无法达到承诺的性能标准。而领导们命令 Lawson 再测试一次制动器并确保它能通过测试,这样才能编写"质量合格报告"（确认制动器符合合同要求）。

---

① John Darley（1996）也相当深入地分析了这个案例,他分析的一些内容与我的相重叠。

准备虚假质量报告的决策显然表明了他们按设计生产制动器的决心。我们可以从两个方面分析这一决策。可能是 Lawson 的上级投身于一个新的行动——撰写他们明知具有误导性的质量报告以及交付他们明知有缺陷的制动器。Lawson 的一些上级对他们的行为采用事后"推卸责任"的合理化解释，这表明上级明白他们可能在做一件错事，这与我们的分析相符。例如，Warren 为自己辩解道："严格说来，我不认为我们所做的事可以被看作欺诈。我承认这是不对的，但这只是其中之一。我们只是有点左右为难。"正如我在第五章中所说的，负责虚假报告的单位负责人 Russell Line 解释道："我只是照章办事……这不关我的事……很久之前我就明白了，不要去管那些我管不了的事。这件事我就管不了。"

此外，也可能 Lawson 的上级只是加强了他们对正在实施的行为的承诺，相信制动器的设计是没有问题的（尽管与此相反的证据不断增加），而撰写不正规的质量报告仅仅是一个必要的权宜之计，这都是为了把良好的制动器交付给 LTV。如果是这样的话，Goodrich 的管理者和工程师们只是在加强他们的承诺，即交付自己认为好的制动器。这一案例中某些当事人对不端行为的否认与我们的分析相符。例如，Warren 的顶头上司 Robert Sink 认为："我们只是在使用工程许可证。"他继续说："这不是说谎，我们只是用自己觉得应该的方式解读信息。"相似地，工厂经理 Bud Sunderman 认为："我们并没有做错。"

很容易排除这种逻辑上不合情理的替代性分析。很难想象，在有大量相反证据的情况下，一家颇具规模的公司的高层管理人员和训练有素的工程师还认定制动器的设计是合理的。但有一个附加信息支持了这种替代性的解释。在制动器被交付后，总经理焦虑地监控着试飞，想看制动器是否真会在操作中表现不佳。这说明了尽管有大量相反的证据，但即便到最后一刻，高管们仍希望制动器能展现出令人满意的性能。也许他们怀揣这样的希望是因为他们没有直接参与到制动器的试验测试中，因此会认为测验失败的报告是非决定性的。

Lawson 完成上级命令的虚假测验报告后，把数据转发给 Ralph Gretzinger 和他的下属 Kermit Vandivier，让他们完成准备最终质量报告的任务。

Gretzinger 和 Vandivier 得知了关于制动器最终测试不合格的情况，决定不参与到欺诈报告中。但他们被上级施压，只得勉强同意了准备报告中要用到的虚假图表。他们完成这些图表之后，来自上级的压力增加，他们又勉强同意了撰写虚假报告。然而，制动器首次测试失败不久之后，Vandivier 和 Gretzinger 先后联系了联邦调查局去揭发这一欺诈行为。

这样看来，Gretzinger 和 Vandivier 由于感受到类似于那些影响他们上级的承诺的压力，因此会随着时间的推移越来越多地被卷入欺诈之中。实际上，他们的上级甚至有可能利用承诺理论来使他们陷入计划中，只要他们的上级先要求他们提供报告的图表，接着就会命令他们撰写整份报告。但 Gretzinger 和 Vandivier 对欺诈的承诺显然在强度上弱于他们的上级对欺诈的承诺。两组参与者所经历的责任感、可见性、不可逆性的相对体量可能解释了他们对于计划承诺程度的不同。

如上所述，制动器的设计者 John Warren 和他的上级 Sink、Sunderman 和 Line 对他们的行为采用了事后"推卸责任"和所谓的"否认不端行为"的合理化解释。这一事实与这些高管对制动器的高度责任感、可见度和不可逆性相一致。Warren 设计了制动器，并在 Goodrich 的员工中以工程专业知识而闻名。此外，据说他自尊心很强，以至于他很难承认自己的设计是有缺陷的。Sink 把设计制动器的工作分配给了 Warren，他亲自向 LTV 保证制动器原型运行良好，开发处于正常进度。而且他定购的制动器零部件已经开始送达工厂。Line 和 Sunderman 处于 Goodrich 的高层。人们往往认为高管应对整个公司的行为负责。公司中的员工都认识他们，甚至其他公司在他们那的代表也认识他们。最后，随着时间的推移，交付制动器给 LTV 的期限临近，所有这些高管都感到自己与制动器的关系越来越难以逆转。如果他们承认制动器有缺陷，就没有办法在合同规定的时限内提供令人满意的制动器。无法按时交付制动器会给 Goodrich 的国防承包业务带来严重的后果。他们在之前的一次生意中的失败已经人尽皆知。如果这次再失败，他们很可能再也无法接到国防承包的生意。

然而，正如第六章所述，在测试实验室里实际上准备了虚假合格报告的职员 Gretzinger 和 Vandivier 从未找借口来合理化他们的行为。在考虑到所准备展示的虚假报告的影响时，Gretzinger 尝试了"推卸责任"的合理化解释，他说："我们只是画了一些曲线，从我们这转手之后发生的事情，我们不负责。"但据 Vandivier 所说，他和 Gretzinger 都没有接受这个解释。用 Vandivier 的话来说："他自己都不相信自己说的话，并且他知道我也不信。这是一个令我们双方都尴尬又耻辱的回忆。"

之后，在实际撰写虚假报告时，Vandivier 说："我没有试图合理化我被要求做的事。"这一事实符合这些员工与制动器相关的责任感、可见性、不可逆性。Gretzinger 和 Vandivier 没有参与制动器的设计，或者任命或监督设计它的人。实际上，他们在制动器的测试中没有扮演任何角色。Gretzinger 和 Vandivier 的确撰写了虚假报告。然而，重要的是，他们不是自告奋勇要去准备报告的，而仅是服从命令去这样做的（我将会在下一章中讨论对权威的服从问题）。Gretzinger 和 Vandivier 在组织层级结构中处于较低的位置，Goodrich 的其他员工可能很少有人认识他们，而 LTV 高层和政府机关工作人员都不认识他们。更重要的是，Gretzinger 和 Vandivier 未能采用中和技术的原因，可能并不在于他们没有体验与欺诈有关的认知失调。Gretzinger 曾说："我所能做的就是当我刮胡子时看着镜子中的自己。我真讨厌我自己。"

九、对情境化的社会影响解释的评价

对不端行为情境化的社会影响的解释与解释组织中不端行为的主导性方法大为不同：

首先，也是最明显的一点是，它明确考虑了行为不端者与他们所处环境中的其他人之间的社会互动。

其次，这一章中考虑到的很多情境化的社会影响机制导致了盲目的行为。最为明显的是，当组织参与者对互惠的规范做出回应时，他们会自动做出回应。此外，一些情境化的社会影响机制导致了有限理性的行为。例如，当组织参与者参与社会性比较时，他们有时会对替代性的行动方案的相对适当性进行深思熟虑的考量，其中之一就是被社会比较对象模仿。但当人们快速锁定模仿行为时，这种考虑就短路了。

最后，一些情境化的社会影响机制随着时间的推移而发展。最为明显的是，通过一系列小步骤加深承诺。此外，每一步都引起认知失调，并需要一些时间来寻求合理化解释（试想一下 Vandivier 和 Gretzinger 在准备虚假质量报告时寻找合理化的行为）。最终，当情境化的社会影响导致盲目的行为时，组织参与者就无法发展出积极的倾向来参与到有问题的行为的讨论之中；相反，他们会用一种自动的方式来采取行动。当涉及规范时，即使存在参与行为的消极倾向，他们也会实施行为。John Mulheren 勉强决定为 Ivan Boesky 脱手股票就证明了这一点。Mulheren 至少有两次拒绝了为 Boesky 脱手股票的要求。他后来拒绝了给 Boesky 付现金的要求，该要求把合法的市场交易变成了非法的股票脱手行为。Boesky 后来花了好几个月的时间，用了大量诱骗手法才使 Mulheren 同意给他回报，金额大到能使合法市场交易变成证券交易委员会调查员判定的非法股票脱手行为。①

如上所述，情境化的社会影响解释保留了主导性方法的一个因素。当情境化的社会影响在警觉的、有限理性的、深思熟虑的情况下运作时，我们通常认为，人们实施不端行为时会产生积极的倾向。这在承诺导致的失败行为中尤为明显。人们可能会盲目地开始实施失败的行为。他们在经历认知失调后，若事后评估其行为的结论是缺乏成本-收益或者规范性价值，就会积极地为其行为寻找合理性。在成功找到借口后，他们便更下定决心要在未来继续这样做。在下一章中，我将对一种与此假设不同的组织不端行为的解释进行研究。实际上，这使人们即使并不情愿，也参与到不端行为中。

---

① 对 Mulheren 股票脱手的定罪在上诉时被推翻。

十、总　结

现在我已经提出了五种对组织不端行为的解释，在大多数情况下，我们使每种解释都区别于其他的解释。但很多研究组织不端行为的人都对包含在这些解释中的元素进行了分析。大多数分析整合了来自理性选择和文化的元素，其中有两种进行了更全面的融合。Brief、Bertram 和 Dukerich（2001）以及 Ashforth 和 Anand（2003）利用了到目前为止提及的每一种解释以及在下一章中将阐释的想法，来解释不端行为是如何渗透到组织中并使其"腐败"的。这两个相似到可以一体化的综合体，提供了一种有用的方式，不仅能总结我到目前为止的分析，还为接下来的分析奠定了基础。

Brief 等人以及 Ashforth 和 Anand 含蓄地阐述了一个四阶段模型，该模型是关于不端行为是如何在组织中扩散的。在初始阶段，高管会考虑到成本-收益分析或者规范性评估，并根据评估结果做出导致不端行为的决策。在扩散阶段，高管明确或暗中指示员工再往下一级实施不端行为。高管指示下属实施不端行为过程中最重要的机制是权威，我将在下一章中讨论这一问题。Ashforth 和 Anand（2003）补充道，承诺过程通过向下属解释这样做的理由，加强了下属对高管指示的服从。

在制度化阶段，不端行为根植于组织结构和文化中。在社会化阶段，新的组织参与者接触到支持不端行为的技术和态度。组织结构建立了激励机制，因此设置了成本-收益分析的参数。组织文化（和亚文化）包括标准、价值观和信仰，因此设立了规范性评估的参数。社会化过程向人们反复灌输组织文化。然而，组织中的行为也受分工和指导工作表现的管理体系的规范。这些结构化的因素使员工忘记了成本-收益分析或规范性评估，从而界定了合理性。

Brief 和他的同事以及 Ashforth 和 Anand 提出的综合体十分重要。他们引起了人们对组织腐败问题的关注，并促进了关于导致不端行为扩散并在组织中根深蒂固的因素的其他研究（Ashforth, Gioia, Robinson, and Trevino, 2008；Lange, 2008；Misangyi, Weaver, and Elms, 2008；Pinto, Leana, and Pil, 2008；Pfarrer, Decelles, Smith, and Taylor, 2008）。此外，他们提出了对组织腐败的分析是如何超越理性选择和文化因素，来考虑管理体系和情境化的社会影响在扩散及巩固不端行为中所起的作用的。另外，他们明确地将理性选择、文化、管理体系和情境化的社会影响随着时间推移的影响理论化。在这些方面，Brief 和他的同事以及 Ashforth 和 Anand 提出的综合体是开创性的。然而，他们的综合体包含了三个有争议的假设（Palmer, 2008）。

第一，Brief 等人以及 Ashforth 和 Anand 明确地假设组织的不端行为在组织中自上而下地传播，从组织的领导者开始，向普通成员渗透。但正如本书中许多案例显示的那样，不端行为经常从组织中的较低层次开始。此外，当不端行为出现在组织的较低层次中时，它不仅可以沿着层级向下渗透，还可以向上渗透。A7D 制动器诈骗始于 B. F. Goodrich 的工程师和测试部门。但它向下渗透到企业的技术部门，向上渗透到公司的高管。

第二，Brief 等人以及 Ashforth 和 Anand 也明确地假设组织领导者在警觉、理性的成本-收益分析或规范性评估的基础上发起不端行为。但是，正如最近大多数关于伦理决策的研究表明的那样，对理性和警觉的思考有很多障碍。人们总是用一种本能和情绪化的方式应对道德困境。此外，当他们的确在深入思考道德问题时，也是用一种有限理性的方式，受制于各种各样的框架效应和认知偏见。

第三，Brief 等人以及 Ashforth 和 Anand 暗中假定不端行为渗透到组织中的过程是无法改变的。他们的模型解释了不端行为一旦从高层发起，将会如何扩散到整个组织中，并在管理体系和文化内涵中实现制度化。它还解释了如何培训新员工在这些体系中工作，以及如何融入这些文化。Ashforth 和 Anand（2003）承认高管发起的不端行为在整个组织中扩散的结构和过程有时并不完全有效。然而，无论是 Brief 等人还是 Ashforth 和 Anand 都没有系统地研究可能导致或允许低层次组织参与者抵制这些结构和过程的因素。因此，Brief 等人以及 Ashforth 和 Anand 暗自假定一旦不端行为扩散并制度化，且在员工被社会化以遵循腐败的安排之后，对不端行为的反对就停止了。基于此，Brief 等（2000）将行为受这些结构和过程影响的员工称为"没有分辨是非能力的机器人"。

最后一个暗含的假设与组织参与者有时会抵制不端行为蔓延的证据不符，这些参与者在最具戏剧性的案件中成为举报人，让组织内外的机构注意到不端行为。在下一章中，我将考虑一种对不端行为的解释，该解释明确地质疑了这个假设，并关注权力在助长不端行为中所起的作用。

Chapter 9
第九章

权 力 结 构

一、引 言

  权力结构对组织不端行为的解释,根源于这样一种理论,它将组织视为矛盾的竞技场,而将组织参与者视为争斗者。组织由拥有不同利益且对利益有着不同追求能力的个体所构成。更具权势的组织参与者寻求有利于其利益的行动方案,处于权力弱势的参与者则执行强势参与者强加于他们的行动方案(Pfeffer,1981)。

  Lord Acton 的名言"权力会导致腐败,绝对的权力会导致绝对的腐败"很好地代表了关于权力和不道德之间关联的流行思想。William Pitt 那句不太出名但更准确的名言更能代表这一点:"无限的权力容易腐蚀拥有它的人的思想。"这两句名言表明,拥有权力会改变人的行为,使他们更容易追寻不端行为。但 Lord Acton 继他的名言之后,又发表了另一个更普遍但不太为人所知的评论:"伟大的人几乎总是坏人。"如果从字面意思来看,这种说法就有可能使权力与不端行为之间的关系更加复杂。倾向于参与不端行为的人可能也倾向于谋求权力,这或是因为实施不端行为需要权力的积累,或是因为人类共有的第三特征,诸如贪婪或"权力需要"(McClelland and Burnham,

1976），二者均导致对权力和不端行为的寻求。另一种解释是，在获取权力的过程中，一些因素阻碍了个体对权力的掌控，导致其倾向于参与不端行为。

大部分社会科学研究都忽视了权力对其拥有者的影响；相反，社会科学聚焦于权力对服从者的影响。并且，这项研究大多基于这样一个前提，即拥有正式权力的人会促使下属实施其不愿意参与的行为。在本章中，我将考察正式权力和权力的第二种类型——非正式权力——如何同时导致掌权者和无权者参与不端行为。不过，在此之前，我需要介绍一些概念及其区别。

二、权力的本质

（一）权力的定义

权力被以多种方式定义。我将遵从 Max Weber 的观点，他将权力定义为个人克服他人的阻碍而获得其所想要的能力（Weber，1978/1922）。这一定义包含四个要素。第一，权力是一种能力。它不需要行使（转化为影响力）就能影响他人的行为。第二，权力从属于特定利益。一个人可能在其支配的领域拥有权力（对应着一个目标），但在另一个领域却几乎无能为力。第三，权力是一个人与特定他人之间的一种关系。它不是权力拥有者的一个抽象属性。第四，权力是通过克服他人的阻碍而非改变他人的观点而运作的。这一定义限定了我对权力的分析，使其比其他可能的分析范围更窄。

（二）权力的不同类型

社会科学家已经对权力的不同类型进行了划分。French 和 Raven（1959）论证性地提出了最为知名的分类，区分了六种类型的权力：奖赏权、强制权、法定权、专家权、参照权和信息权。French 和 Raven 的类型划分近年来被不断优化，从而使得我们可以识别一些源于六种基本权力类型的变体，例如区分个人和非个人的奖赏权（Raven，2001）。我认为这些权力类型中的一些被视作情境化的社会影响更为恰当，因此我在之前的情境化的社会影响部分已经讨论过它们。例如，正如我在第八章中已经谈到过的，参照权类似于社会性比较压力。我认为剩余的权力类型可分为与组织相关的更广泛的两大类。第一类被称为正式权威、正式权力或等级权。这类权力来源于个体在组织层级或行政管理系统中的位置。第二类被称为非正式权力或资源依赖型权力。这类权力来源于个体在组织的资源交换关系网络中的位置。大部分有关组织不端行为的社会科学研究集中于前一种权力类型。然而，事实上两种权力类型都会助长不端行为。

1. 正式权力

正式权力是一种在上下级之间，受服从权威的规范制约的角色关系。服从权威的规范规定，下级要服从上级的命令，无论其是否认同该命令。Stanley Milgram 的开创性实验生动地描述了服从权威的规范（1963，1974）。在 Milgram 的研究中，一位实验者要求被试者教另一个人一份单词联想组合列表。实验者简要地向被试者讲授教育在社会中的重要性，并且告诉他，实验的目的在于探索不同教育方法的有效性。当被要求学习单词联想组合的人（或称之为学习者）犯错误时，被试者要对其施以越来越严重的电击。虽然被试者认为（实验中的）学习者也是实验对象，但实际上他们是实验者的同谋者。此外，被试者以为电击强度的范围是从轻微到最严重（甚至有生命威胁），但这些也是伪造出来的。实验的目的在于确定被试者是否（且在何种程度上）将服从实验者的指令，从而对另一个人施以强度逐渐增大的电击，尽管此人事实上并未做任何应该被施加更强电击的事情。

Milgram 对这项实验做了很多变动，且一大批心理学家后来也开展了许多令人困惑的附加变异实验。然而，上文所描述的 Milgram 的基础性研究设计在这一系列实验中所产生的最令人难忘的结果，也许是所有实验社会心理学中最令人难忘的结果。在 Milgram 的实验中，绝大多数作为被试者的教授者都对学习者施加了虚假电击。并且，大部分都施加了非常高电压的电击，包括被标注警示范围的电击，这些范围清晰地描述了他们所假定的电击诱导疼痛的特征（在一些实验中，最高的电压水平比被标注"危险——严重电击"水平的两倍还高）。尽管一些被试者对指令表达了保留意见，但很多人还是服从了实验者的指令，没有发言表示反对。当然，也有少数被试者拒绝服从实验者的指令。不过，大多数人在实验者发布了平淡的程序化指令，表示他们需要继续之后，都服从了实验者的指令。重要的是，在实验后的说明会上，许多服从了实验者指令的被试者告诉采访者，他们认为电击学习者是错误的。

鉴于 Milgram 的实验是在 20 世纪 70 年代做的，因此其重要性很容易被忽视。也许是现代社会的不同，使得服从权威的规范不那么有力了。今天再精确地复制 Milgram 的实验是不可能的。在参与研究后，由于认为电击学习者是极为危险的，因此一些被试者产生了心理问题。紧跟此实验，大学开始建立被试者委员会，以阻止研究者以相似的方式设计可能伤害被试者的实验。然而，Burger（2009）已将 Milgram 的研究复制到临界程度，即就在被试者被要求施加假定危险的电击前。并且，他观察到的结果与 Milgram 观察到的相容，被试者的服从程度处于相同的水平。此外，Arthur Brief 等（2000）做了一项在关键方面类似于 Milgram 研究的实验。他们模拟了一种商业环境，且检验了上级要求歧视黑人求职者的指令对被试者歧视倾向的影响。他们发现，上级要求歧视黑人求职者的指令显著增强了被试者的歧视倾向，即便其中一些被试者对黑人并不持有偏见。

人们所拥有的正式权力的大小，最根本地依赖于其在行政管理系统中的职位。在其他条件相同的情况下，人们在行政管理系统中的职位越高，其所获得的正式权力也就越大，虽然人们从其在行政管理系统中的职位中获得的正式权力的大小依赖于服从权威的规范的强度，以及其下属对于他的权力合法性和服从这种权力的价值的认同度。

Milgram（1965）对他的基本实验进行了不同的修正，对服从权威的规范性和实验者的合法性进行了控制。正如预期中那样，他发现，当服从权威的规范的程度下降以及实验者缺乏合法性时，对权威的服从程度下降了。进一步地，Brief 等（2000）将权力的研究置于一个模拟的现代商业环境中，并进行了补充的实验性测试，对上级的法定权进行了控制。他们发现，当被试者被告知其上级卷入不端行为之中且很快将被解雇时，其会更少地去服从上级要求歧视黑人求职者的指令。

我们可推测出，服从权威的规范如何随着组织环境的变化而变化。经验表明，服从权威的规范的程度在军事组织中非常高，但在私营企业中较低，且在非营利性组织中更低。士兵通常没有任何质疑地去服从其上级。相反，私营企业中的雇员通常有条件地服从其上级，他们服从绝大部分指令而无视那些他们极不赞成的指令。非营利性组织中的志愿者甚至更有条件地服从其上级，他们往往只服从那些他们赞成的指令。在私营企业中，制造业企业比高科技企业更看重对权威的服从。

Weber（1978/1992）就法定权问题进行了广泛的讨论。他坚持认为，只要上级阐明了其权力的合理基础，并按照这一基础行事，他们就具有合法性（值得被追随）。Weber 为组织中的法定权确定了三种基础：宗教，个人魅力，理性/合法性（按其出现的顺序排列）。对现代商业组织中的权力而言，理性/合法性是权力的主要基础。法定权的主要法律依据为所有权，其主要的理性基础是能力。因此，当现代商业组织中，当上级是公司的所有者或卓有成效的领导者时，法定权才往往被下属认为是合法的。不过，Weber 也指出，上级的合法性依赖于最后的手段，即他能实质性地改变下属生活境况和机遇的能力。因此，当现代商业组织中的正式权力能有效地分配奖励且免除惩罚，并以服从为条件时，其也倾向于被下属认为是合法的。

正式权力的体系能提高组织的效率和效益。它们通过将决策制定权限定在处于组织层级顶尖位置上的一小部分人手中，减少了组织中决策制定的总数量。并且，如果个体是基于能力被分配到高层职位上的，正如 Weber 主张的理想典型官僚制度中那样，则权力体系会将决策制定权限定在最具资格的人手中。自然，高层中决策制定权的集中化并非总是有利的。当决策需要组织中下级人员多元化的能力时，决策权的集中化会导致较差的决策。进一步地，与目前的问题更相关的是，它会导致下属参与不端行为。但在我转向那个主题前，我将考虑组织中第二种重要的权力类型。

2. 非正式权力

David Mechanic（1962）是最早探讨非正式权力的管理理论学者之一。他认为人们拥有此种权力的程度取决于其能在多大程度上控制别人需要而又无法从第三方那里获取的资源。Mechanic 将资源分为三种类型：信息、人和工具。信息既包括数据也包括处理数据的知识（专门的知识）。人既包括潜在的支持者，又包括构成资源（如凭借能力）或可利用其他资源（如通过其在组织人力部门或社交网络中所处的位置）的人。工具代表一种涵盖所有事物的类别，即包括一个人可能需要的其他所有事物，既有有形的（如资金），也有无形的（如自我满足感）。当个体高度依赖于他人时，其就倾向于服从另一个人的命令。

Pfeffer 和 Salancik 拓展了 Mechanic 对权力的分析（Salancik and Pfeffer, 1977; Pfeffer and Salancik, 1978）。他们指出，非正式权力往往流向那些控制着应对组织重大突发事件所需资源的参与者，这些突发事件是对组织生存最大的威胁，或者是对组织将来的成功最有希望的机会。大部分组织参与者都支持组织的存续和成功，虽然他们实际上在有关其特定利益方面可能有所不同。因此，他们依赖于那些拥有保证组织生存且获得成功所需资源的个体。

对个体行为基于资源依赖的权力解释有时与理性选择解释等同，因为基于资源依赖的权力关系假定，有权的行动者可驱使相对无权的行动者参与到对服从其决定的成本-收益分析中去（Milgrom and Roberts, 1988）。但在基于资源依赖的权力关系中，相对无权的行动者可能会对服从命令的好处进行成本-收益分析，此类分析的本质至少在三个方面不同于传统的理性选择中的成本-收益分析。第一，促使相对无权的行动者服从命令的好处主要来源于消极后果的推动而不是积极后果的拉动。用更直白的话来说，基于资源依赖的权力通过对惩罚的畏惧而非对奖励的许诺而产生激励。第二，在一定程度上，相对无权的行动者参与成本-收益分析，他们面临着高度受限的选择集合，并因此感觉其决策是被迫的。第三，结果是，当相对无权的行动者选择去服从权力拥有者的命令时，他们在执行时会表现出不情愿，往往心存嫉妒或带有敌意，有时还决心在将来扭转行动方向。

Pfeffer 阐述了个体在组织中建立基于资源依赖的权力的不同方式（Pfeffer，1992，2010）。人们可通过在其组织中接受有价值且稀缺的训练和体验，来获取基于资源依赖的权力。他们也可以通过获得劳动分工中的职位来获取资源依赖型权力，这些职位使他们能够控制被公司和特定的同事、下属、同级特别是上级所重视的却又难以从其他渠道获得的资源。当然，个体获取这一职位的能力至少部分由先前的训练和经验所决定。人们也可通过提高其在组织沟通和人际网络中的位置获取基于资源依赖的权力。在此过程中，人们获得越来越多有重要作用的同盟和对额外资源的非直接控制。因为如果有价值的资源是稀缺的，则其将是权力的唯一来源，人们也可通过减少他人对有价值资源的控制来增加自身基于资源依赖的权力。最后，人们可通过重新设计公司的人力资源部门（其任务的相互依赖性、规则、惯例和程序）和报告关系，以一种宽泛的方式获取基于资源依赖的权力。这就是重大重组常常被抵制的一个原因。

以上所有策略都将改变组织的现实性。不过，人们也可改变他人对组织现实性的感知。他们可以对公司的重大突发事件进行具体分析。他们也可以促进对这些突发事件所需资源的具体评估。他们还可以提出论据，证明他们对这些资源的垄断。总而言之，他们可以行动起来以保证不管公司实际面临着何种关键性意外事件，不管组织实际需要何种资源，且他们（相对于竞争者）对那些资源实际上有多少控制权，其他人都相信，他们控制着解决公司关键性意外事件所需的稀缺资源。然而，如同生活中的许多方面一样，实践才能出真知。因此，在人们可培养的认知中，最重要的即为他们对权力的感知。正因如此，个体定期参与冲突并获取胜利，对于提高他人对其控制着的稀缺和有价值的资源的感知就是必要的。

因为基于资源依赖的权力通常等同于组织行动者之间的竞争，所以从业者通常认为其对组织运作是不利的。然而，早期研究这种形式权力的学者却认为其对组织是有益的。Mechanic 认为，因为不用通过官方行政管理系统就可以调节组织参与者之间的关系，所以其作为一种说明组织中的事情应如何发展的机制，对正式权力形成了补充。Pfeffer 和 Salancik 认为，以资源依赖为基础的权力有助于组织适应变化，因为它往往流向那些最有能力利用组织最有前途的新机会或应对最紧迫问题的单位和个人。从某种意义上说，Mechanic 以及 Pfeffer 和 Salancik 都认为正式权力关系过于死板，基于资源依赖的权力更普遍且适宜。但双方都认识到，基于资源依赖的权力可被用来追求与组织利益背道而驰的自身狭隘利益，且对自身狭隘利益的追求有时会导致不端行为。

三、权力对服从者的影响

（一）正式权力

Milgram 的实验证明，即便正式权力导致的后果明显会对他人造成伤害，其仍然可以缩短或避开深思熟虑的过程，且克服对服从指令的厌恶。因此，很容易看到正式权力会被如何用来引发那种在许多组织中都能发现的不端行为。上级可通过发布明确的指令，运用正式权力强迫下属参与组织不端行为。在某些情况下，上级要求下属参与不端行为的指令会产生一种盲目服从，即 Milgram 的实验中许多被试者都表现出的那种盲从。它尤其可能出现在服从权威的规范很强的组织，如军事组织中。

Pat Tillman 是一位具有超凡魅力的美国职业足球运动员，在 2001 年 9 月恐怖分子袭击世贸中心大楼后，他中止了其在美国队的职业生涯而加入军队。两年后，他在阿富汗服役期间被友军枪杀了。为了维护军队的形象，也为了获取公共关系利益，美国国防部的高官和军队试图掩盖 Tillman 死亡的真实原因。行政管理系统中不同职级的士兵都被要求隐瞒有关 Tillman 死亡的真相。为此虚假陈述而承担责任（且受到官方惩罚）的美军军官 Philip Kensinger 这样解释他在此次掩盖中的作用。"17 岁以来，我一直在部队服役（作为一名士兵）。比如说在军队中，当有人给我指令，要求我去完成某项任务时，我只需行礼致敬、向后转，并将其完成就可以了。" Pat Tillman 的哥哥 Kevin 与 Pat 在同一个团里服役，但当 Pat 被杀害时他并不在现场。Tillman 兄弟俩的战友兼好友、陆军一等兵 Russell Baer 被要求陪同 Kevin 带着 Pat 的遗骸返回美国。但上级长官告诫他，"告诉家属你所知道的一切并非你的义务，你需要对此保持缄默，以免引起任何形式的骚动"。正如 Baer 所回忆的，"我说，好"（Bar-Lev，2010）。Pat 和 Kevin 的另一个朋友、陆军一等兵 O'Neil 同样被要求向 Kevin 隐瞒真相，并被提醒如果他不这样做的后果。"我被 Col. Baley 提醒不要告诉他 Pat 是被友军杀害的。你知道的，你的职业生涯命悬一线。不要告诉 Kevin 到底发生了什么。"（Bar-Lev，2010）

然而，即便在服从权威的规范在力量上稍显温和的组织如私营企业中，正式权力也会导致对指令的盲从，从而参与不端行为。Amy Myers 曾是 Wyeth-Ayers 的一名安全监督官，负责维护制药公司的药物不良事件（ADE）数据库。当与 Wyeth-Ayers 有关的不良副作用报道被报告给公司时，按照公司政策以及食品和药物管理局条例的要求，她需要将这些报告录入公司的 ADE 文件中，以便随后提交给食品和药物管理局。1997 年 3 月，与服用芬氟拉明有关的 13 个心脏瓣膜疾病案例的报告通过梅奥诊所从北达科他州的法戈市转发给她。芬氟拉明是 Wyeth-Ayers 生产的抑制食欲的药物。同时，芬氟拉明与另一种药物芬特明通常一起出现在处方中，作为一种被称为 Fen-Phen 的流行混合药物中的一部分。后来证实，两种药物同时服用不仅会导致心脏瓣膜疾病——一种经常致命的疾病，也会导致原发性肺动脉高压（PPH）——一种导致肺部积液而几乎总是致命的疾病。Myers 尽职地将与芬氟拉明有关的心脏瓣膜疾病记录到公司的数据库中。但此后不久，与公司政策以及食品和药物管理局监管条例相矛盾的是，她从文件中移除了这些报告。几周过后，她将报告重新录入档案中。一位大约在此事件发生时离开公司的 Wyeth-

Ayers 高级职员证实，从 ADE 数据库中消除报告严重违反了公司政策。曾使用芬氟拉明并患上心脏瓣膜疾病的原告的代理律师们将删除报告作为其控告 Wyeth-Ayers 并取得民事诉讼成功的关键。

代表芬氟拉明受害者的律师们认为，Wyeth-Ayers 之所以要从数据库中移除报告，是因其害怕此药物有严重副作用的新闻可能会危及该公司获得食品和药物管理局对另一种密切相关的药物右芬氟拉明的许可。右芬氟拉明通常也被称为 Redux。他们指出，公司在几周后重新将疾病记录录入报告是因为其得知，一篇即将发表在《新英格兰医学期刊》（*New EngLand Journal of Medicine*）上的批评性文章会很快将药物的副作用公之于众。不过，这个狡诈的战略意图是最先出现在从数据库中移除报告的中层员工 Amy Myers 脑海中的吗？由 Myers 提供并由 Alicia Mundy（2001）总结的法庭供词表明，Myers 是被以微妙的方式要求从数据库中移除报告的，这与 Milgram 实验中实验者所经历的类似。Myers 说她的直属上司曾"质疑如此迅速地将那些来自法戈的报告录入 ADE 数据库的必要性"。她接着说，她的上司问她是否"确定法戈的那个病人曾真的服用过"Wyeth 的减肥药且建议"如果她不是百分之百的确定……则录入它们可能为时过早"（Mundy, 2001：182）。而且，她补充道，公司的首席安全官也用与此相似的微妙语言建议她删除记录。正如她所回忆的，这位高级管理者也抛出问题："难道报告不能被撤销吗？"（Mundy, 2001：264）

谈完这个，我猜测，当下属无法完全意识到其参与行为的不端本质时，即便在那些服从权威的规范只处于中等强度的组织中，下属也会盲从于上级的指令而产生不端行为。瑞士信贷的两位个人理财顾问 Eric Butler 和 Julian Tzolov 2008 年 9 月因与证券欺诈相关的多项罪名而被指控。Butler 和 Tzolov 的客户要求其将他们的储蓄投资于由政府担保的助学贷款，但两位个人理财顾问却将客户的资金投资于佣金更高但风险也更高的抵押支持资产，这些资产被称为债务抵押债券（CDO），并且他们通过提供篡改过的投资文件隐瞒了这一事实。然而，正如大多数经理人所为，Butler 和 Tzolov 并未将这些信息亲自告知其客户。相反，他们让其销售助理转告客户，在某些情况下，他们甚至指示销售经理在转发关于投资的邮件时，将投资中涉及的"抵押"和"债务抵押债券"信息删除。很可能，助理们服从其上级的指令而没有对此予以足够的考虑（Anderson，2008）。

我认为，在服从权威的规范强度适中的组织中，当下属意识到其被要求实施的行为的不端本质时，参与不端行为的明确指令只会产生某种勉强的默许，这表现在 Milgram 实验中那些不情愿服从的被试者身上。例如，MCI 的高管团队要求公司运营商财务部门的负责人 Ralph McCumber 将已知坏账的核销推迟到下一年度。在口头表示强烈反对后，McCumber 服从了上级的指令。于是，McCumber 为了履行职责而将此命令转达给其下属 Walter Pavlo。同样，Pavlo 也只是在表达反对意见后服从了。随后，在 Pavlo 被分配去经营运营商财务部门后，MCI 的高管直接要求他递延其他核销账目。尽管对此政策表示强烈的不赞同，但 Pavlo 还是再次服从了（Pavlo and Weiberg，2007）。

以上每个例子都阐明了上级可如何利用正式权力通过命令明确要求下属参与不端行为而助长不端行为。不过，上级也会通过命令下属追求只有采用不正当方法才能达成的目标而隐性地助长不端行为。例如，MCI 的高管故意为其运营商财务部门每年必须收集的未兑现票据的数量设定一个不现实的目标。在被要求完成分配的这些目标任务后，McCumber 和 Pavlo 明白，高管明明知道如果不进行一种或更多形式的非法会计操作，那些绩效目标就不可能达成（Pavlo and Weinberg，2007）。相似地，美国零售巨头沃尔玛的高管为了确保公司在行业中的低成本领导者地位，要求其分店经理保持低水平的人工成本，他们以不服从就缩减薪金、降职甚至解雇来威胁经理们。这导致经理们转向一些非法行为，从迫使员工下班后工作到减少员工工资支付登记表中的时间。正如一位经理所说，"我在职期间压榨了许多人。老实说，你必须这么做。你要么这么做，要么离开。他们在会议中告诉我们，'我可以在街上随便雇一个人，给他5万美元让他去管理一个店面'"（Greenhouse，2008）。

最后，上级可通过命令要求下属克制对另一个人不端行为的反对，而更拐弯抹角地使用正式权力以助长不端行为。在 Alicia Mundy 关于 Fen-Phen 事故的书（2001）中，Leo Lutwak 医生被描绘成一个英雄。Lutwak 是一位学识渊博的研究者，曾任康奈尔大学药理学教授，在结束这一段辉煌的学术生涯后，他加入了食品和药物管理局。Lutwak 早就认识到 Fen-Phen 的危险性，并不懈地反对混合药品的化学成分，尤其是芬氟拉明和芬特明的潜在升级版——右芬氟拉明。然而，他发现，他每一次曝光该药物危险性的努力，基本上都会受到其上级的阻挠。Mundy 讲过，Lutwak 参加了一场评估芬氟拉明和右芬氟拉明的关键听证会，会上，他压制了自己对该药物安全性的强烈质疑，这主要是因为他的顶头上司 Jim Bilstad 告诫他要减少对该药物的批评。Mundy 写道，Lutwak 曾感到自己有义务在会议开始时采取一种消极的态度。

Leo 紧挨着 Jim Bilstad 博士坐着。Jim Bilstad 是食品和药物管理局负责内分泌和代谢药物监控办公室的主管。Leo 已被 Bilstad 事先告知，他一定不能在其证词中或回答问题时，主张支持或反对。Bilstad 已在一次与 Wyeth 和 Interneuron 代表的会议后，厉声对 Leo 说："你不能偏袒任何一方，那不是你的职责。""如果我们的职责不是对药物是否安全进行判定，那什么才是我们的职责？"他严正回斥道。Bilstad 告诉他，作为对食品和药物管理局方针的呼应，"我们不能如此坦率地谈论这个行业"。"他们是我们的客户，而你对他们太粗鲁，"Bilstad 补充道，并警告 Leo，"他们已经抱怨过你。"想到之前的这番交流，Leo 仍然坐着并一言不发（Mundy, 2001: 64-65）。

随着会议的开展，Lutwak 实在忍不住对芬氟拉明的安全性，尤其是其与原发性肺动脉高压（PPH）的关联含蓄地提出质疑。但 Lutwak 仍然克制住了自己提出他了解的所有有关该药物在安全性方面问题的冲动。

PPH 的问题令 Leo 在椅子上烦躁不安，并担心如果他也一起质疑，Bilstad 肯定会打压他。某一瞬间，他试图诱使 Wyeth 承认他已经知道的与芬氟拉明（右芬氟拉明的姊妹药物）有关的一大批 PPH 案例报告。Leo 告诉与会人员，他最近曾看到过一份显示了与服用该药物相关联的 101 个 PPH 案例的报告。他将这 101 个案例与众多的副作用联系起来，诸如"呼吸急促……至少增加了可能为早期肺动脉高压的怀疑"。具有讽刺意味的是，Leo 曾在无意中偶然发现了随之而来的危机的信号，但他的评论却逐渐被人淡忘了。后来，他一针见血地指出，他看过的药物公司的官方报告仅仅证明了 7 个与芬氟拉明有关联的 PPH 案例。他等了一段时间，但这家公司并没有上钩。他解释道："我不能仅称他们为撒谎者。"他沮丧地说道："我是慎重的，我认为，如果我说出 7 个被报道的案例，那么 Wyeth 就一定会阻止我并且修改数据，同时对每个人承认有许多与芬氟拉明有关的案例。但他们并没有那样做，而且我并不认为 Bilstad 会让我公开发表这一观点。"（Mundy，2001：66-67）

（二）非正式权力

如同正式权力那样，非正式权力也会助长不端行为。它使得受制于非正式权力影响的个体服从参与特定不端行为的指令，从而明确地助长不端行为，并且当非正式权力产生这种影响时，也会导致盲目或勉强的服从。当那些服从者将自己视为无权者时，由于过去的经验表明反抗是无用的，因此基于资源依赖的权力最有可能导致盲从（Gaventa，1982）。当那些服从者保持着强烈的自我意识时，基于资源依赖的权力最有可能导致勉强的服从，通常要么因为他们尚未经历过长时间连续的控制，要么因为他们所服从的基于资源依赖的权力是微弱的，要么因为该权力最近才被发展或运用。

20 世纪 50 年代的智力竞赛节目诈骗阐明了基于资源依赖的权力是如何产生盲从的。开始时，竞赛节目的制片人利用根据参赛者的专业知识量身定制的问题对比赛进行微妙的操控，因为他们认为某种形式的"控制"是必要的。正如一位制片人所说,"你不能通过随机的问题而制作一个节目。如果那样,结果只能是参赛者不断地失败,失败,失败,那将毫无娱乐性可言"(Stone and Yohn,1992:119)。然而,制片人们将舞弊升级为更明显的操控,保留受欢迎的参赛者并且淘汰不受欢迎的那些,在一定程度上缓解了来自赞助商的压力。据《64 000 美元的问题》(The $64,000 Question)的制片人 Merton Koplin 所说,"我们参加赞助商会议,他们会说,'好,那个人——那个人得继续留在节目中'或者'我不喜欢那个人,淘汰他吧'"(Krainin Productions, Inc. and WGBH Educational Foundation,2000:5)。这种影响和基于资源依赖的权力,在露华浓对"《64 000 美元的挑战》(The $64,000 Challenge),即《64 000 美元的问题》的一个衍生节目的赞助中表现得很明显。据 Stone 和 Yohn(1992)所说,当节目收视率下滑时,Revlon 便会向制片人施压。露华浓"对参赛者、类型甚至是问题表达不满,他们利用了制片人内在的恐惧,即时机一旦成熟,露华浓就有可能不会续订。"露华浓能"'窃取'广播时间以延长超过哥伦比亚广播公司指导方针所允许的广告时间"的事实表明,赞助商有权让制片人甚至广播电视网满足其要求(1992:147)。然而,智力竞赛节目的制片人从未公开抵制赞助商的要求,也许部分原因在于他们在此问题中别无选择。

作为政治支持的回报,Colonial Pipeline 公司对新泽西州伍德布里奇市公职人员的秘密支付,阐释了基于资源依赖的权力是如何产生勉强服从的。当 Colonial Pipeline 在 1963 年试图获得建筑许可证和在伍德布里奇市区建造石油储藏罐的优先权时,市长和城市委员会主席明确表示是否批准取决于该公司提供的秘密支付(Mintz,1972)。Colonial Pipeline 的高管们起初拒绝满足公职人员的要求,并通过合法的程序继续申请必需的许可证。最后,在未能取得进展后,高管们屈服了,并且安排了一系列难以追踪的复杂交易,将资金从 Colonial Pipeline 转移到市政府官员手中。在诡计被戳穿后,Colonial Pipeline 的高管在法庭上以市长和城市委员会主席曾向他们勒索钱财为由为自己辩护。虽然陪审团并不同意,并认为公司和政府官员涉嫌私下勾结,但很明显，公司高管最初并非自愿参与贿赂活动；相反，他们之所以勉强同意，是因为其需要依靠政府和城市委员会主席的权力取得建筑许可证和优先的地役权。

但基于资源依赖的权力也可以被隐晦地实施。它可以导致受制于它的人去追求只能通过不端的方式才能实现的目标。它也可以导致那些受其影响的个体拒绝反对不端行为。Bernard Madoff 建立了一个薪酬丰厚的合伙人网络，这些人反过来又会招募客户投资其基金，他以此实施了其精心设计的庞氏骗局。随着时间的推移，一些合伙人和客户开始怀疑 Madoff 基金的合法性，主要是因为该基金并没有完整的证明文件，且产生了令人生疑的持续且不寻常的高额回报。然而，他的合伙人们大都隐瞒了他们的疑虑，并用各种托词消除客户的担忧，因为他们害怕，如果其质疑 Madoff 的真实性或让其客户的担忧表现出来，Madoff 将会把他们从组织网络中驱逐出去——Madoff 的定期威胁强化了他们对自己被驱逐出去的担忧（Gaviria and Smith，2009）。

正如前文所指出的，权力是一种能力，它不需要转化为作用于他人行为的影响。人们遵从权力拥有者的偏好行事，即便他人并未发出之前章节中描述的明确或不甚明确的指令，或做出先前描述过的明确或不甚明确的威胁。在第六章中，我曾提及 Betty Vinson 在世通公司任职时，在其上级的要求下实施了不端的账务调整（Pulliam，2003）。我指出，尽管对实施该账务调整的直觉和情绪反应告诉她这样做是错的，但她仍服从指令进行了变更，因为世通公司的首席财务官为这一调整提供了一个权威的合法性。此外，她之所以服从指令进行变更，还因为她是家庭主要的经济来源，在世通公司所在的密西西比州的杰克逊小镇上，少有其他工作能提供与此相当的薪水。因此，Vinson 便依赖于其上级提供给她的这一重要且稀缺的经济来源。这一经济来源依赖于其上级对她服从指令实施会计调整决定的肯定，即便其上级从未用任何方式强调这种依赖。Paul Krimmage 也暗示过，他的许多职业自行车手同行为了相似的原因而选择使用违禁的兴奋剂。

到目前为止，我都将讨论集中在基于资源依赖的权力上，它以对特定他人所需的资源控制为基础。以应对组织关键性意外事件能力为基础的基于资源依赖的权力，因两个原因而值得特别关注。首先，它可能通过间接的方式助长不端行为。它使得那些对成功应对关键性意外事件最感兴趣的人，即组织的领导者们，成为有能力应对关键性意外事件的代表，并对他人施加影响。因此，有能力应对一个组织关键性意外事件的人，会寻求那些对应对意外事件最关心的人（通常为其上级）的帮助去打败其竞争对手。其次，来源于应对关键性意外事件能力的基于资源依赖的权力，倾向于以一种隐晦的方式运作。换言之，它将人们置于这样一种境地，即不参与不端行为就难以实现组织目标，或者抑制人们反对他人不端行为的能力，并迫使人们与实施不端行为的人沆瀣一气。

MCI 运营商财务部门的不端会计行为阐明了以应对关键性意外事件的能力为基础、基于资源依赖的权力是如何通过间接的方式助长不端行为并产生潜移默化的影响的。我已描述过运营商财务部门的高管 Ralph McCumber 和 Walter Pavlo 如何操纵其部门账簿以掩盖他们无法收回逾期账款的事实。并且我已指出，McCumber 和 Pavlo 参与此次不端行为，部分源于其上级在收回逾期账款方面制定了不切实际的高目标，部分源于其上级发出操纵账簿的直接指令。但运营商财务部门的高管们发现其自身处于必须收回大量逾期账款的位置上（且需要采取有问题的做法去收回它们），因为 MCI 的销售代表与大量其知道不可能支付账款的客户签订了合约。销售代表之所以与这些名声不好的客户签订合约，是因为其签约的客户越多，挣得的佣金便越多，而不管客户是否彻底履行对公司的偿债义务。运营商财务部门向高管们强烈抱怨销售部门的做法，以及尽职调查部门未能控制它们过分的行为。但 MCI 的高管总是站在销售部门一边，因为其依靠它产生大量的订单，以保持持续增长的表象，而这是吸引企业并购所必需的（Pavlo and Weinberg, 2007）。

安然的律师试图阻止该公司操控加利福尼亚能源市场贸易运作的失败很好地阐明了，以应对关键意外事件的能力为基础、基于资源依赖的权力如何以一种间接的方式助长不端行为并产生一种更为隐蔽的影响。2000 年，加利福尼亚州能源危机加重，公共事业公司损失巨大，消费者遭遇停电、断电，而安然的利润却一路飙升，一年内翻了四倍。能源市场失灵和安然的成功并存，致使几家公共事业公司和市民们向联邦能源管理委员会（FERC）提出对安然的投诉。这些投诉推动安然的法律顾问对公司在加利福尼亚的贸易运作实施内部调查。在接下来的一年时间里，安然的法律顾问越来越清楚地意识到，公司在加利福尼亚州的交易商采用的策略可能是违法的，而且肯定足以引发政府和消费者群体的法律诉讼。因此，法律团队向安然的高管施压，让其说服交易商暂停可能存在问题的交易行为。但安然的高管从未要求交易商停止交易。McLean 和 Elkind（2004）认为，这是因为加利福尼亚的交易商们正在产生巨额利润，且公司的其他部门主要是在消耗资本而不是产生资本。因此，安然的高管非常依赖加利福尼亚州的交易商们提供的关键资源——现金。

四、权力对其拥有者的影响

正如前文所指出的，对权力和不端行为之间关系的主流观点认为，权力增加了人们参与不端行为的可能性。然而，社会学家直到近来才开始探索这一关系。斯坦福监狱实验是最早的一批且仍然是最知名的研究权力和不端行为之间关系的实验（Haney, Banks, and Zimbardo, 1973; Zimbardo, 2007）。它显著证明了，仅将被试者分配至更高的权力地位会驱使其以严厉甚至残忍的方式对待那些服从于其权威的人。事实上，在监狱实验中，权力驱使被试者的行为如此极端，以至于该研究的主要负责人 Philip Zimbardo 在实验核心内容运行前就被迫暂停。[①] 以下是我认为权力可能引起其拥有者参与不端行为的四种方式，下文会根据正在谈论的权力类型来组织这一讨论。

---

① Zimbardo 的监狱实验也提供了其他心理过程的证据，包括在前述有关 Milgram 的实验中讨论过的服从权威。

（一）两种权力类型

1. 作为机会创造者和激励者的权力

社会学家、犯罪学家和刑事司法专业人士长期以来一直认为，参与不端行为的机会——无论其是未成年人犯罪（Cloward and Ohlin, 1960）、惯犯（Cohen and Felson, 1979）还是组织的不端行为（Baker and Faulkner, 1993）——增加了人们参与不端行为的可能性。权力，顾名思义，为拥有权力的人提供了不顾他人的抵制而追求自身利益的能力。因此，正式权力和基于资源依赖的权力都可能增加倾向于实施不端行为的人实际上实施那些行为的可能性。最近，社会心理学家通过实验强化且拓展了这一基本观点。

数项研究表明，拥有权力与将女性视为性交对象的倾向联系在一起，这一影响在存在性骚扰倾向的男性中最为显著。其他研究表明，权力将引发对社会不负责任的行为，比如逃避公共责任，但仅当权力拥有者具有"交换导向"时，才倾向于从工具性的角度看待其与他人的关系。当权力拥有者具有"公共导向"时，会易于根据其遵守社会规范的共同责任来看待其与他人的关系，因此权力实际上也会引致社会负责任行为，诸如承担更大部分的公共责任（Lee-Chai, Chen, and Chartrand, 2001）。

一些人相信这些结果反映了权力对个体的无意识目标的影响（Bargh and Alvarez, 2001）。当个体的无意识目标是"自私的"时，拥有权力便激发了恶意行为，诸如性骚扰或对社会不负责任的行为。然而，当个体的无意识目标是"有利于社会的"时，拥有权力便会激发慈善行为。这一目标激活观点的支持者相信，当拥有权力且对无意识目标的追求在过去相互关联时（例如，如果一个人拥有权力与骚扰女性在过去是相关联的），权力便将从根本上激活无意识目标。

人类的动机会被影响，不仅会被内部状态影响，也会被外部意外事件影响。这一观点与权力创造机会的看法相吻合，并已在第四章中谈及期望理论时讨论过。毫无疑问，个体偏好和价值结构在导致其追求不同目标的方式上是不同的。但期望理论表明，人们期望其能成功地实施一种行为的程度（他们拥有一种高努力-绩效期望的程度）和他们期望从实施一种行为中获得积极且/或消极结果的程度（他们拥有一种高绩效-结果期望的程度），也会影响其参与这种行为的动机。

从定义上而言，权力增强了一个人完成任务的能力。因此，组织参与者拥有的正式权力和基于资源依赖的权力越大，他们对其成功实施不端行为的能力就越有信心（如从知情者那里获得内幕消息），因此他们更有动机去实施此类行为。从其定义的外延来看，权力也增强了一个人从达成目标中攫取利好结果的能力。因此，组织参与者拥有的正式权力和基于资源依赖的权力越大，他们对其从不端行为中获得利好的能力就越有信心（如通过交易内幕消息而获利且逃避监管和惩罚），因而他们也更有动机去实施此类行为。

权力似乎也会改变一个人对与不端行为相关联的收益和惩罚的权衡。当人们积累权力时，便开始将权力视为一种事物。结果，他们追求权力时更可能将其作为一种目标而非实现目标的一种手段（Kipnis, 1972）。更恰当地说，当人们积累权力时，便开始贬低他人认同的价值（Keltner, Young, Heerey, Oemig, and Monarch, 1998）。因此，他们变得更有动力去采取可能会遭到社会反对的行动。一个巧妙的实验研究将权力的大小作为控制变量，即让部分被试者相信其所拥有的权力超过了其同伴。实验完成后，实验者向所有被试者提供补充能量的饼干并追踪被试者拿走的饼干数量和他们吃饼干的方式。他们发现，比起被分配给低权力条件的被试者，被分配给更高权力条件的被试者拿走了更多的饼干，并且以一种社会更加不能接受的方式吃它们（如大口咀嚼饼干且掉落很多碎屑）（Keltner, Gruenfeld, and Anderson, 2003）。

Steve Raucci 在纽约斯克内克塔迪学区的残暴统治说明了权力会如何增加参与不端行为的机会和动机。作为该学区工程维修部的部长，Raucci 表现出跟同事开低劣玩笑的倾向。但当其开始越过部门构建权力时，他的玩笑发展成了骚扰和更极端的不端行为。Raucci 利用其作为工程维修部负责人的正式权力，以转岗甚至解雇来威胁其下属遵从他的旨意，包括为工会官员和学校董事会成员的连任选举活动做志愿者。这些服务反过来助力 Raucci 当选为工程维修部工会的主席，负责学区的建筑和地面景观建设工作，并被指派负责学区的能源节约项目。Raucci 于是利用这些职位为工会高级官员、高级学区管理者和学区教育董事会成员解决问题，为更长远地增加其权力奠定了基础。

当 Raucci 沿着正式权力和非正式权力结构晋升时，他现实中的玩笑变得日益过火。许多下属对他的行为感到厌恶。但 Raucci 似乎从他们的不安中感受到快乐。一些员工公开反对他的铁腕手段，并为摆脱其压制而向上级主管部门反映情况。彼时，Raucci 便增大了其骚扰的强度，并最终在反对者的家中放置了炸弹。为此，他被定罪并被判处 23 年的监禁。在被偷偷记录的其与便衣警员的对话中，Raucci 将自身塑造成以上帝之名行使权力的人，尤其要为那些曾受到不公正对待的朋友伸张正义。如果这份自我评估是诚实的，那么其恶毒意图可以被认为一直潜伏着（Glass, 2010）。

2. 作为认知取向转移者的权力

社会心理学家已开始检验（拥有并利用）权力会如何影响人们看待自己和他人的方式。其研究表明，当在可供选择的行动方案中选择时，拥有权力增加了人们选择性地处理信息并利用认知捷径的可能性。拥有权力的人倾向于忽视那些权力不及他们的人的长处，这样便增加了其对那些人产生刻板印象和歧视的倾向。他们也倾向于忽视那些服从于其权威的人的需求、情感和愿望，这样便增加了其伤害那些人的意愿（Anderson, Keltner, and John, 2003; Bartky, 1990; Fiske, 1993; Frederickson and Roberts, 1997; Galinksy, Magee, Inesi, and Gruenfeld, 2006; Goodwin, Gubin, Fiske, and Yzerbyt, 2000; Gruenfeld, Inesi, Magee, and Galinksy, 2008; Henley, 1977; Keltner, Gruenfeld, and Anderson, 2003; Nussbaum, 1999; Vank Leef, De Dreu, Pietroni, and Manstead, 2006）。

研究者也发现，权力的使用改变了人们在他人与自己的关系中看待自己的方式。最值得注意的是，Kipnis（2001）发现，使用"强影响方法"，如直接命令，而非"弱影响方法"，如理性论证的人，倾向于将其自身视为对他人行为负责的人，并将其控制的人视为不用对自身行为负责的人。这使得控制欲强的人对自己和他人的看法产生了一系列变化。一方面，当人们不断使用强影响方法去控制他人行为时，他们开始将自己视为上级并对其所控制的那些人的行为负责。因此，他们认为自己更应该得到道德上的回报，并且进一步地也更应该得到资源、自由和权利。另一方面，他们倾向于认为其所控制的那些人能力不足，对自己的行为也不太负责。他们不把自己控制的人看作完全的人，而是把这些人看作自己的工具，所以认为其不值得用道德的方式来对待。这样看待自己和他人的观点，为控制者以他们所控制的那些人为代价而实施的不端行为提供了理由。拥有正式权力和基于资源依赖的权力的人，处于更好地利用"强影响企图"（如直接命令）的位置上。因此，本研究为"权力导致腐败"这一公认观点的修正提供了支持，提出了"权力的使用导致腐败"这一观点。

很多公职官员在其职业生涯的早期拥有很小的权力时，似乎一直是善良的公仆，但在获得大量的权力和权力意识后，尤其在其事业快要结束之际，便会实施不端行为。1970 年，Darleen Druyun 作为美国空军的一名普通的签约实习生开启了她的职业生涯。在 32 年的职业生涯中，她不断被提升到更高的行政级别，也因作为一位具有奉献精神的、努力工作的、创新及严肃的管理者而赢得了声誉。她拯救了被遗弃的重大项目，推动了重要的新型武器系统，并且最终为空军节约了超过 200 亿美元的采购成本。但在她工作的最后几年中，据她自己坦白，她为了感谢波音公司为她女儿、她未来的女婿以及最终为她自己提供了工作，而操纵了与波音公司数十亿美元的合同（Cahlink，2004；Pasztor and Karp，2004）。

（二）加速滑坡的非正式权力

从一种道德的观点来看，非正式权力的积累和使用已被认为是本质上有问题的（Cavanagh，Moberg and Velasquez，1981）。虽然可能以一种道德的方式积累和使用这种形式的权力,但为积累和使用基于资源依赖的权力而采用的一些策略,则可能是由对基本人权、社会的司法规范和功利原则的违背所推动的。例如,塑造他人对组织关键性意外事件的认知需要有选择地隐瞒信息。因此,权力的积累会侵犯他人的自由同意权(例如,他们完整地获取与其福利相关信息的权力)。进一步地,盟友的积累常常需要以一种特殊的方式进行资源分配、惩罚安排和规则实施。因此,权力的积累也常常会违反分配性、补偿性、行政正义的规范。并且,自然而然地,权力的积累会以损害公共利益为代价,增加权力拥有者的利益,因此违背了功利主义原则,这一原则决定了人们的行为方式要为最多的人产生最大的利益。

如果从道德的观点认为基于资源依赖的权力的积累和使用是有问题的,那么它会为未来额外的不道德的和渐增的不端行为奠定基础。当权力的积累或使用需要继续实施不端行为时,往往会使人们对参与不端行为变得麻木不仁。正如在第六章中所指出的,当人们对参与不端行为变得麻木不仁时,他们在未来就更容易实施此类行为(Ashforth and Kreiner, 2002)。进一步地,当权力的积累和使用需要继续实施不端行为时,它倾向于将评价人们行为的底线移至离正当与不端界限更近的地方。且正如在第六章中所表明的,当用于评价人们行为的底线离正当与不端界限更近时,他们在未来就更容易越过此界限。

从 20 世纪 20 年代到 60 年代晚期,Robert Moses 一直是纽约州的一位公职官员,他设计并建造了大量的公共工程项目,以公园和高速公路为开端,并逐渐转至桥梁、隧道和大型公共房地产开发项目。虽然他不是一位经过选举的官员,但在其获得任命后不久,就建议对纽约州的法律做出修改,即给予州立公园委员在以下两种情况下利用私有土地建造公园的权力:①在土地所有者未能产生销售合同时,尝试真诚地与其进行协商;②州政府在其金库中有充足的货币能够以完全的市场价格购买竞争性财产。Moses 获得了州立法委员对这些修改的支持,主要是因为修改后的法令用晦涩难懂的语言写成,并在 1924 年立法会议的最后时刻提交,实际上剥夺了州立法委员们的自由同意权。随后，在成为州立公园委员后，Moses 在没有真诚地与土地所有者协商的情况下便开始侵占土地，剥夺了他们运行正当程序的权力。在实施这两个明显不道德的行为后，Moses 进一步采取措施侵占长岛南岸——被认为是 Taylor 家族财产的大片土地，且并未真诚地与其所有者协商，尽管公园委员会事实上缺乏以当时的市场价格购买该地产的资金。因为这最后的犯罪行为，Moses 被指控、起诉并最终被定罪，虽然最终仅被处以极少的罚款（Caro，1974）。[①]

五、正式权力、非正式权力和不端行为的演变过程

虽然正式权力、非正式权力和不端行为是不同的现象，但随着时间的推移，它们的发展会变得相互依赖。一个人在行政管理系统中的职位决定了其所控制的资源，而绝不仅仅是控制着其他资源的下属。因此，在行政管理系统中职位的提升往往意味着个体接触有价值资源机会的增加和非正式权力的提升。人们获得基于资源依赖的权力越大，他们就越能更好地为组织关键性意外事件的定义及其资源的分布而游说，这将加强他们对重要且稀缺资源的控制。同时，人们拥有的非正式权力越大，他们就越能更好地操纵对下属的奖赏和惩罚，以及在行政管理系统中达成与其职位相关联的目标。因此，基于资源依赖的权力可提高管理者在其下属心目中的合法性。最后，非正式权力可以增强个体达成其上级重视的目标的能力，这将增加其晋升的机会。

正如以上所详细阐述的那样，权力允许那些拥有者致使他人实施、支持或容忍不端行为，尽管他们对此感到厌恶。权力也会使那些拥有者变得更易

---

① 我认为正式权力的积累也可能会增加个体以一种独特的方式参与不端行为的倾向。大部分有关正式权力和不端行为之间关系的已有研究都聚焦于下属对上级的义务，以及那些义务会引起下属参与不端行为的方式。但 Raven（2001）已辨认出什么可被称为服从权威规范的对立面，什么可被称为为一个人的下属"提供"的义务。我认为上级可能会为额外的义务所限，且这些义务有时可能会导致其参与不端行为。例如，我猜测，当他人质疑下属的行为时，正式权力拥有者感到有义务信任其下属并支持他们。并且，我认为，上级意识到信任和支持其下属的义务有时会被下属利用以得到其上级对不端行为的共谋。

于参与不端行为，改变他们的动机、认知取向和在滑向不端行为斜坡上的位置。但权力也允许拥有者为随后以不端行为而告终的政治斗争做好准备。权力拥有者是权力结构的首席建筑师，我指的是正式的等级制度和资源结构，以及人们在那些结构中的位置分配。通过对报告关系和任务独立性的设计做出贡献，通过支持一些潜在职位负责人的任命，并通过影响特定职位在位者的罢免，有权势的组织参与者会减少将其权力转化为影响力的需要，以便于以后实施不端行为。

同时，对不端行为的追求会提升组织参与者的权力。当人们变得全神贯注于不端行为时，他们对奖赏和惩罚的控制会加强，因为巧妙的控制会增强其作为正式权力拥有者的合法性。更重要的是，他们可以开发获取他人所需资源的途径，这些资源是应对组织的关键性意外事件所需的最重要的资源。当他们获得他人所需的资源时，他们便发展了对他人的非正式权力。且以上讨论表明，当他们发展对他人的正式权力和非正式权力时，其变得甚至更有可能参与不端行为。这样，权力的获取和不端行为的参与会在一段时间内加速彼此之间的结合。

六、Andy Fastow 在安然的非法特殊目的实体

我用对权力在安然的非法特殊目的实体（SPE）的产生中所起作用的描述来结束本章的写作。我的描述集中于该特殊目的实体的首席策划师 Andy Fastow，并且这些主要来源于 Eichenwald 描述安然瓦解的书：《傻瓜的阴谋》（*Conspiracy of Fools*）（Eichenwald，2005）。它将阐明本章中所提出的观点，尤其是关于权力和不端行为会如何随着时间的推移而共同演化的观点。在此过程中，它也将对安然瓦解的现有分析，即关注激励和文化对公司不端行为所起的作用，做出一些修正。

（一）Fastow 非法特殊目的实体的实质

特殊目的实体是由母公司创建的独立企业，并被母公司和其他投资人共

同所有。它们类似于非全资子公司,从财务会计的角度来看,它们独立于母公司,保留自己的资产负债表,列明各自的资产和负债。然而,由于它们通常被创建以在一段时间内完成高度专业化的商业活动,因此不同于子公司。正式而言,公认会计准则要求,特殊目的实体至少要有3%的资本总额来自外部投资者。Andy Fastow 想要以一个外部投资者的身份参与他为安然创建的特殊目的实体,以便从中获益。但安然的内部律师认为,这样将有损特殊目的实体的独立合法性。随着其投资愿望受阻,Fastow 通过第三方——这其中最重要的是一个名为 Michael Kopper 的同谋者——暗地里投资于安然的许多特殊目的实体:随着时间的推移,Fastow 对安然特殊目的实体的投资在道德和法律层面产生了越来越多的问题。特殊目的实体在功能上要求独立于其创建者,以便达到风险实际转移的目的。但 Fastow 主动参与了他所创建的几个特殊目的实体的管理,并领取了报酬。而且,一般来说,公司高管被期望在增加其公司股东的利益方面履行职责。但在许多情况下,Fastow 以同时损害安然和特殊目的实体股东利益为代价而获取个人利益的方式管理着他拥有所有权、管理权和利益求偿权的特殊目的实体。

Fastow 需要大量的人和组织的支持、合作和默许以创建其非法特殊目的实体。他需要其上级的授权才能建立该实体。他需要公司内幕消息传递者,如安然风险评估专业人员(其对公司的风险评估进行裁决)的支持。他也需要得到其同事的赞成,这些同事的目标有时也会与他的目标相冲突。此外,Fastow 需要其直接和非直接下属的服从,这些下属对实施其指令负责。Fastow 也需要资本去创建特殊目的实体。正如以上所指出的,至少3%的资本总额必须来自外部投资者,通常包括金融机构。但 Fastow 的特殊目的实体大部分的资本都是以公司股票的形式来自安然本身。作为特殊目的实体资本来源的一种渠道,安然股票的价值取决于其价格,且其价格大体上取决于投资银行股票分析师的报告。因此,Fastow 也需要银行的参与和分析师对其特殊目的实体做出的积极评价。最后,Fastow 需要外部信息传递者,如就特殊目的实体的会计适当性做出裁决的公司审计人员的认可。接下来,我将指出 Fastow

是如何通过正式权力和非正式权力得到上述各方支持或克服所有阻力的——至少在一段时间内。

（二）Fastow 如何利用权力在安然创建非法特殊目的实体

1. 正式权力

Fastow 通过借助其在安然组织层级中的职位拥有正式权力。作为公司财务部门的一位高管，他以较高的职级进入公司。之后，他被迅速提升为零售部门的负责人。在零售部门经历了一段平淡无奇的时光后，他被再次调回之前的财务部门。随后，仅在加入公司八年后，他就被提升为首席财务官。最后，他被指定负责公司所有的交易业务。

Fastow 利用这些职位所赋予的正式权力来获得那些在行政管理系统中的下属的服从。例如，当 Fastow 是首席财务官时，其手下三个财务主管中的 Jeff McMahon，指定一个叫 Bill Brown 的下属去商谈一项贸易合作，这一合作将使安然投资于由其特殊目的实体所进行的一个投资项目。这一特殊目的实体名为 Chewco，名义上由 Michael Kopper 管理，实际上由 Kopper 和 Fastow 所有。谈判僵持在 Chewco 以及 Kopper 和 Fastow 由此所得的利润分配上。Kopper 想要总额 1 000 万美元的利润。但由 McMahon 所支持的下属 Brown 认为这一数额过高了。最终，Fastow 依靠 Brown 快速完成了谈判，并与 Kopper 的条件达成一致。Eichenwald（2005：158）这样描述了 Fastow 为结束谈判做出的最后劝诫时 Brown 的反应："他无法摆脱这样一种感觉，那就是他刚刚被 Fastow 警告要做出让步，他认为自己最好把这个警告记在心里。"

Fastow 也利用其正式权力给其行政系统配备可能支持其不端行为的下属，从而降低了为克服对其指令的阻力而需要将其正式权力转化为影响力的必要性。例如，他邀请了一位资深的律师 Kristina Morduant 加入其特别项目组，部分是因为他知道她愿意且能够"在灰色地带工作"。他也绕开了那些他认为不太愿意支持其不端行为的人。例如，他原本计划将一位熟练的高管 Ray Bowen 提拔到财务部门一个更高的职位上，但在他得知 Bowen 不愿利用职务之便谋求个人利益时，便推迟了 Bowen 的晋升并最终将其调到另一个部门。最后，他解雇了他知道不愿意支持其活动的人。例如，在财务主管 Gathman 提供给穆迪投资者服务部门未加修饰的会计数字，且几乎引起安然债券评级下调后，他把 Gathman 开除了。随后，当 Gathman 的继任者 Jeff McMahon 在 Chewco 和其他种种问题上反对他时，他最终迫使 McMahon 辞职。Fastow 用 Ben Glissan 替换了 McMahon，此人先前已经证明过他是一位忠诚的下属。最终，Glissan 也没有让 Fastow 失望。

2. 非正式权力

（1）应对关键性意外事件的能力

除拥有正式权力外，Fastow 也构建了应对安然关键性意外事件的能力，且他利用这种能力所产生的非正式权力，在他与其非法特殊目的实体反对者的对垒中谋取了上级的支持。安然的高管们全神贯注于各类业务（例如，建造发电厂，涉足天然气交易，甚至开发配水管网），因为这些业务将使公司能够达成华尔街分析家们所设定的营收目标。如果未能达成这些目标则可能导致公司股票价格有下跌的危险，因此高管们要集中精力达成华尔街的营收目标。公司的股票价格将巩固其以银行贷款、机构和私人投资者购买股票及以特殊项目投资的形式筹集资金的能力，而这反过来又提升了公司的业务能力。然而，高管们在集中精力发展业务的同时，也可能产生一些不得不面对的不良副作用。它会导致公司产生债务，并抑制公司业务的发展。它也会导致对不良资产和商业企业的介入，这会损害公司的资产负债表，使潜在的投资者望而却步。最后，与大多数非财务公司不同，安然使用公允价值记账法来评估其资产。在公允价值记账法中，资产依据被出售时的价格来估值。因此，安然的财务状况在很大程度上取决于其资产的市场价值。尽管资产本身保持不变，但其市场价值可能会随着资本市场的发展而变化，因此，安然也全神贯注于寻找稳住其资产价值的途径。

Fastow 帮助安然应对了所有这些关键性意外事件。他安排了诸如在第六章中提及的尼日利亚驳船出售业务，因此帮助公司达成了营收目标并维持了股价稳定。更为重要的是，Fastow 完善了一种被称为资产证券化的流程，在此流程中，债务被打包到可被出售给独立投资者的创收型投资中，从而使得安然的资产负债表中消除了债务并产生了可为公司未来业务所用的现金流。此外，更重要的是，Fastow 是结合特殊目的实体的创建实施的资产证券化。Fastow 通过特殊目的实体购买公司的证券化债务。他也通过同样的手法去购买有问题且贬值的资产，并从安然的资产负债表中消除它们，以防止其破坏他筹集更多资本的企图。最后，Fastow 利用特殊目的实体吸引外部资本为公司不间断的业务运转提供动力并保护公司的资产。

Fastow 应对安然关键性意外事件的能力使得那些在应对意外事件中的既得利益者，尤其是安然的 CEO Jeff Skilling 变得更加依赖于他。Skilling 是安然新事业模块的决策者，该模块结合了能源（以及渐增的其他资源，比如水）生产的投资、能源资源（以及渐增的其他资源，比如因特网带宽）贸易和资产证券化。Skilling 在担任安然的麦肯锡顾问时就提出了这个基本概念，并在加入安然担任财务部门的主管后，实施了第一个被称为"天然气银行"的原型。随着商业模式的蓬勃发展，Skilling 先是被晋升为首席运营官，然后是 CEO。

Skilling 意识到了自己对 Fastow 的依赖并顺从于 Fastow 的偏好。曾经有一次，Skilling 的同事 Rebecca Mark 建议他提防其三位最高级管理者，Fastow 便是其中的一位。但 Skilling 并不理睬这一警告，说道，"他们就是我所依赖的人。他们就是让我有今天的成就的人"（Eichenwald，2005：185）。安然的其他高管也意识到 Fastow 对 Skilling 的重要性。当一位高管说出心中的疑惑，即为什么 Skilling 对 Fastow 如此信任时，安然的会计师 Cliff Baxter 回答道，"Skilling 将 Andy 视为一位问题解决者"（Eichenwald，2005：235）。因此，Skilling 会同意 Fastow 的大多数主张并在其遭到反对时为其辩护就不足为奇了。这其中的一个实例引人注目。

Vince Kaminski 是安然风险评估组的一位成员，其负责对公司提议的交易进行严格评估。Kaminski 被召集去评估 Fastow 最早的一个非法特殊目的实体——Swap Sub，并快速推断出该实体存在缺陷。Kaminski 使 Fastow 意识到此问题并给出了一份解决方案，但这一方案却被断然拒绝了。Kaminski 不知道的是，他所提议的修改方案妨碍了 Fastow 非法利用特殊目的实体以谋取私利的计划。所以那时，Kaminski 将对 Swap Sub 的担心转达给风险评估部门的主管 Rick Buy。Buy 指示他准备一份对特殊目的实体更详细的分析，并承诺如果追加的详细审查证实了 Kaminski 最初的评估结果，他会反对该交易。但在 Kaminski 完成其分析前，Fastow 获得了安然董事会对该交易的批准。而 Buy 无法使董事会信服并重新审视其决定，甚至 Kaminski 呈交的详细的分析表明该交易不仅有缺陷，还包含了对安然股东不利的利益冲突和支付结构。此后不久，Jeff Skilling 致电 Kaminski，告诉他，他被从风险评估部门调出至安然的研究部门。在一份极为简要的调任说明中，Skilling 说，"Vince，大家对你有许多抱怨，说你并没有帮助公司开展交易；相反，你就像个内部警察，而我们并不需要警察"（Eichenwald，2005：250）。

（2）控制他人所需的资源

Fastow 也尝试控制一些对他人而言稀缺且重要的资源。他通过控制这些资源所产生的非正式权力为其非法特殊目的实体谋求支持并压制异己。薪酬在安然内部处于最有价值的资源之列。薪酬实际上依年终奖而定，而年终奖又由公司绩效评价委员会（PRC）所主导的评估而定。Fastow 是 PRC 的一位成员并对委员会的评估具有相当大的影响，这部分是因为其在行政管理系统中日渐提升的职位，部分是因为其应对公司关键性意外事件的能力。并且，他运用这一名不副实的影响力去确保那些愿意支持且的确支持了其活动的人得到最高的评级和最多的奖金，而那些反对其活动的人得到较低的评级和较少的奖金。

例如，Fastow 利用其在 PRC 的影响力奖赏其主要同谋者 Michael Kopper，而惩罚风险评估特别小组的成员 Kevin Kendall——其推动了对 Fastow 大量问题交易的揭露。一旦 Fastow 通过 PRC 去奖励支持者并惩罚反对者形成一次警示，他便可以通过将来会进行报复的威胁获得潜在反对者的服从。例如，

Amanda Martin 和 Cliff Baxter 成功反对了 Fastow 的第一个被称为 Calpine 的非法特殊目的实体——计划用来购买安然自有的风能生产设备。作为回应,Fastow 放出风声,他会在 Martin 和 Baxter 去 PRC 之前,惩罚他们的下属。这让 Martin 和 Baxter 非常害怕,当 Fastow 实施其第二个,也是其第一个成功的非法特殊目的实体 RADR 时,他们退让了。RADR 被用来购买安然自有的另一台风能生产设备。

Fastow 也对安然外部的组织和个人施加了非正式权力。随着公司的成长,对处于其环境中的其他公司而言,它逐渐成为一个商业机会的源泉。Fastow 通过对这些商业机会的控制,对试图利用这些机会的公司形成非正式权力。众所周知,Fastow 通过把控油水丰厚的审计和商业咨询合同,对 Arthur Anderson 形成基于资源依赖的权力,并且随后利用这一权力向审计公司施压,要求其制定对他的一些有问题的特殊目的实体有利的审计规则(Toffler and Reingold,2003)。鲜为人知的是,Fastow 通过对利润丰厚的投资和商业银行业务机会的控制,对试图寻求这些商业机会的银行形成基于资源依赖的权力。Fastow 根据银行参与和安然有关活动的意愿,制作了一份银行排序的清单,依据银行在列表中的位次给其分配相应的业务,并提醒银行,如果未能满足他的要求,他将变更它们在清单上的位置。

Fastow 使用其对投资者和商业银行的非正式权力,迫使他们作为外部投资者参与到特殊目的实体中,若不如此,它们将不会获得 Fastow 的支持。例如,Fastow 用此方法促使 Credit Suisse First Boston 参与了 Swap Sub。他也用此方法促使商业银行和投资银行投资于最有野心的企业 LJM2。除此之外,Fastow 还通过其对投资银行基于资源依赖的权力向它们施压,迫使它们的股票分析师散播对安然股票有利的评价。Fastow 否认了美林证券在安然股票公募发行中的主要作用,并让外界知道,他对一位被盛赞的美林分析师 John Olson 的股票推荐并不满意。在这个问题上与 Fastow 反复讨论后,美林转变了态度,并最终解雇了 Olson。Fastow 也否认了所罗门美邦在 Azurix 股票发行中的关键作用,并让外界知道,他对所罗门美邦一位极受尊崇的分析师 Don Dufresne 的推荐并不满意。所罗门美邦于是很快就解雇了 Dufresne。在这两个案例中，公司都找到了愿意正面评价安然股票的分析师以替换被解雇的分析师。Eichenwald 写道，其他投资银行马上就"心领神会了"（Eichenwald，2005：220）。

（三）Fastow 的权力如何增加其在安然创建特殊目的实体的倾向

Fastow 在安然创建非法特殊目的实体的倾向随着时间的推移而增加。Fastow 第一次尝试投资特殊目的实体，即打算购买 Calpine，是完全光明正大的。Fastow 争辩道，安然近似于一家投资银行，其类似的资本安排是非常普遍的，进而表明其投资特殊目的实体计划的正当性。只是在公司的会计师们阻碍了 Fastow 光明正大的志向后，正如应变理论所预测的那样，他开始安排对特殊目的实体的秘密投资。尽管正如前文所指出的，Amanda Martin 和 Cliff Baxter 阻止了该计划。Fastow 投资于特殊目的实体 RADA 的第二次尝试也是光明正大的，但安然的会计师阻止了该计划，这刺激 Fastow 再次寻求秘密的非法资金安排。如前所述，此次交易通过了。因此，Fastow 最初对寻求不端的行动方案表现出不情愿，只是在其正大光明的尝试遇到阻碍后，才采取非法的手段投资于他所创建的特殊目的实体，虽然随着时间的推移，Fastow 逐渐放弃了首先探索合法手段，而是直接寻求投资和创建其特殊目的实体的非法途径。

任何试图解释为何 Fastow 变得日益倾向于通过非法途径创建特殊目的实体的理由都是极其难以判定的，因为任何一次这样的尝试都需要我们对彼时 Fastow 头脑中思考的内容进行总结。尽管如此，仍然存在这样一种可能性，即随着 Fastow 手中权力的积累，他在安然创建非法特殊目的实体的倾向会不断增加。首先，Fastow 对权力的积累可能逐渐增加了其在安然创建非法特殊目的实体的动机。其对权力的积累可能激发一些与不端行为相一致的潜在目标。几位 Fastow 的前同事，最主要的便是 Vince Kaminski，最初便发现他行为不端。更具体而言，Fastow 对权力的积累可能增加了其与构建非法特殊目的实体相关联的努力-绩效期望和绩效-结果期望。毕竟，Fastow 的权力增强了其创建非法特殊目的实体并规避监管的能力。其次，Fastow 对基于资源依赖的权力的获取，可能将其置于一个滑向不端行为的斜坡。他在特殊目的实体的创建中需要参与一些在其下属和同事眼中并不道德的行为。例如，Fastow 以取消未来的交易来威胁与安然有业务往来的银行，以获得其对第二个特殊目的实体 LJM2 的资金支持，当时的财务主管 Jeff McMahon 认为这一策略是不道德的，并担心该策略可能损害安然与银行的其他关系，且在更广泛的方面玷污公司的名誉。

（四）Fastow 的正式权力、非正式权力和不端行为如何随着时间的推移而共同演化

Andy Fastow 对权力的获取及其对不端行为的参与随着时间的推移而共同演化。Fastow 对正式权力的获取与其对基于资源依赖的权力的发展是相互关联的，这两种类型的权力随着时间的推移而相互扩张。在零售部门短暂而暗淡的任期后，Fastow 返回财务部门时，下定决心使自己成为安然未来不可或缺的一部分。他开始聚集一个由精英组成的团队，并将其命名为特别项目组，以应对和处理公司的关键性意外事件。随后，Fastow 运用其日渐提升的应对安然关键性意外事件的能力，无视几位安然高管的反对，直接向 Jeff Skilling 施压，让他在两个重要的方面改变公司的组织架构。首先，他要求 Skilling 在公司主要交易处理部门设置一位财务代表，并要求当这些部门为其交易安排筹集资金时，与该代表进行商议。这同时增加了向 Fastow 报告的人数和其他部门对其专长的依赖。其次，他要求 Skilling 将财务部门设定为利润中心。这使 Fastow 从实质上控制着对安然的成功至关重要的一个部门。

在相对较短的时间后，Fastow 手中不断增加的基于资源依赖的权力被转化为更大的正式权力。首先，Skilling 将 Fastow 提拔为首席财务官。不久之后，他又额外指派 Fastow 监督公司所有的交易。尽管有来自公司其他高层管理人员的反对，但两次晋升都得以通过。Fastow 随后利用其增加的正式权力

进一步增强其应对公司关键性意外事件的能力。最为重要的是,他建立了股票基金 LJM,为其创建特殊目的实体获取所需的资本提供了便利。Fastow 也利用其在安然行政管理系统中提升的职位,向那些正式权力职位更高的人,尤其是安然的董事,广而告之其应对公司关键性意外事件的能力。例如,在安然 1999 年年末的董事局会议上,当时的财务主管 Jeff McMahon 报告说公司已经对各种各样的项目投资了 40 亿美元,超出了预算。Fastow 马上插话,"我们所做的任何超出事先计划的项目都需要我的团队去寻找额外的融资"(Eichenwald,2005:288)。

除此之外,Fastow 对权力的构建与其对不端行为的参与相互关联,这两种行为随着时间的推移而相互叠加。我已经描述过 Fastow 的正式权力和非正式权力是如何促进其在安然创建非法特殊目的实体,以及是如何激励他逐渐高速创建此类组织的。但 Fastow 创建非法特殊目的实体反过来又帮助他增加了其正式权力。例如,在 Fastow 创建他所投资的特殊目的实体并从中获利后,他向下属提供了共同投资的机会并利用它们再次获利。最众所周知的是,他邀请其三位下属 Ben Glissan、Anne Yeager 和 Kristina Morduant 投资南安普敦的交易,并使每人从中赚得 100 万美元。对忠诚下属这样的奖励,可能加强了 Fastow 在他们心目中正式权威的合法性,促使他们认为 Fastow 值得被服从。

Fastow 创建非法特殊目的实体也巩固了其非正式权力。正如前文所指出的,Fastow 的特殊目的实体为安然解决了关键性问题。而且,其非法特殊目的实体倾向于解决特别棘手的问题、困境,这些往往无法通过合法的途径予以解决。例如,Fastow 能够从巴克莱银行和国民西敏寺银行为其南安普敦项目获得必要的外部资本,部分原因就在于其违反会计准则而将投资转化为贷款,并保证金融机构获得一定水平的投资利润。正如前文所详细描述的,相似地,Fastow 在季度结束前,安排美林证券购买两艘其所拥有的尼日利亚能源驳船,并且安排其 LJM 股票基金在六个月后再买回这批驳船。这一操作为安然的资产负债表短暂地增加了 5 000 万美元,因此公司能达成其营收目标。

要不是 Fsatow 通过 Kopper 控制 LJM，这笔交易几乎不会获得通过。

引人注意的是，在一些例子中，Fastow 的特殊目的实体似乎仅有利于安然。例如，Fastow 创建了许多特殊目的实体，用以对冲风险并锁住高价值资产的市场价值。但 Fastow 所创建的对冲基金是有缺陷的实体，例如 Swap Sub，它被用来对冲公司对 Rhythms NetConnections 的投资。然而，它们有缺陷的事实并没有降低其作为 Fastow 权力来源的效用。只要 Fastow 的上级认为这些手段解决了安然的问题，他们就相信这些手段的创造依赖于 Fastow。事实上，正是因为这些手段的缺点在于难以甚至不可能创造功能性结构，它们才显得那么独特，也使得 Fastow 显得愈发有价值。这表明，在工作中存在一种反常的协同作用。Fastow 不能合法地创建许多对冲工具，因为它们是有缺陷的机构，并且有头脑的局外人也不会投资于它们。只有 Fastow 自己投资于它们，并且/或者只有当其对出借方的投资保证一定的回报时，这些对冲工具才能被建立起来。然而，通过建立有缺陷的对冲工具，Fastow 提升了他的权力。自然，通过创建能够应对安然关键性意外事件的非法特殊目的实体，并因此提升其基于资源依赖的权力，Fastow 在参与不端行为时变得更加游刃有余。

七、对权力结构解释的评价

组织不端行为的权力结构解释与不端行为的主要解释所共有的假设有很大的不同。正如在此所定义的，权力是权力拥有者和其下属或依赖于其权力的个体之间的一种社会关系。因此，权力对拥有它的那些人以及服从于它的那些人的影响是通过社会互动而形成的。进一步地，正式权力和非正式权力随着时间的推移而协同发展。并且，这两种类型的权力与不端行为共同演变。因此，权力和不端行为之间的关系展现出一种相互提升的特性。

除此之外，正如这里的理论所言，权力对那些服从者的影响背离了组织不端行为的主要解释共有的另外两大假设。服从于正式权力的人，经常未经审慎思考就对正式权力做出反应，即他们以一种不假思索的方式做出回应。服从于基于资源依赖的权力的人在做出回应之前，可能会审慎思考，但这种思考是高度受限的。并且，重要的是，当人们由于要服从正式权力或基于资源依赖的权力而参与一种行为时，尽管他们可能并不愿意，但最终还是这样做了。

最后，权力对那些拥有者的影响背离了理论所指出的主要假设，即人们在参与不端行为前会谨慎且理智地思考。权力的拥有激活了无意识的目标，这意味着权力拥有者会以一种更无畏的方式实施不端行为。权力的获取改变了人们看待自己以及那些权力不及他们的人的方式（例如，导致他们产生认知捷径），并且改变了他们评价未来行为的基准（例如，使他们移向正当与不端的界限），这也意味着权力的拥有者以一种更为非理性的方式实施不端行为。

但关注权力增加个体参与不端行为机会的理论完全属于理解组织不端行为的主导性方法。权力创造了个体参与不端行为的机会，并且这样做增强了个体参与不端行为的动机，这一观点假设，人们至少心照不宣地计算着努力-绩效期望和绩效-结果期望。而且，被滑坡效应加速的基于资源依赖的权力，与理解组织不端行为的主导性方法部分一致。个体需要通过不端行为获取基于资源依赖的权力，这有可能让人们在决定采用具体的策略来追求权力之前进行深思熟虑和理性的思考。

八、总　结

自第一个复杂组织形成以来，管理者们就一直试图强化对其服从者的控制。因此，从组织理论诞生起，等级制度和组织便被认为是同义词，且等级权力被认为是实现组织中的合作所必需的因素。结果，组织理论家们试图向管理者们提供可以用来获取并行使正式权力的见解。最近，组织理论家们已意识到，基于资源依赖的权力在组织中是一种普遍的力量，并且他们甚至开始将其视为健康组织运作的必要条件。结果是，组织理论家们试图向管理者们提供可以用来获取并行使非正式权力的见解。因此，如今大部分商学院的研究生院在其课程中都包含了有关权力与影响力的相关课程。这使得理解权力在组织不端行为中所起的作用变得极其重要。随着管理者们试图获取权力且学者们围绕其努力开展研究，我们应该对企业可能的阴暗面保持警觉。

社会科学研究早已聚焦于权力导致相对无权者参与不端行为的方式上。该研究大多集中于权力的一种形式即正式权力上。受制于正式权力的人，由于他们与上级保持着一种社会关系（这也是一种决定了下级必须服从上级命令的角色关系），因而会开始实施不端行为。但另一种在组织中普遍存在的权力——非正式权力——也会导致相对无权者参与不端行为。服从于非正式权力的人也会由于社会关系——一种导致人们依赖于那些控制着稀缺且有价值资源的人的交换关系——而实施不端行为。

关于权力危险性的传统观点大多认为，权力的获取、拥有和运用会导致掌权者参与不端行为。近期的社会科学研究表明，权力的运用会使掌权者产生动机和认知改变，并使得他们以不道德、缺乏社会责任甚至非法的方式对待那些受其权力影响的人。而且，我已指出，对基于资源依赖的权力的获取会要求人们参与到有道德问题的行为中。并且，这种违规行为也会促使人们改变他们的参照点，其行为往往更贴近甚至跨越正当与不端的界限。人们常说，权力的获取既是一种幸福也是一种负担，因为达成目标的能力增强了，不仅产生了做大好事的可能性，而且增强了做大坏事的能力。但本章所呈现的理论表明，权力的获取、拥有和运用并不仅仅会造成潜在的伤害，还增加了一个人将造成伤害的可能性。

正式权力尤其是非正式权力抑制了对参与不端行为的反对，但并没有消除它。这意味着，由权力关系所维系的不端行为的存续总是有问题的。反对由权力关系所维系的不端行为的人，无论已完全认识到此种不端行为还是没有意识到其存在，对不端行为的存续总是一种威胁。因此，他们与"没有分辨是非能力的机器人"有很大的不同，Brief 等（2000）以及 Ashforth 和

Anand（2003）假设这类"机器人"为组织腐败的元凶。因此，虽然权力可能会被认为是不端行为背后的一股黑暗势力，但它被需要的事实意味着，其毁灭的种子经常存在。对权力是如何积累的复杂理解，可用来击败那些试图将其用于不端目的的人。

Vince Kaminski 反对 Andy Fastow 在安然的特殊目的实体的最后努力，阐明了权力是如何被用来抑制不端行为的。当一对高度复杂的、被用来对冲几个重要的安然投资项目的特殊目的实体——"猛龙"，按照 Kaminski 早期预料到的发展开始走下坡路时，Fastow 要求 Kaminski 帮助他修复这个特殊目的实体。在修复工作进行的过程中，Kaminski 发现"猛龙"项目中的条款存在道德和法律上的问题，并且因此在开始时为交易定价和随后设计的暂时性修复措施中，已不知不觉地参与到不端行为中。这一认识导致 Kaminski 意识到，他在安然的职业生涯结束了，或许是因为他决定不再继续待在公司，或许是因为他认为自己可能成为未来刑事诉讼的对象。

"猛龙"项目的失败和 Kaminski 从公司的出走，对 Fastow 及其同谋者如 Kopper 以及更为宽泛意义上的安然高层管理人员而言，戏剧性地改变了 Kaminski 相对他们的权力。一方面，Fastow、其合作者和安然高层管理人员现在都依赖于 Kaminski 解决一个不断加剧的危机。另一方面，Kaminski 在未来的职业发展上更少地依赖于安然。因此，与他在 Swap Sub 项目上屈服于 Fastow 的权力有所不同，他给 Rick Buy 下了一份最后通牒并拒绝以任何方式与 Fastow 的财务部门合作。而且，他要求其下属也这样做，（由于其正式权力并且强化的合法性）他们服从了。最后，在公司面临来自投资者、股东、媒体和联邦机构的攻击，Kaminski 试图对公司危机做出积极解释时，他公开对抗了 Ken Lay。这些来自 Kaminski 的努力加快了安然的不端行为被揭露的进度，并缩短了 Fastow 被开除的时间。遗憾的是，它仍无法及时拯救安然以及那些因安然的倒闭而遭受损失的人。

Chapter 10
第十章

意外不端行为

一、引　言

在替代性方法庇护下的组织不端行为的解释大多建立在组织环境的复杂性和个体有限理性的假设之上。我对最近的伦理决策理论、管理体系解释和情境化的社会影响解释的扩展，都是基于这样的前提假设，即对替代性方法进行彻底分析所需的信息通常是大量的或者是不完全可获得的。并且，即使进行彻底分析所需的信息不多且完全可获得，人们对替代性方法进行彻底分析的能力仍然有限。由于组织环境的复杂性和组织参与者的有限理性，人们在评估替代性方法时通常会面临信息处理缺陷。这解释了人们在选择行动方案时为何有时会犯错。由于犯错可能是有意的也可能是无意的，因此逻辑告诉我们，其中的一些错误会导致不端行为。

信息处理缺陷可以通过两种方式导致不端行为，它们在理论上存在显著差异，在实践中却难以甄别。首先，组织参与者可能缺乏用来理解他们所参与行为的不端性特征的信息。很多因素将导致组织参与者缺乏用以决策的信息，最明显的因素就是他人会有意隐瞒这些信息。正如前几章所讨论的那样，20世纪50年代，大量的电视节目制作方共谋策划了一系列的竞赛节目，以吸引观众的注意力，并迎合广告商的需求。一部分无良的制片人使用一种被称为"慢镜头回放"的技术，以便面试和先期测试潜在的参赛选手，判定他们的智力水平并设定与其知识储备匹配或不匹配的问题（取决于他们是否想让参赛者获胜）。在大多数案例中，参赛者并没有意识到那些制片人是在以这种方式操控比赛，因而在不知情的情况下参与了一场场欺诈（Stone and Yohn, 1992）。

其次，组织参与者缺乏处理可获得的信息的能力，这些信息用以证明他们所参与行为的不端性。正如在第七章讨论过的，20世纪70年代，保诚贝奇证券公司的中层管理者开始在有限合伙企业中关注市场份额，那些企业拥有很大的增长潜力，也懂得合理避税。但是越来越多的合伙企业的内部建设是有问题的，好一点的情况是不良投资，最坏的情况甚至达不到证券交易委员会的标准。所有证券公司都拥有尽职调查部门，以评估投资机会的可靠性。但是保诚贝奇证券公司的尽职调查部门并没有辨别出其有限合伙企业的不可靠性，这在某种程度上是因为尽职调查部门的员工之前没有尽职调查工作的相关经验（Eichenwald, 1996）。

Diane Vaughan是第一个发现意外事件会导致不端行为的人，虽然她对不端行为的界定比我的更加宽泛，包括偏离组织正式目标和规范标准或预期的任何行为（Vaughan, 1999: 273）。Vaughan定义了两种类型的可以导致不端行为的意外事件，她称之为"组织越轨行为"。作为不端行为的两类根本原因，这两种类型的意外事件在理论分析上是不同的，但在实践中却又很难厘清。

第一种类型的意外事件是，个体（或组织）试图达成一个合法公正的目标，但在无意间却走向了一个错误的目的地。阿拉斯加港湾漏油事件很好地说明了这一类型的意外事件。Valdez的船长和大副曾试图驾船通过威廉王子湾（Prince William Sound）的中部。因为他们知道，如果不这么做的话，船就有可能会搁浅。毫无疑问，船长和大副明白，搁浅可能会导致船舶损坏和货物丢失。他们甚至可能意识到，搁浅还会破坏这段水路的生态系统和周围区域的经济发展能力。尽管他们尽了最大的努力，但仍然没能实现其目标，接着就产生了可怕的结果，刑事控告和民事诉讼也接踵而至（Lev，1990）。

第二种类型的意外事件是，个体（或组织）可能以产生一系列特定的正当结果为意图，去试图达成一个行动目标，最后却产生了意外的不端结果。Bear Stearn 投资银行与一家诈骗性股份经纪公司的结盟似乎就展现了这种类型的不端行为。Bear Stearn 有效地充当了 A. R. Baron 和诈骗公司的清算代理人，但在此过程中，Bear Stearn 无意地（或许只是公司自称无意地）促成了 Baron 公司利用不法证券经纪人的电话交易所来向投资者施压，迫使他们投机购买风险极高的可疑公司股票。证券交易委员会认为 Bear Stearns 介入 Baron 的业务是不正当的，并因此起诉 Bear Stearn，要求其赔偿一大笔钱，最终双方协定为 2 500 万美元（Cohan，2009：239）。

在本章中，我将考察导致不端行为的意外事件因素。我的开场白暗示了一个 2×2 的分类框架，可以根据根本原因对意外事件进行归类（由缺乏信息或信息处理能力所导致的），也可以根据事件类型对其进行归类（无法达成行为目标和无法预测行为目标的结果）。但在本章中，我不会采用这一分类框架。因为如上所述，大多数意外事件都不能被唯一地归类到任何一个象限内。我会从四个层面分析关于意外事件的文献：个体、非正式的小群体、正式组织和领域。同时，我也会区分两种起因：错误的系统设计或操作，以及不可避免的系统复杂性和紧密耦合性。

二、错误的系统设计或操作

大多数意外事件研究者都含蓄地假设了意外事件归因于一套系统的设计或操作的某些方面，这些方面可以被改变以防止系统崩坏。下面我将指出错误的系统设计或操作会导致个体、非正式的小群体、正式组织以及领域中意外事件的发生。同时，我也考虑了一个过程，通过这个过程，设计错误可以在社会组织的四个层次上发展。不过，在开始之前，我想提醒一下，意外事件可能是错误的系统设计或操作的结果，因此，这一观念可能会导致我们认为系统设计者或操作者应该对意外事件"负责"。并且，如果系统设计者或操作者对意外事件负责，那么将产生新的问题，即这些事件是否真的是意外事件。我会将这些内容贯穿于后面所有的章节。

（一）个体层面

个体是社会组织中最小的构成成分。即便是最有能力的个体，在最简单的环境中工作，也时常会犯错，因为他们也表现为有限理性。并且，即便是最简单的组织环境也会呈现出一定的复杂性。基于这个原因，意外事件以及与其相关的意外不端行为都是组织生活中的特有现象。然而，当面对复杂多变的任务环境、无用信息收集过多，并且环境不允许其完全运用个人的认知能力时，个体最有可能犯错。

任务环境可能通过无数种方式呈现其非必要的复杂性，我就不一一列举了。特内里费空难（Tenerife Disaster，也称加纳利空难）深刻阐释了多维度的非必要任务复杂性是如何导致意外事件发生的。1977年3月27日，两架747大型喷气式飞机在加纳利群岛的特内里费机场跑道上相撞。Karl Weick（1990）对此做了深入的分析。两架喷气式飞机之所以会相撞，部分源于其中一架泛美航空公司的波音747飞机由于一些原因超时占用起飞跑道，而那里本应该是荷兰皇家航空公司（KLM）的飞机降落的位置。在经历了一些波折之后（我之后将会谈及），泛美航空公司飞机上的人员认定特内里费塔台的管制员希望他们使用四个出口中的第三个出口离开跑道。不过，当飞机滑行至跑道时，机组人员才开始怀疑管制员的出口安排，因为机组人员（正确）判断第三出口的构造难以导航（考虑到这个出口的急转弯和747飞机巨大的转弯半径）。因此，泛美航空公司飞机上的人员决定继续前进至第四个出口。但是因为浓重的大雾吞没了机场，跑道中央的灯光不够亮，出口也没有标数字，所以他们在寻找第四个出口的方向时遇到了困难。如果任务环境更简单一些，泛美航空公司的飞机就可以在KLM的飞机降落前离开跑道

（Roitsch，Babcock，and Edmunds，1979）。飞机相撞导致 583 名乘客和机组人员死亡，这场事故也成为航空历史上迄今为止最惨重的一场灾难。

组织参与者的认知能力也可能通过许多方式遭受不必要的损害。这其中，最明显的方式可能就是分散注意力。Darley 和 Batson（1973）第一次阐明了分散注意力会导致不端行为。他们进行了一项实验，实验表明马上要到另一座教学楼进行小型演讲的高中生更不容易发现身边满面愁容需要帮助的人，因为他们被演讲可能迟到这件事分散了注意力。有意思的是，当学生们知道他们将要进行的演讲是关于善良的撒玛利亚人的故事（一个关于颂扬助人为乐美好品德的寓言），而非一场关于神学院毕业生的就业机会的演讲时，他们同样没有表现出更容易发现那些明显需要帮助的人。也就是说，匆忙的高中生会忽视身边需要帮助的人，即使他们在回忆和思考一种要求他们向别人提供帮助的宗教信仰的暗示下。

分散注意力在组织不端行为中所扮演的角色，在 20 世纪 50 年代制片人操控电视智力竞赛节目中得以体现。正如我之前提到的，制片人经常使用"慢镜头回放"的方式来剪辑问题以匹配参赛选手智力上的优势或短板。在很多情况下，制片人还以"热身"的方式在直播前向参赛选手提出和直播中相同的问题，使他们在直播比赛中表现得万无一失。但是，参赛选手直到直播前都不会意识到自己已经成为这场诡计的一部分。一旦直播节目开始，参赛选手将这些信息纳入成本-收益分析、规范性评估及道德决策过程的能力以及披露欺诈和错误信息的能力就被限制了，因为他们被现场直播的摄像机和全国观众的关注分散了注意力。因此，一些参赛选手尽管厌恶欺诈，却仍然参与了这场欺诈，因为他们无法对已知的信息进行彻底的处理。Reverend Charles Jackson 是其中的一位参赛选手，他向大家解释了他面临这种困境的经历。"我的第一反应是说出来，'是的，我知道这道题的答案，不过是从屏幕上得知的，'而且我不仅可以从屏幕上看到六例中风的影像，还可以想象到自己走在某一条小巷中时被对手开枪射得满身弹孔。我决定反抗这项欺诈计划，当我离开舞台时，我甚至在心里说'我认为自己不应该拿这张奖金支票'"（Stone and Yohn，1992：253）。Jackson 之后拒绝参加这种比赛。在尝试交涉并坚持拒绝把奖金退还给制片人后（因为他意识到自己必须为这份奖金交税），他将其中一部分奖金寄给了输掉比赛的其他选手。

当一个人判断环境或内部需求有可能超出其管理这些需求的资源和能力时，压力就会显现出来，这是一种最为常见的分散注意力的来源。压力会产生一系列影响并导致意外事件的发生。最为重要的是，它会导致人们把注意力集中在无法满足环境或自身内在需求的可能性，以及由此产生的可能的后果上，从而忽略了关注影响成功可能性的重要因素。压力及其造成的影响可能会阻碍不幸坠毁于特内里费机场的飞行员充分利用自己认知的能力。

KLM 喷气式飞机的飞行员担心离开特内里费机场时会延误，以及飞向阿姆斯特丹的快速航程受阻（特别是可能存在繁忙的空中交通和由空管人员个人行为导致的航空管制）。而且，飞行员还担心这些延误产生的后果，更重要的是，额外的延误可能会导致他太迟返回阿姆斯特丹的航空基地，以至于超出飞行的时间限制，从而引起重大的违规处罚。飞行员还担心飞机可能会被完全禁止起飞，虽然这种可能性极小。同时，飞行员也担心困在特内里费机场产生的潜在后果（特别是延误成本和安排乘客住宿的可操作性）。事实上，KLM 喷气式飞机的飞行员是该航空公司的高级长官，是飞行员培训的负责人，这也使得他更加关注以上讨论过的这些可能性。因此，诸多的思考使他在滑行降落时显得有些心不在焉。他不得不多次向副驾驶询问，重复管制员的滑行指示，这也表明，管制员发布要求指令时，他并没有真正领会。最终，他在没有获得起飞许可的情况下使飞机起飞了。

（二）非正式的小群体层面

组织参与者通常在一个非正式的小群体中工作。这意味着意外事件不仅源于个体的缺陷，也可能源于由这些个体组成的小群体的缺陷。最小的群体包括两个互相关联的个体。涉及两个人的意外事件最普遍的原因是沟通失误。在我第一次探讨特内里费机场悲剧时，我指出泛美航空公司飞机上的工作人员无法理解管制塔的跑道出口说明。事件调查人员发现泛美航空公司飞机上的工作人员很难理解管制塔的指令，因为空中交通管制员的英语很差，还有很重的口音。空难调查人员还认为 KLM 机组人员在泛美航空公司的飞机离开跑道前做出起飞的决定也部分源于沟通问题：KLM 的飞行员和管制员不标准并且含糊不清的话语。当飞机停在跑道尽头时，KLM 的副驾驶要求特内里费机场管制员给予起飞和空中交通许可。事实上，管制员的回应是，只允许飞机通过空中交通检查，称其"已获准进入 Papa 信标区域"，并补充道，飞机应该"起飞后右转"。但飞行员将管制员与副驾驶的对话听串了，感觉自己明显听到了"放行"和"起飞"这两个词，并断定自己已经获得了起飞许可。副驾驶对管制员说，"我们正在起飞"或"我们，呃，起飞了"（黑匣子里的录音在这里也无法确定），这没有任何用处，因为这可能意味着 KLM 的工作人员正处于起飞位置或实际上正在起飞。管制员也许不确定副驾驶是什么意思，回应道"好吧，"但他停顿了一下，又补充道，"准备起飞……我会再打电话给你。"就这样，飞行员和副驾驶只听到了"好吧"这个词，并将其理解为批准继续起飞的指令（Roitsch, Babcock, and Edmunds, 1979）。

沟通失误不仅仅在技术环境中是致命的。在安然公司的会计处理中，沟通失误导致公司资产的虚报，这违背了一般公认会计原则（GAAP）。Raptors 是安然公司的一个特殊目的实体，它必须向安然公司支付 1 200 万美元。一个名叫 Ryan Siurek 的会计师有意将这 1 200 万美元归入"应收票据"。但是他在这样做之前，给安达信会计师事务所一个名叫 Patricia Grutzmacher 的会计师发了电子邮件，咨询其对他提议的会计处理是否有任何疑虑。后来他没有收到回复，于是就假定 Grutzmacher 赞成了这种归类方式。但实际上，Grutzmacher 并未打开她的收件箱。

当然，非正式群体通常包括更多的个体成员。并且，群体成员越多，产生错误的方式就越多。这其中，也许最值得注意的是随着群体规模的扩大，他们更倾向于扮演不同的角色，形成一种不同角色相互协调的综合机制。尽管分化和综合被认为促进了群体的形成，但有时也会导致不端行为。前文飞机坠毁的案例分析表明，驾驶员座舱内的身份等级区分会形成机组人员间交流的方式，这有时会抑制其应对危机的能力。这个问题也出现在特内里费机场的悲剧中。KLM 飞机的副驾驶相对较为年轻，只有几年的飞行经验，而其飞行员年龄较大，是航空公司最年长的飞行员，也是公司内部培训的负责人，而且他最近授权副驾驶驾驶 747 飞机。这种副驾驶与飞行员之间身份和地位的不同影响了他们在驾驶舱内的交流。

在操纵飞机到达起飞位置后，KLM 的飞行员立即开启起飞序列，加快发动机转速以达到起飞速度。副驾驶很快抛开身份意识，提醒飞行员他们并没有获得起飞许可。也许飞行员很尴尬，说道"这我知道。就这样做吧，继续询问塔台"。当飞行员再次开启起飞序列时（因为他错误解读了管制员对于副驾驶要求获得起飞许可的回应），副驾驶不知道是否要再次纠正上司。虽然他清楚地知道他们并没有明确获得起飞的许可（他听到黑盒子录音重新读出了控制塔的信息，要求飞机只有在收到空中交通控制许可的信息后才可起飞），而且应该意识到泛美航空公司的飞机可能仍在跑道上，但大概是由于害怕上司的训诫，因此还是没有果断地干涉飞行员。所以他向管制员（和正在收听的泛美航空公司的机组人员）报告，"我们正在起飞"，也许他试图提醒所有正在收听的人：他们实际上已开始在跑道上全速行进了。

（三）正式组织层面

非正式的小群体处于正式的较大组织当中。这意味着意外事件可能不仅仅源于个人或者非正式小群体的缺陷，也可能源于他们所处的正式组织的缺陷。解释正式组织可能失败的理论着眼于组织技术和管理体系。大多数这样的理论将其与对小群体的研究平行对比，分析了错误的技术和管理体系设计是如何导致意外事件的。

1. 技术体系

技术体系有时不完全按照已知的自然科学原则设计，这可能导致不端行为，从而引起组织失败。这似乎解释了意大利威尼斯附近的维昂特大坝的失败。设计大坝的工程师们意识到大坝后面的水库有被填满的可能性，承受压力的水库堤坝可能会垮塌。他们也明白，如果水库堤坝垮塌，大量的污垢、石块和树木会被冲进水库，挤占同体积的水，使之溢出大坝。工程师们对河岸的完整性进行了初步的草图设计分析，并对大坝从开始蓄水至到达最大蓄水量之间产生的一系列小型滑坡采取了纠正措施。但是，他们没有预料到1963年10月9日的那场滑坡。彼时，水库堤坝垮塌导致5 000万立方米的水量溢出大坝，洪水席卷了下面的山谷，导致超过2 000人死亡（Paolini and Vacis，2000）。

2. 管理体系

管理体系有时也会不完全按照已知的自然科学原则设计。在这种情况下，也会导致不端行为，进而引起组织失败。当支配管理体系的社会科学原则不如支配技术体系的自然科学原则发展得好时，这种影响更应该被加以考虑。举例来说，社会科学家已经进行了很多关于组织结构、技术和外部环境之间的适当关系的研究。任何一种组织结构、一项技术和一种环境配置若不符合研究者所定义的社会科学原则，就会导致功能障碍，进而导致意外事件。

Diane Vaughan（1996）在她有极大影响力的对挑战者号航天飞机灾难的分析中使用了这一深刻的见解，这符合她对组织越轨行为的定义，但不符合我对不端行为的定义。非常规的技术（那些利用不确定知识处理可变投入的技术）应该被分散化的结构控制，这在组织理论中被奉为公理。不确定技术引发了许多异常情况，这些异常情况只能通过协调组织参与者的行为来处理，而这些行为与指挥链没有直接的关联。通过层级结构处理这些异常情况通常是缓慢且无效率的，因为这些结构会激发他们的等级意识，直到他们成为所有受影响的组织参与者都需要向其汇报的上级长官。这一推进过程需要时间。而且，处理异常情况的上级通常缺少相关问题的第一手知识（Galbraith，1973）。

莫顿聚硫橡胶公司的工程师们负责连接固体火箭助推器接头的工作，火箭助推器的作用是推动航天飞机进入常规轨道。工程师们在发射后对脱落的助推器进行检查,以发现连接失败而需要纠正的信号。在早期的航天飞机计划中,工程师们注意到助推器的密封器有时没有就位,因此被损坏,使得热气体进入航天飞机的中心燃料箱。他们意识到,热气体的溢出威胁到了燃料箱,使得燃料箱有可能会被点燃。他们将这个问题反映给上级,请求给予他们一定的时间和资源来调查及解决这个问题。但是这种等级制度对工程师们的警告的反应速度很慢(Boisjoly,1987)。最后,工程师们获得了一些时间和资源来研究这个问题,并收集了表明密封器失效和热气体在低温中增加的初始数据。但是他们没能完成分析,也没能在1986年2月28日早晨挑战者号执行第十次任务之前采取正确的措施。那天,因为缺少他们认为的表明发射是不明智的确凿数据,莫顿聚硫橡胶公司的高层管理者批准了航天飞机的发射,最终导致飞机和人员的双重损失。

波士顿的"大挖掘"城市改造工程的坍塌事件似乎提供了一个很好的例子,说明了一个错误的组织结构是如何引发一场构成本书所定义的不端行为的意外事件的(Vennochi,2007)。"大挖掘"城市改造工程通过一条位于市中心的隧道重新规划了波士顿的主要交通干道。在工程完工后不久,一块混凝土瓦片从隧道顶部掉落到一辆正在驶过的车上,致使车上的一名乘客死亡。一些直接负责隧道顶部设计和安装的承包商因为隧道顶部脱落而受到责罚。工程的总承包商柏克德公司和柏诚集团不得不因为没有提供合适的工程二级承包商而支付数亿美元的罚款。我将会在下一章中再次讨论这一意外事件及其后果。

(四)领域层面

当然,组织一般位于更大的社会组合体,比如行业当中,还有一些相互交织的组织可能跨越许多不同的行业,甚至整个社会。这意味着意外事件可能不仅仅源于个人、非正式的小群体或者正式组织的缺陷,还可能源于更大的社会组合体的缺陷,那些个人、非正式的小群体和正式组织也存在于这样的组合体中。据我所知，没有明确的理论表明错误的设计和操作会导致在行业或社会层面所发生的意外事件，更不用说成为在这些层面发生并构成不端行为的意外事件的原因了。但是，许多揭示行业、领域或社会范围内的灾难及其所包括的不端行为的分析，都含蓄地将这些灾难当作意外事件。最近的美国次贷危机和随之而来的全球金融危机是最突出的灾难，其中包含的那些不端行为就被含蓄地定性为意外事件。

次贷危机包括一系列的发展迹象，有些人认为这些发展迹象从2005年起就开始逐步显现了。它肇始于美国房地产市场的崩盘，表现为房主大量拖欠贷款。当由抵押资产组成的金融衍生工具价值大幅下跌时，危机就扩展到了金融体系之内。持有这些抵押资产的投资者损失惨重，其中大多数为投资银行和对冲基金。当这些投资者遭受损失时，危机传导至这些投资者所负债的商业银行。随着商业银行损失的增加，它们向任何金融机构或非金融企业贷款的能力都下降了。按照一般的说法，华尔街的危机已成为普遍性的危机。因为现代经济是全球化的，所以这些出现在美国的问题又扩展到欧洲、亚洲以及中东。最终，金融机构和非金融企业破产或者被收购，存活下来的企业失去了活力，大量的人失去工作、房子和存款。贷款危机后，无数民事诉讼被提起，刑事控告被判决，罚款的数额令人印象深刻且仍在不断增长，不少人被判处监禁。

许多学者、新闻记者和企业经理人员都阐述过次贷危机的原因。一小部分评论员认为，危机是个人或组织想在美国以及世界经济中引起大范围灾难从而获得利益才导致的。Taibbi（2009）提供了这种分析的最纯粹的方式。他认为高盛集团有意操纵了危机，以期获得利润，就像它曾在之前的金融危机中所做的那样。Charles Perrow（2010）提供了一个更加微妙的分析。他坚持认为一些组织和个人实施了一些他们知道能够伤害投资者并使经济无秩序的行为（也许他人会警告其将产生的结果），因为他们期待从这些行为中获得利益。政治家支持为金融机构提供广阔空间的法律，从而获得竞选捐款。被任命的官员从金融机构中获得大笔酬劳，这些金融机构在他们提供公共服务前后与他们有就业和所有权方面的关系，所以他们推动了赋予这些金融机构不受限制的经营领域的政策。并且，银行推销它们知道是不良资产的金融产品，然后对其下注，并从这些交易及随后的转让中获利（Morgenson and Story，2009）。

如上所述，大多数对次贷危机的分析隐性地将其视为意外事件，是一场由个人或组织的疏忽所导致的重大事故，但这些行为并没有有意打击抵押贷款行业和全球金融体系。大多数分析关注金融体系设计和操作中的错误。那些关注体系设计错误的人着眼于覆盖美国金融部门的监管体系，该监管体系允许各种金融机构避开详细的审查和有效的控制。同时他们也指出，放松管制是在危机发生之前，尤其是《商品期货现代化法案》的颁布和《格拉斯－斯蒂格尔法案》的废除，都使得监管体系出现更多的漏洞。最终，他们揭露了"特定看门人"，比如储蓄机构监管局的无效性（Glass，2009）。那些关注操作失误的人着眼于不称职的高管行为。关于雷曼兄弟公司破产的最流行的书——《一个对常识认识的巨大失败》（*A Colossal Failure of Common Sense*）（McDonald and Robinson，2009）——就表明了对危机的这种看法。最著名的关于贝尔斯登投资银行失败的书（Cohan，2009）详细描述了公司 CEO 并未重视公司危机，而是继续参加职业桥牌锦标赛，从而导致公司陷入金融危机的深渊。还有一些人关注私人和公共监督机构，比如穆迪投资者服务有限公司不称职的官员（Glass，2009）。

（五）错误的系统设计和操作意外所揭示的过程

Dianne Vaughan 向我们呈现了错误的行政系统设计会引发意外事件，以及意外事件演变的过程。她指出，许多意外事件源于错误，这些错误代表了有意行为的小误差，或只是与预期有细微差别的结果。这种行为与结果中的小误差一般不会产生大量负面后果。因此，犯错者也就无法从中吸取教训；相反，他们会认为这些错误是可以被容忍的。结果，错误不断被重复，产生错误的程序也被嵌入组织常规中（书面的或未成文的）。用 Vaughan 的话来说，就是将错误"常规化"。

越轨行为的规范化从两个方面来说是有问题的。首先，它能使行为制度化，组织参与者相信这些行为是安全的，但实际上会增加未来引发意外事件的可能性；相反，背离良好的行为并不总是会导致意外事件。但是，如果重复足够多次，它们就会频繁地引发意外事件。其次，越轨行为的常规化会导致进一步增加意外事件发生可能性的行为。与好的行为产生偏差不会导致意外事件，因此，这些偏差就越来越能被接受。其实，人们是这样说服自己的：既然一定程度的偏差可以被接受，那么程度稍高一点的偏差也可以被接受。

Vaughan（1996）用这个基本框架解释了美国国家航空航天局及其承包商批准挑战者号航天飞机发射的原因，尽管他们知道推动太空飞船进入轨道的火箭助推器可能存在问题。正如前文所述，负责制造固体火箭助推器的莫顿聚硫橡胶公司的工程师们在每次发射后都会对其进行常规检查。从最早的飞行开始，他们就注意到在助推器垂直部分连接处，用来防止热气体泄漏的密封器出现了未完全闭合的迹象，这将导致他们所说的"热气体泄漏"，还会导致可能摧毁航天飞机的爆炸。但是，工程师们无法说服他们的老板迅速解决问题，也无法说服美国国家航空航天局的官员下令延缓发射。工程师们之所以无法劝服他们的上司和美国国家航空航天局的管理者解决问题或者延期飞行，是因为即使发现"热气体泄漏"，之后的发射还是成功的，航天飞机的燃料箱并没有爆炸。这次非常成功的发射使得莫顿聚硫橡胶公司和美国国家航空航天局的官员似乎都更加得意了。一个相似的例子似乎也导致美国国家航空航天局的官员对哥伦比亚号航天飞机外部燃料箱缺陷的反应变慢，这一缺陷最终导致航天飞机在返回地球大气层时解体。美国国家航空航天局的官员意识到覆盖外部燃料箱的泡沫碎片有时会在发射时掉落下来，这些泡沫会损害航天飞机，破坏运载工具。美国国家航空航天局的官员甚至知道，在哥伦比亚号最后一次发射的过程中，一块泡沫从燃料箱中飞出并击中了航天飞机的机翼，但是他们并没有对这样的信息做出反应，没有采取纠正措施为飞行做准备，也没有解决飞行中的问题。正如 William Langewiesche（2003）所写的那样：

> 几年的罢工已经被当作美国国家航空航天局的内部问题，这问题太常见，以至于即使最严重的情节看起来都是普通且无法构成威胁的。Douglas Osheroff 是斯坦福大学一位好脾气的物理学家，也是诺贝尔奖得主，他是哥伦比亚调查事故委员会（CAIB）的成员之一，对美国国家航空航天局的行事逻辑深感怀疑并且失望。他挣扎了数月后告诉我，航天飞机的管理者表现得好像他们认为泡沫袭击的概率已经降低，危险也已经降低似的。

1984 年 12 月 2 日到 3 日，发生在印度博帕尔的联合碳化物公司的化工厂灾难向我们展示了异常行为的常规化会如何引发意外的不端行为（Shrivastava, 1991; Steiner and Steiner, 1994）。那天晚上，大量的水流入储存着异氰酸甲酯（MIC）——西维因杀虫剂的一种有效成分——的水箱。当水和 MIC 混合起来时，两种物质相互反应产生了有剧毒的 MIC 蒸汽，这些蒸汽溢出水箱，扩散到周围的环境中，导致超过 3 000 人死亡和更多的人受伤。随这场灾难而来的是一张对联合碳化物公司 CEO 的逮捕证，以及对其旗下博帕尔化工厂管理者的起诉书。除此之外，大量针对政府和个人的民事诉讼也被提起。美国政府拒绝引渡联合碳化物公司的 CEO 在印度受审，工厂管理者也被宣告有罪，并被判刑入狱，同时，联合碳化物公司也同意支付 4.70 亿美元的赔偿金。

事故调查显示，工厂在事故发生前几个月就已经连续安装了一些离线安全装置，以防止事故的发生，或者至少可以降低事故的严重程度。其中一项制冷装置可以防止水和 MIC 的混合物汽化，但工厂为了降低成本却将其关闭了。此外，洗涤器可以化学分解有毒的 MIC 蒸汽，火炬塔可以焚化有害物质，这两项装置被设置成离线模式以方便维护。最主要的是，管理层设置了一个维修岗位，负责安装"滑动盲板"。这一装置如果安装正确的话，可以防止水汇入 MIC，也就能阻止这次灾难性的化学反应。在每个案例中，安全装置的关闭和人员编制的减少都不会很快产生负面后果。因此，连续的安全装置禁用和人员编制减少可能会使工厂经营者相信安全装置和多余的人员都是不必要的。

（六）动机和文化在"可避免的"意外事件中的作用

意外事件源于不正当的激励机制。有时，组织参与者会因为推进工作（在没有检查他们的工作以确保没有错误的情况下）而获得奖励。他们偶尔会因为进度缓慢（在检查了其工作的情况下）而受到惩罚。保诚贝奇证券公司的营销代表被鼓励快速出售有限合伙企业的股份，来支撑公司疲软的财务状况。那些成功交易的销售人员得到公司颁发的丰厚的奖金，即使他们按一个令人生疑的高利率出售股份，这个利率意味着他们可能并没有关注这项投资是否会使其客户的利益最大化。那些质疑有限合伙企业股份完整性的人没有晋升的机会，甚至在某些情况下被分配做赚钱较少的工作（Eichenwald，1996）。

意外事件也能来源于畸形的文化。有时文化规范、价值观和信仰以及假设会使对安全的关注大打折扣。安然公司的文化似乎包含着这样一个假设，即管理者一贯是正确的。这一假设反映在一本关于公司倒闭的畅销书《房间里最聪明的人》中（McLean and Elkind，2004）。与这一假设一致，安然公司的高管们认为尽职调查部门是多余的，并用这样的态度对待这个部门，即使这个部门承担着对公司交易员进行的交易是否明智进行双重检查的工作。当然，激励机制和文化内涵是紧密相关的，部分原因是激励机制有实质性和象征性的双重影响。因此，安然公司慷慨地奖励每一个完成交易的员工。但是，指出潜在交易问题的员工却不被奖励。事实上恰恰相反，正如第九章所描述的那样，像 Vince Kaminski 那样发现交易问题的员工还会受到惩罚。

虽然如此，我仍怀疑我们高估了"意外事件是激励机制和文化的产物"的程度。正如第二章中所述，我们倾向于假设大多数的不端行为都能在经济或文化结构中找到原因。因此，一些人认为在联合碳化物公司发生的可怕意外事件也可以从不正当的激励机制和畸形的文化中找到原因。事件的调查者关注的是，当地管理者缺少对于安全设备的维护意识，而且把这种疏忽归因于经济压力和相应的对工厂技术不切实际的信任。同时，联合碳化物公司和美国职业安全与健康管理局都认为，在美国的 MIC 工厂，激励机制和文化的差异使得它们不可能再发生类似的意外事件。但不到一年，相同的意外事件还是发生在美国，这表明虽然这些不一致的激励机制和畸形文化在博帕尔事故中发挥了作用，但是激励机制和文化内容并不是意外事件发生的唯一原因（Perrow，1999）。

三、不可避免的复杂而紧密的耦合系统

多数学者认为意外事件源于错误的系统设计或操作，因而只要修复和调整系统设计及操作就可以在将来避免事故的发生。所以，以上所述的事故发生后都采取了一系列改正措施。例如，在特内里费机场的灾难之后，颁布了要求塔台管制员和机组人员之间使用标准语言的管制条例。此外，还颁布了一些准则，要求降低对驾驶舱机组人员等级关系的重视，并增加团队决策方式的宣传。但是，Charles Perrow（1999，2007）声称，很多事故并非源于通过设计调整和训练就可以改正的错误的设计或操作。他声称，一些系统是容易出现事故的，尝试重新设计这些系统不仅会失败，而且会使事情变得更糟。Perrow 基于对组织层面的分析形成了自己的观点，并将其运用于技术层面。我将详细阐述他非常有影响力的观点，并指出这些观点是如何被延展运用到分析层面的。

（一）组织层面

Perrow 认为，当技术系统存在固有的复杂性和紧密的耦合性时，这些系统就容易发生意外事件。他把这些源于复杂性和耦合性的意外事件称为"系统性意外事件"或者"正常的意外事件"。前者指明了系统的偶然性，后者

指明了系统的必然性。在 Perrow 的理论中，技术系统被细分为不同的部分，许多部分本身也是系统（也就是说，这些部分是子系统）。当系统包含很多复杂的交互时，其本身也会变得非常复杂。这些复杂的交互是系统组成部分之间意料之外的相互关系。交互可能是因为其没有被设计到系统之内，所以无法预料，即使它们被设计到系统之内，其发生的频率也非常低。复杂的交互通常也难以管理，因为其不是可见的，或者即使是，也很难被理解。因此，在复杂的系统中，一些关系会在意料之外发生。当它们发生时，通常会被忽略或者误解。

当各部分以一种"直接"的方式连接起来时，技术系统就成了高度耦合的系统。Perrow 认为，当一个部分发生的变化使另一个部分发生即时的、恒定的变化时，两个部分会以直接的方式关联起来。当一个部分在很短的时间内发生变化时，会使另一个部分也立即发生变化。当一个部分发生恒定的变化时，另一个部分也会发生具有确定性和完整性的变化（例如，当 A 部分发生变化时，B 部分而不是 B 部分的 1/2 或 1/4 也会发生变化）。因此，在紧密的耦合系统里，运用 Perrow 的理论是没有太多可"让步"的余地。如果 A 部分存在（或者 A 部分与 B 部分同时存在），那么 C 部分就具有确定性、即时性和整体性。任何人都无法减缓或改变这一进程。

Perrow 检验了一系列高度紧密的耦合系统，包括石油化工精炼厂、核电站、民用航空和远洋轮船。他指出，这些系统都容易发生系统性或者正常性意外事件。通常情况下，这些系统性意外事件都源于系统中的一个部分无法避免的常规性故障。例如，无法完全避免的零部件的磨损，这种磨损会在一个或者多个子系统中引发随后不可预料且无法控制的改变。有时，这些子系统之间的交互是以一种特殊的、无法避免的状况同时发生的，因而无法预料。有些特殊的无法避免的状况根植于这些系统环境的变化（比如，异常的高温或低温）。有些状况则根植于系统的发展（比如，一个部分的失败会产生无法预料到的大量的化学反应物）。

Perrow 注意到，人们投入了大量的精力来降低他所研究的系统发生意外事件的概率，并且承认其中的一些努力已经产生了良好的效果。但是，他指出其中的许多努力都需要子系统的创新，并且这些新的安全保障子系统，像其他子系统一样，本身容易受到失败的影响。与此同时，这些子系统通常在它们所属的更大的系统之下进行复杂的交互。大多数情况下，安全保障子系统监测着它们所保护的系统的性能（当系统性能下降时会发出警报），尽管很多时候安全保障子系统控制着更大系统下的其他子系统（当系统性能下降时会自动纠正或者关闭其他子系统）。因此，它们通常增加了系统的耦合性和复杂性，因为它们自动化并且掩盖了其控制的交互。所以，具有讽刺意味的是，安全保障子系统的加入会增加系统以意想不到和无法管理的方式失败的可能性。的确，Perrow记录的许多意外事件都包含着一种安全保障子系统导致的失败的交互，或者包含着失败的子系统和安全保障子系统以意想不到的方式相互关联，从而加剧了意外事件的交互。

我认为，美国联合碳化物公司在博帕尔发生的杀虫剂工厂的事故提供了一个很好的例子，它解释了复杂性和紧密的耦合性是如何轻易地促成意外的不端行为的（Shrivastava，1991；Steiner and Steiner，1994）。杀虫剂工厂，和其他大多数的化学工厂一样，包含了密集的管道、储藏设备、反应装置，这些设备之间通过大量的控制系统和阀门连接。设计者既要缜密地考虑这些管道、水箱、容器之间可能的连接，又要详细地阐述激活阀门的方案，以便建立特定的连接，并启动或者停止某些特定的化学反应。尽管这些设计者努力了，但整个系统仍然存在一些谜团。阀门之间的连接存在着太多种可能性。进一步地说，实际的连接并不是完全由设计者的设计方案所决定的。部分是因为一些物理事件，比如管道阻塞或者泄漏，这些事件有时会阻碍或改变水流的方向，使其朝着不可预料的方向流动。

1984年12月2日至3日的晚上，工厂的一位负责人要求其下属去冲洗三个MIC储藏罐周边的水管——防止周边管道里的残渣淤积的标准流程。但是，其中一条管道里的阻塞物堵住了水流的流向，使其反方向流向了其中一个MIC储藏罐，水和里面的液体发生反应产生了有毒的MIC蒸汽，造成周边社区的大混乱。操作人员能够轻易地看到水没有流向正确的方向，因为它没有像预期的那样流出管道系统。但是他（以及负责人）并没有看到水倒流回 MIC 储藏罐。更进一步地，有多种原因可以解释为什么操作人员和负责人没有预料到水的倒流。

连接 MIC 储藏罐的管道系统是上一年才安装的，其目的是方便系统维护。进一步地说，流向储藏罐的路径控制阀门通常是关着的，但这次却被打开了，可能是因为阀门是用来控制液体流出 MIC 储藏罐进入反应容器（而并非流回 MIC 储藏罐）的，而储藏罐当时处于闲置状态。最终，一个本应将 MIC 储藏罐与工厂的其他部分隔离开的"滑动盲板"没有被安装上。这可能是因为本应负责安装"滑动盲板"的雇员已经离职了，并且他的位置一直空着。正是因为操作人员和负责人都没有意识到堵塞产生的特殊合流、控制阀门的装置以及"滑动盲板"的缺失（也可能是因为没有考虑到这些情况同时发生的结果），他们没有对管道的阻塞采取正确的措施。他们甚至在意识到阻塞的发生后，依然还在长时间做着冲洗工作。更有甚者，在暂停冲洗工作后，他们仍然没有及时处理管道的阻塞及其产生的后果，而是去休息了。

当控制室的操作人员最终意识到 MIC 储藏罐的问题时已经晚了，无法避免它产生的后果了（特别是在如前文所讨论的，一些安全装置被关掉了的情况下）。由于无法直接观测到储藏罐中的化学反应，因而无法跟上化学反应的速度，他们只能努力探究并改正现有的问题。他们检测了压力和温度仪表，看到了显著上升的度数。可能是因为这些设备已经失效，他们也检测并且觉察到 MIC 储藏罐发出了嘶嘶声，并且摸上去很热。当操作人员确认一些异常情况已发生时，MIC 蒸汽已经从储藏罐中散开并且扩散到周围的环境中。

（二）领域层面

当 Perrow 基于组织层面的分析对正常的意外事件理论予以规范时，其已经被运用于领域层面的分析。值得注意的是，Mezias（1994）运用正常的意外事件理论，分析了 20 世纪 80 年代美国的储蓄和借贷危机——我在第四章中已经联系理性选择假设仔细讨论过。他声称，储蓄和借贷危机产生于行业中逐步增加的复杂性和紧密的耦合性。在危机爆发前的数十年里，金融市场变得全球化，贸易成为连续的（不间断的），新技术在出现，交易的频率在加快，新的复杂的金融体系被建立起来，一系列令人眼花缭乱的政府管制条例被颁布，这些统统属于逐渐增长的难以预料和难以管理的交互。

我认为正常性意外事件理论同样也可以被用于分析近期的次贷危机和随之而来的 2008 年金融危机。我展示了一个详细的对次贷危机的正常性意外事件理论的分析，来说明这一理论令人印象深刻的当下的灵活性，并为最终在本章所阐释的两个问题奠定经验基础：两种意外事件之间的关联和侧重于有意行为的分析模式，以及关于意外事件不端行为之间多维的特征。要将次贷危机视为正常性意外事件进行分析，我们必须建立一个金融体系，特别是处理房地产抵押贷款的体系，同时这个体系在崩溃之前必须是高度复杂和紧密耦合的。我们还需要证明次贷危机是复杂且紧密的耦合交互的结果。我对这场危机的分析就是从这两个目标开始的。①

1. 作为复杂且紧密的耦合系统的财务系统

近年来，特别是处理抵押贷款的那部分财务系统变得越来越复杂，由此导致了次贷危机，它呈现出难以预期且难以处理的关系越来越多的特点。直到大约 1970 年，买方才进入房地产市场，债权人（大部分为储蓄贷款协会）贷款给买家，帮助他们购买房屋，而债权人则将这些抵押贷款当作一种投资。

20 世纪 70 年代末，金融创新者开始对抵押贷款进行证券化，将简单的

---

① 下面的讨论大量借鉴了我与 Michael Maher 合著的两篇文章：刊登在《组织社会学研究》（*Research in Organizational Sociology*，2010）上的 "A normal accident analysis of the mortgage meltdown" 和刊登在《战略组织》（*Strategic Organization*，2010）上的 "The mortgage meltdown as normal accidental wrongdoing"。下面的讨论还与 Cebon（2009），Guillén 和 Suárez（2010），Van der Heijden、Ramirez、Selsky 和 Wilkinson（2010）对全球金融危机的其他正常性意外事件分析相吻合。

抵押贷款交易流转化成广泛的分支网络化关系。抵押贷款持有者是提供抵押贷款的人（例如美国国家金融公司），或是向抵押贷款持有者购买抵押贷款的多元化的金融机构（例如雷曼兄弟公司），它们都开始将抵押贷款打包成多层次的债券——被称作债务抵押证券（CDO）。这些证券中的一些来自不同的金融机构（例如贝尔斯登投资银行）或者独立的对冲基金（例如Peloton Partners 公司）。购买 CDO 的多元化金融机构通常将 CDO 的组成部分重新组合成二级债券（CDO_2），然后出售给其他投资者。

David Li 在 2000 年发明了一个数学公式，通过促进次级抵押贷款的捆绑来推动资产证券化的进程。其中，次级抵押贷款的回报率较高，同时也存在严重的违约风险。因此，捆绑抵押贷款的违约风险可以相互平衡。随之引发了投资者的热捧，因为它们有较高的回报率和相对的安全性。从正常的意外事件这一理论角度看，加速的证券化进程有两个重要的特征。其一，它很难被理解。它会产生有多个可转化部分的衍生品（抵押贷款和部分抵押），它们之间会产生复杂的关联。除此之外，每一种衍生品又是独特的，其通过不同的抵押贷款混合而成，都拥有特定的结构，并将潜在的抵押贷款与 CDO 的持有者关联起来（Bookstaber，2007）。其二，新的证券化过程创造出了难以估价的抵押担保证券，因为每一种 CDO 都由大量的个人贷款组成，所以其价值是互相影响的。因此，不同的公司，甚至同一公司内不同的部门对相同的资产都时常会做出不同的估价（Story，2008）。

投资银行和对冲基金投资于抵押担保证券及其他证券的方式的一些方面，增加了抵押贷款领域的复杂性。最为重要的是，投资银行和对冲基金倾向于套利交易，这就需要对相对较小的收益进行相对可靠的押注。为了在套利中获得大量利润，银行和基金公司必须赌上大量的金钱。它们通过从不同的商业公司中吸纳大量贷款来达成目标。因此，每家投资银行都倾向于和许多商业银行相互关联，因为它们的命运也与自己的成功紧密相关。

（1）紧密耦合

近年来，特别是处理抵押贷款部分的财务系统越来越复杂，由此导致了次贷危机。鉴于诸如《商品交易期货现代化法案》等放松管制的改革,财务系统日渐成为耦合系统。由于这些改革,市场的行为和反应很大程度上是在没有政府干预的情况下做出的,而政府干预可能会减缓市场互动的速度或改变其轨迹。另外,技术进步和市场发展缩短了财务事件发生的时间间隔,缩短了事件信息传播的时间,也缩短了基于这些事件进行证券交易的时间,这些都是在全球范围内而言的。管理信息系统使得财务信息很快被传播开来,利用计算机程序能很快操作这些交易。这些信息和对信息的反应连续不断地在全球范围内传播(Bookstaber,2007)。

除此之外,连接投资银行或对冲基金公司和商业银行的贷款协议包含了少量的"给予":

首先,大多数投资银行和对冲基金公司都有贷款保证金。当它们向商业银行借款时,债权人会要求其提供一个资产池或抵押品,以防止它们届时无法归还其贷款。而且,银行监管机构也要求商业银行提供现金储蓄以满足贷款需求。这些对于保证金和现金储蓄的要求是在金融方面保护借款人及贷款人免受可能引发危机的金融事件的影响。但就如同化工厂的安全装置一样,它们都提高了耦合的程度。当投资银行、基金公司或商业银行的财务健康和贷款业务量恶化到预先设定的程度时,它们不得不变卖资产以获取现金。

其次,大多数投资银行和基金公司都进行短期借款,即使所借的款项是用于长期投资的。事实上,很多短期金融行为都是以天为单位的。如果银行或者基金公司有长期金融项目,它们就能在短期下跌中存活下来,因为它们有足够的时间去获得新的贷款,这期间它们也可以重建自己的金融安全。但是,只有短期金融项目的银行或者基金公司很难在短期下跌中存活下来,因为它们在重新借款之前只有相对较短的时间来重建自己的金融安全。

(2)市场计价会计方法和模型计价会计方法

两种用来对资产进行价值评估的会计方法是危机前财务系统复杂性和紧

密耦合的重要来源，因此应该受到重视。① 市场计价会计方法根据市场价值对资产和负债进行价值评估。这种方法用来评估二级市场上的流动资产和负债，其价格是公开的。模型计价会计方法利用预测模型对资产和负债进行价值评估。这种方法用来估计不在二级市场上交易的非流动资产和负债的价值，其价格也是不可知的。在一些案例中，市场计价会计方法和模型计价会计方法为交易伙伴商定协议奠定了基础，这些交易伙伴需要对其交换的资产进行兼容估价。

市场计价会计方法通过将一个企业的资产价值与其他企业的资产价值连接起来，形成一个庞大的关系网络，以此增加财务系统的复杂性。在这种方法下，当一个企业改变其资产价值时，拥有相似资产的其他企业也需要调整其资产价值。当这些企业都改变了其资产价值时，又可以使更多的企业调整其资产价值。市场计价会计方法还导致了难以预测的关系。当其他企业出售类似资产时，即使它们不打算出售自己的资产，也必须考虑到这些资产的售价，并对其资产重新进行价值评估。但它们无法预测其他企业何时会出售相同或类似的资产。市场计价会计方法为财务系统增加了额外的复杂性。这种方法通常利用复杂的数学公式，除了设计模型的专业的计量经济学家们，他人很难理解这些公式。而且，这些公式在外行人看来相对难懂，因此其仅根据专有算法来衡量当前市场的资产价值。

市场计价会计方法也强化了财务系统的紧密耦合度。监管者为资产交易明确了严格的规则，这些资产在有限的基础上交易，而且没有报价。更为重要的是，当交易双方对相同的资产做出不同的估价时，他们设定了企业必须遵循的程序。企业可以自行决定什么时候采用市场计价会计方法，以及决定如何实施该方法（Story，2008）。但是，这种自由裁量权又为财务系统的复杂性和不可预测性增加了最后一个重要维度。企业无法预测其他企业何时、

---

① 信用违约互换（credit default swap）是一种独特的金融衍生工具形式，在次贷危机之前的几年里被开发出来，为抵押贷款支持证券提供保险，也是金融系统复杂性和紧密耦合性的一个重要来源。不过，由于篇幅所限，我在这里就不讨论这个"安全装置"了。

怎样使用市场计价会计方法来对资产进行价值评估，因此也就无法预测何时、怎样对自己相同或类似的资产进行价值评估。

2. 作为正常的意外事件的次贷危机

许多情况都预示了次贷危机。更为重要的是，联邦立法（例如1977年的《社区再投资法案》以及20世纪80年代的美国住房和城市发展部制定的政策）鼓励（在某些情况下还要求）债权人放松放贷标准，以增加为低收入者购买房屋提供的抵押贷款数量，增加其对次级房贷的供给。同时，联邦储备银行降低了利率，这导致投资者寻找新的高回报的投资工具，同时增加了对次级房贷的需求。[①]

从正常的意外事件理论的观点来看，每一项贷款都可以被当作抵押贷款子系统的一部分，每一次违约也都可以被当作失败的一部分，异常高的违约率会导致异常高的失败率。抵押贷款的违约率从2006年开始提高。违约率持续升高是由于不断增加的低质量（有违约倾向的）次级抵押贷款进入系统。大多数金融行业的参与者都期待大量的抵押贷款，尤其是次级抵押贷款违约。但他们认为，这些抵押贷款所支持的证券是用复杂的数学算法组合起来的，这些算法旨在平衡潜在的抵押贷款风险，其构造方式可以经受住大量的失败。但是，2007年出现的违约数量过多，超出了这项技术所能承受的程度。这就导致了当时被视为出人意料、轰轰烈烈的运动的发展。因为违约率上升，所以基于这些抵押贷款的安全性价值就下降了。但是，持有复杂抵押资产的金融机构及其交易方、债权人和投资者都发现精确计算违约产生的结果是很困难的。一些机构理智地，但也是武断地降低了对其资产的估价。其他因为持有相同资产，受市场计价会计方法约束的机构，也被迫这样做。这导致了资产估值的恶性循环下跌。

资产估值的恶性循环下跌导致债权人提出保证金要求，而且这也使得诸如贝尔斯登和雷曼兄弟等投资银行清空仓位。同时，银行管理制度要求债权

[①] 这两种情况导致了一个通常被称为"房地产泡沫"的反馈过程，增强了这里描述的相互作用。

人通过平仓增加其现金储蓄。因为投资公司和债权人试图清空其仓位,所以其资产价值下降。因为其资产价值下降,所以市场的波动性加大,导致其他市场参与者停止交易,形成流动性危机,从而进一步降低了资产价值(因为绝望的卖家无法找到买家)。当然,因为资产价值进一步下降,新的触发因素受到冲击,导致更多的清算。似乎在一夜之间,盈利的金融机构,例如贝尔斯登和雷曼兄弟公司,被推到破产的边缘,并入了其他金融实体。

重要的是,许多被银行清算的资产与抵押贷款无关,甚至与美国市场无关,因为这些是当时流动性最高的资产。因此,与抵押贷款有关的资产危机似乎从一个市场跳到另一个市场。这些跳跃几乎是完全出乎意料的,因为它们是由可观察到的经济趋势所推动的。相反,影响的模式取决于遇到困难的银行的身份和这些银行的投资组合,这两者在发生前都无法被预测到,因为银行的资产负债情况对顾客和竞争者来说都是未知的。这导致金融机构及其交易伙伴、债权人和投资者都退出市场,在国内经济中引发信用危机,并且扩展到全球范围内(Guillén and Suárez, 2010)。

市场计价会计方法和模型计价会计方法

市场计价会计方法和模型计价会计方法都在次贷危机中扮演了重要的角色。用两个例子就可以说明,第一个与始于 2007 年 4 月底的一系列事件有关:贝尔斯登增强杠杆基金的交易者 Goldman Sachs 对基金的抵押贷款支持证券的估值出人意料地低。这一连串事件被生动地记录在对增强杠杆基金一名匿名主管人员的一次采访中:

> 他们(Goldman Sachs)给我们 50 美元和 60 美元这样的价格。我们从其他交易者手中拿到的价格是 98 美元。证券交易委员会规定,当你这样做时,可以将两个价格平均一下——他们是指将 97 美元和 98 美元平均而非将 50 美元和 98 美元平均——或者也可以要求正确的价格。但是你不能要求低价。你必须回去要求高价。每个人都知道程序。所以我们必须要求高价。我们问了那个要价 98 美元的公司,它是华尔街上另一家主要的公司。你知道对方是怎么说的吗?记住,对方也知道自己的

要价很高。对方说:'你说得对,我们错了,价格是 95 美元。'……所以我们没办法,只能将 50 美元和 95 美元平均。我们不得不重新发布我们的资产净值。现在我们只能把资产净值从减去 6 美元调整到减去 19 美元——实际上是调整到减去 18.97 美元——的地方,可是比赛马上就要结束了啊!(Cohan,2009:337)

第二个例子与始于 2008 年 2 月 14 日的一系列事件有关:瑞银集团取消了 137 亿美元的美国抵押贷款投资。瑞银集团对此次取消的描述如下:

> 这些金融工具的市场流动性一直很低,同时又缺乏相似金融工具的活跃市场,或是其他可观察到的市场数据,我们需要利用模型对这些金融工具进行价值评估。我们从 2007 年第三季度开始使用这些模型,且从那时起不断审查其假设,并且根据市场信息再对其进行重新调整。(UBS AG. U.S. Securities and Exchange Commission, Form 6-K, Report of Foreign Issuer. February 14, 2008, p. 2)

因为瑞银集团的减记,对冲基金公司 Peloton Partners 也不得不降低其相似抵押资产的价值。这次贬值促使 Peloton 公司的债权人要求其偿还债务,而偿还额却是 Peloton 公司所无法承受的。Peloton 公司的破产反过来又为其他金融机构带来了问题。Paul Friedman 是贝尔斯登公司固定收益部的首席运营官,他说,"2008 年 2 月 29 日是 Peloton 公司破产的日子,要进行一场巨大的清算,我们和其他拥有高质量产品的公司也只能以很低的价格出售产品。这对我们来说好像走到了尽头"(Cohan,2009:7)。

(三)正常的意外事件分析的实践意义

正常的意外事件方法代表了我们对无意识事件或危机事件在组织和领域层面理解的一个重大突破。这在直观上很有吸引力,也是在当下具有灵活性的,使得我们对许多现象,包括从石油化工厂爆炸到金融系统危机的解释都更为合理。进一步地,它提出了关于防止意外事件普遍策略的基础问题。正常的意外事件理论主张标准修复，比如增加监督和控制更大系统的安全保障子系统是无效的，甚至可能增加意外事件发生的可能性。同时，降低系统对失败的敏感性应该集中于降低其复杂性和紧密耦合。根据这一普遍方法，一些学者也认为，降低全球金融系统应对危机的脆弱性应着眼于降低其复杂性和紧密耦合（Schneiberg and Bartley，2010）。正常的意外事件理论的支持者认为，降低系统的复杂性和紧密耦合有时是不可行的。因此，许多正常的意外事件理论家建议，如果可能的话，用复杂性和耦合度较低的系统来代替复杂且紧密耦合的系统。举例来说，大多数学者主张复杂的耦合技术应该被废弃，比如废弃核能，而支持复杂性和耦合度较低的太阳能及风能系统。

四、各类意外事件分析之间的关系

许多研究意外事件的人都认为，此处分析的类似灾难性事件应该根据其特性分成以下三类：正常的意外事件，错误的系统设计或操作意外事件，由个人导向行为引起的意外事件（有时指的是"代理"）。但是将事件单纯地归为某一类又是饱受争议的。举例而言，在我的阐述中有一个明显的矛盾，Perrow将博帕尔悲剧归类为错误的系统设计或操作失误的产物：在他的观点中，这是一个普通的意外事件（Perrow，1999）。而且他将次贷危机归类为"代理"：是由于个人和企业在追求利益时无情地忽视了可能对他人造成的伤害而导致的（Perrow，2010）。我认为这种方法有其优点，因为它关注了导致意外事件最显著的原因和最有效的补救行动。因此，将博帕尔悲剧归类为一场普通的意外事件，从引起人们对许多考虑不周或被废止的工厂设计的注意这一方面来说是恰当的，并且这样做指出了设计和操作上的改变，这些改变可能会降低未来意外事件发生的概率以及减少相似事故导致的人员损失。

如上所述，我认为这种方法仍有其弊端。方法论上的问题使得对意外事件进行单纯的分类比较困难。要确定一个事件属于正常的意外事件还是非正常的意外事件（比如是由错误的系统设计或操作导致的）是不可能的，因为没有人能定量分析其复杂性和紧密耦合度。而且，即使有人开发出了运作正常意外事件的这两个决定因素的方法，也没人能指出造成正常意外事件所需的复杂性和紧密耦合度。同时，准确地指出一个事件是属于机构、系统设计还是操作失误的产物是很困难的，指出其复杂性和耦合度也是很困难的。所有的人类活动都与机构有关。最终，对事件进行唯一归类阻碍了对事件的全面理解，排除了对一些重要的因果关系要素的考虑，尽管这些要素可能排在第二位甚至第三位。最后一个缺点在次贷危机等多方面事件中尤为突出。我认为次贷危机只有在考虑其复杂性和耦合度、错误的系统设计和操作以及利己主义者的情况下，才能被完全理解。

五、意外事件和不端行为的关系

毫无疑问，一些人会质疑这一章的前提假设，即无论意外事件正常与否，都会导致不端行为。那些认为意外事件是由错误的系统设计或操作导致的人能清楚地区分两种无意识的灾难。第一种灾难是由于设计者或操作者的疏忽而引起的意外事件。这些并非真正的意外事件，因为疏忽是暗中故意为之，最多是缺乏好意，最坏也是对行为后果的忽视。相反，它们被分析为不端行为。第二种灾难包含那些即使有好的设计者和操作者仍然会发生的危机事件。这被认为是真正的意外事件，而非不端行为。那些提倡正常的意外事件理论框架的人还认为正常的意外事件和不端行为是相互排斥的。Perrow 甚至使用了一个特殊的标签："执行失败"，以此来标注看上去是意外事件，但实际上是由最高级的系统设计和操作中的疏忽导致的事件（Perrow，2007）。Mezias 用正常的意外事件理论来分析 20 世纪 80 年代的储蓄和贷款危机，将他的正常的意外事件解释与不端行为进行比较，主张其得到的证据更支持正常的意外事件的解释，而不是不端行为的解释（Mezias，1994）。①

我认为区分由系统设计者和操作者导致的非真正的意外事件与发生在有好的设计师和操作者情况下的真正的意外事件的努力是有价值的。这将引起大家对这种情况的关注，即认定和惩罚对造成伤害的事件负责的人是恰当的，这样既可以维护社会正义准则，也可以减少未来类似灾难的发生。因此，Perrow分析次贷危机不仅是代理问题的结果，也是执行失败的结果。而且通过这样做，他为努力找出应该对危机负责的人注入了动力，这样他们就可能会被追究责任，并且与他们类似的行为在将来可能会得到遏制。

但是我认为这种方法也有缺点。它为社会公正所驱动，混淆了规范考虑（关于问责的安排）和社会科学考虑（关于现象产生原因的鉴别）。它是出于威慑的目的，其隐含的前提假设是，恶意企图是不端行为的必要条件（在此案例中，忽视他人的利益就是一种恶意企图）。我已经阐述过恶意企图并非不端行为的前提条件。而且，它还通过定义使意外事件和不端行为相互排斥，不允许对意外事件和不端行为之间的关系进行检验。

本书中我所定义的不端行为，其前提假设是任何社会控制机构认定为不端的行为就是不端的，这就允许对意外事件和不端行为之间的关系进行本质上不受限制的分析。最为明显的是，正如我在本章中谈到的，意外事件能构成不端行为。特内里费机场的事故可以被认为是不端行为的一个例子。因为涉及的一方——KLM不得不向其事故的受害者进行赔偿。博帕尔的联合碳化物公司化工厂的事故可以被认定为不端行为的一个例子，因为联合碳化物公司的CEO因违反安全规章已被起诉，7个印度经理人为此也被处以罚款并被捕入狱。

但是本书中对不端行为的定义允许意外事件与不端行为通过其他方式关联起来。我在对次贷危机的分析中探究了意外事件与不端行为相关联的四种

---

① 然而，Mezias（1994）并不认为储蓄和贷款危机仅仅是正常的意外事件的结果。他认为这场危机主要是该行业日益复杂和紧密耦合的产物。但他也认为，故意渎职在这场灾难的过程中有一定的影响。

方式。如果大量的抵押贷款行业参与者已经提起诉讼并且案件成功被受理，或者因为许多与次贷危机有关的犯罪行为已经被起诉，那么次贷危机就构成了不端行为。但是次贷危机构成不端行为这一观点可能揭示了对意外事件与不端行为是怎样关联起来的一个更加详细的理解。

首先，不端行为有可能带来意外事件。不端行为通常会改变系统的状态，例如使投入贬值或使进程退化，进而提高其对失败的敏感度。多种形式的不端行为导致了次贷危机的发生。除了前文对次贷危机的讨论中列举出的不端行为，一些抵押贷款经纪人还伪造文件以证明购房者的贷款资格（Temple-Raston，2008）。这种欺诈行为导致了更多所谓的"信用良好"的购房者进入金融系统，这与联邦立法和政策的影响相呼应，增加了容易违约的次级抵押贷款的供给。

其次，意外事件也可能助长不端行为。意外事件常常伴随着实施不端行为的动机和机会。次贷危机在一定程度上刺激了各类不端行为。抵押贷款市场的各类参与者试图阻止崩盘，或试图避免因此而产生的担责或损失，这些都能成为实施不端行为的动机。比如，大众普遍认为，美国金融公司的创始人兼CEO Angelo Mozilo 在崩盘之前已经知道，由于房地产市场降温，该公司将面临巨额损失。但（也许）是为了巩固投资者对美国金融公司及抵押贷款市场的信心，他仍然继续描绘该公司及其所在行业的美好前景，同时出售自己公司的大部分股票，以避免个人损失。经过两年的公开审查和社会谴责，有证据表明 Mozilo 涉嫌欺诈及内幕交易（Scannell and Emshwiller，2009）。同时，次贷危机为其受害者提供了一种实施不端行为以避免损失的动机。例如，在不断恶化的金融环境下，一些房屋所有者和其他借款人涉嫌保险欺诈，试图以点燃自有房屋或车辆的方式获得保险补偿款，从而避免即将出现的违约和房屋所有权被收回的财务后果（Tom，2009）。

同时，次贷危机为抵押贷款从业人员创造了实施不端行为的机会。次贷危机后，抵押贷款修正市场急剧扩张。原有贷款人改变其经营模式，设立新公司，低价从政府手中购入违约贷款，之后与抵押人商定降低利率，使得借款人得以继续住在其原来的房子里,而他们以此赚取可观的利润。这些企业家中的大多数都是以完全正当的模式运行他们的公司,尽管其中一部分人因曾出售导致危机的次级抵押贷款,从而从他们为虎作伥造成的危机中牟利而受到批评(Lipton,2009)。但与此同时,一些造假的公司以合法的名义欺诈毫不知情的借款人,协商新的抵押条款以榨取高额利润,使这些借款人雪上加霜(Federal Trade Commission,2009)。

再次,意外事件可能导致无关不端行为被察觉到。意外事件发生时,情况发生变化导致的无关不端行为的受害者意识到他们受到了伤害。次贷危机似乎已导致几个与危机没有因果关系的不端行为案例被发现。例如,在次贷危机之前,Bernard Madoff 和 Allen Stanford 计划利用精心设计的庞氏骗局从投资者手中窃取数亿美元的资金(Gaviria and Smith,2009;Creswell and Krauss,2009)。由于次贷危机的发展,投资者试图出售 Bernard Madoff 和 Allen Stanford 持有的债券,将它们放在更安全的投资避风港中。当他们试图转移自己的资产时发现,Bernard Madoff 和 Allen Stanford 无法满足他们的清算要求,因为两名基金经理挪用了他们的资产,而非将其用于投资。

此外,当意外事件发生时,社会控制机构会采取措施,寻找表面上为正义服务的不端行为和行为不端者(惩罚责任人并为受害者争取赔偿),并减少未来意外事件发生的可能性。当社会控制机构开始行动时,它们经常会撒下一张大网。在某些情况下,它们会逮捕明显地实施不端行为的人。但是在其他情况下,它们会诱捕与意外事件无关的不端行为的参与者。例如,在次贷危机爆发之初,联邦调查局手中有成百上千的抵押贷款诈骗案件。在危机刚开始时,联邦调查局立即将其抵押贷款欺诈调查活动并入一个高利润的项目中,并称之为"恶意抵押贷款行动"(Burns,2008)。这个项目和相关工作吸引了相当大的关注,并且增加了向负责调查欺诈行为的部门添加"9·11"恐怖袭击后在反恐工作中失败的工作人员的可能性(Barrett,2009)。同样,公平住房运动支持者和全国有色人种协进会多年来一直抨击抵押贷款机构的歧视行为,如红线取消(red-lining)——根据当地主要人群的肤色来抵销或提高抵押贷款的成本。在次贷危机之后不久，他们的注意力转向了次级贷款（Tedeschi，2007；Appel，2009）。虽然联邦调查局和全国有色人种协进会针对的一些欺诈性和歧视性贷款可能导致了次贷危机，但其中大部分可能与危机无关。事实上，联邦调查局恶意抵押贷款行动所针对的三种主要不端行为中，有两种与危机可能造成的犯罪有关：止赎救助诈骗和抵押贷款相关破产计划（Federal Bureau of Investigation，2008）。在后危机时期，最大的案件之一涉及一种普通的欺诈行为，这种欺诈行为导致对加利福尼亚专属飞地的价值进行高估，以获得超出必要规模的贷款，这些贷款随后被用于推动其他投资（Schmitt，Christensen，and Reckard，2008）。

事实上，在某些情况下，社会控制机构关注的是明显与意外事件无关的且引发执法工作的不端行为。例如，随着次贷危机的展开，有消息表明有两位美国参议员从美国国家金融服务公司获得了特惠利率贷款。在广泛的舆论压力下，两位参议员（其中一人是康涅狄格州参议员 Christopher Dodd）的几位同事推动了对他们的调查（Herszenhorn，2008）。虽然调查仅以对他们简单的指责而告终，但之后 Dodd 决定放弃在 2010 年竞选连任（Nagourney，2010）。当然，这两位参议员在全国范围内的贷款绝不会导致次贷危机。

最后，意外事件可能使不端行为的定义变宽，这增加了未来出现新形式的不端行为的可能性。正如刚才所指出的，当意外事件发生时，社会控制机构会行动起来，试图找出不端行为和行为不端者。但是，社会控制机构在努力查明不端行为和行为不端者时，往往为现有规章的解释和规章本身所阻碍。意外事件，特别是正常的意外事件，通常是那些不会引起灾难的行为的产物。这就是为什么它们会被称为意外！这样一来，导致意外事件的行为，往往不会违反对不端行为的现有解释或定义。

联邦调查局很好地说明了社会控制机构所面临的问题。联邦调查局检举了两个失败的对冲基金经理，这些基金被大量投入抵押担保资产（包括贝尔斯登 AFFI 附属高品位基金和增强杠杆基金）中。根据联邦调查局的调查，这些基金的经理 Matthew Tannin 和 Ralph Cioffi 告诉投资者基金的状态非常好，因此投资者会维持（甚至考虑增加）自己在这些基金中的份额。但事实上，基金在不断贬值而经理自己在减少投资额。联邦调查局以欺诈和内幕交易的罪名起诉了这两个经理，认为他们的行为如上文所述的 Mozilo 的行为那样，是出于希望维护投资者对基金的信心（以防止基金的崩溃），更重要的是要保住他们自己的事业和财富（Chittum, 2008）。但是庭审时，Matthew Tannin 和 Ralph Cioffi 却被宣布无罪释放。辩护人合理地认为对冲基金经理的行为在事后看来（根据基金的最终消亡）是令人怀疑的，但是就当时来看其行为完全在公认的惯例和法律的范围之内（Kouwe and Slater, 2010）。

在民法领域，尤其是侵权行为法领域，对现行法典提供新解释的机会最大，因为其基本原则十分宽泛。因此，一些针对次级贷款机构的民事诉讼利用借款人在经济上的弱点和相对无知，将其行为定性为掠夺性行为。11 个州与美国银行旗下的美国国家金融服务公司达成了一份价值 8.4 亿美元的协议，以重新商议在房地产繁荣时期与借出者达成的不公平抵押条款。马萨诸塞州政府与次级贷款商弗里蒙特投资贷款组织为了它所认为的不公平的借贷行为达成了一份价值 1 000 万美元的协议。最近，马萨诸塞州与高盛集团达成了一份价值 6 000 万美元的和解协议，因为高盛集团在质疑声一片的次级抵押贷款证券化领域有着非常安全可靠的声誉。掠夺性再融资计划的中产阶级受害者以及代表下层阶级受害者的非营利法律服务机构（以及愿意推迟赔偿直到和解的创业律师）也对贷款人提起了诉讼。但是这些资金不充足、政治力量薄弱的受害者在其案件中取得成功的可能性很小，因为这样的诉讼既昂贵又耗时（Luhby, 2009）。

六、评价和总结

比起到目前为止的其他解释，不端行为的意外事件解释与解释不端行为的主导性方法相距甚远。根据定义，意外不端行为的肇始者在其实施行为之前没有做出认真和充分理性的思考。此外，同样按照定义，他们没有主动的倾向去参与不端行为。相反，他们的没头脑和有限理性导致了本没有倾向的行为以及本不想产生的后果。许多意外事件是随着时间的推移通过异常行为的正常化而产生的，这一概念明显地考虑了时序动态。除此之外，大多数意外事件理论考虑了社会互动，无论是明确的，如着眼于小群体互动理论的案例，还是含蓄的，如着眼于组织和领域层面的技术以及权力结构理论的案例。

有些人认为意外事件和不端行为是相互排斥的，因为他们相信如果行为人哪怕具有一点恶意，或者说他哪怕有一点不顾他人的福利，那么他的行为就只能被当作不端行为。但是因为我将不端行为定义为任何被社会控制机构定义为不端行为的行为，并因此将不端行为独立于行为人的意图，所以我认为意外事件能构成不端行为。同时，考虑到这一广泛的前景，我确定了意外事件和不端行为相互关联的四种更明确的方式。在这四种方式中的最后一种中，意外事件会为不端行为下新的定义，反过来，不端行为也可能在未来出现新形式，这四种方式为本书最终的实质性章节奠定了基础。如果意外事件为不端行为下了新的定义，使得不端行为在未来可能出现新形式，那么，划分正当与不端界限的社会控制机构参与实施不端行为就合乎道理了。除此之外，如果社会控制机构参与了不端行为的实施，那么我们就有理由分析社会控制机构行为的决定性因素，从而全面了解不端行为产生的原因。这是我现在要处理的最后一件事。

Chapter 11

第十一章

组织不端行为的社会控制

一、引　言

组织不端行为的社会控制解释是我将在本书中考察的对不端行为的最后一种解释。它延续了第二章将组织不端行为视为正常的视角，将不端行为视作社会控制机构在规定正当行为时产生的普遍现象。这种解释也建立在第三章不端行为的社会学定义的基础上，它将不端行为定义为社会控制机构认为的不端行为。将组织不端行为视为正常的视角和我对组织不端行为的定义表明，社会控制机构通过采取与行为不端者完全不同的方式制造了不端行为。因此，如果想要全面地理解组织不端行为的原因，就必须研究社会控制机构在制造不端行为中的作用。但是，对不端行为感兴趣的组织研究学者，无论是采用主导性方法还是替代性方法，大多都忽视了这一主题。

本章研究社会控制机构在制造组织不端行为中的作用。我主要着眼于国家，因为在第三章中，我将"国家"定义为组织参与者最重要的社会控制机构，这也是从本书的目的出发，我将其视作衡量行为是否不端的主要决定因素。但是，我也考虑了其他社会控制机构，因为它们有时会影响国家的行为。首先，我描述了国家制造不端行为的两种方式。然后，我阐述了决定国家划分正当与不端界限的因素，它决定了国家所制造的不端行为的种类。这两种讨论大致基于两大越轨社会学理论：标签理论（Lemert, 1951; Becker, 1963; Schur, 1971）和冲突理论（Coser, 1967; Collins, 1975）。每一次讨论之后，我都对社会控制机构行为对于组织参与者，即潜在行为不端者的影响做出推论。最后，我用这些推论的重要应用结束本章。本章各节的理论都是具有高度推测性的，大多基于过去三十余年我的教学经验和与企业管理者的交谈。

社会控制机构制造不端行为的观点有时被称为"社会建设者"观点，因为它假定社会动力在特定的时间和地点决定孰对孰错。它有时也被称为"相对主义者"观点，因为它认为划分正当与不端界限的位置会和社会控制机构的行为一起随着时间和地点的变化而变化。许多人不喜欢社会建设者和相对主义者视角下的不端行为，因为它们假定不端行为是一个主观现象，没有以实际需求、哲学或信仰的绝对真理为基础。我理解植根于必要性和绝对性的不端行为定义的吸引力，它们为我们的实践提供了一种舒适的秩序感和稳定感。此外，还有一些偏爱不端行为客观定义的社会科学原因。

但是，我认同不端行为的社会建设者或相对主义者的定义，因为我认为，这个定义在社会科学方面的优越性超过了那些替代性的客观定义。我在第三章中已经回顾了我的方法的利弊，所以在此不再赘述。我只会补充说明，我认为采用不端行为的社会建设者和相对主义者的定义有额外的好处，即捕捉到组织参与者非常真实的无序和动态实践。为了强调这一点，我在阐述之前先介绍两个更具体的例子，这两个例子都说明了到目前为止所提出的观点，阐明了实际使用的"不端行为"概念的主观特征。第一个例子代表了一种情形：很多人所认为的绝对正当的行为实际上是不端的。第二个例子代表了一种情形：很多人所认为的绝对不端的行为实际上是正当的。

二、社会控制机构如何制造不端行为

（一）划分正当与不端的界限

社会控制机构之所以能够制造不端行为，显然是通过划分或重置（为了简洁起见，以下简称为划分）正当与不端的界限。组织行为在很多维度上有所不同。当社会控制机构在任一维度上划分正当与不端的界限时，它们便制造或重构了两种行为：一种正当的行为和一种不端的行为。它们也制造或重构了两种组织或组织参与者：一种由行为正当者组成，另一种由行为不端者组成。

社会控制机构可以通过制定新规则划分正当与不端的界限。例如，1950年的《塞勒-凯弗维尔法》（Cellar-Kefauver Act）通过强化1914年的《克莱顿反托拉斯法》（Clayton Antitrust Act），导致美国多种类型的纵向和横向收购变成非法的。结果，那些在法案通过之前参与合法的纵向和横向收购的企业发现，在法案通过之后，进行同类型的收购却违反了反托拉斯法。社会控制机构也可以通过改变现行规定的实施来划分正当与不端的界限。社会控制机构可以通过增强决心，以直接的方式改变现有规定的实施。例如，尽管《塞勒-凯弗维尔法》1950年就被通过，但联邦贸易委员会（FTC）和司法部在20世纪60年代初才开始大力实施该法案。因此，在20世纪60年代中期，很多企业都成为FTC和司法部的调查对象。因为在FTC和司法部没有采取行动前，它们就进行了类似于20世纪50年代的并购。

社会控制机构通过改变策略，增强第三方提供组织或组织参与者（为反映集中于个体层面的研究，以下简称为组织参与者）不端行为证据的倾向性，以间接的方式改变现有规定的实施。社会控制机构经常视具体情况这样做，通过提供推定其他行为不端者更有罪的信息为一些行为不端者免罪或减刑。例如，检方对瑞银集团投资银行家Nicos Stephanou进行了宽大处理，理由是他提供了四位同事进行内幕交易的信息，这使得检方可以将其中至少一人送入监狱（Glovin，2011）。

社会控制机构可以通过制定促使第三方提供组织参与者不端行为证据的新规定，以间接的方式改变现有规定的实施。公私共分罚款法允许个体公民代表联邦政府提起控告公司的公民诉讼。美国第一部公私共分罚款法——《虚假申报法》——在美国内战期间被通过，用于鼓励告密者告发虚假申报销售给联邦军队产品（最重要的是哑弹）的公司。《虚假申报法》于 1986 年被修订，用于激励政府承建商中知道组织不端行为的雇员向联邦政府揭发不端行为。这次修订将个体公民对被告的任何财务判决的分成从 10% 增加到 30%，同时降低了犯罪的门槛，囊括了"故意忽略"或"贸然不顾"的规定。

修订后的《虚假申报法》可能在成功控诉 TAP 医药公司医疗保险和医疗补助欺诈中发挥了作用。1996 年，TAP 医药公司市场营销总监 Douglas Durand 对公司治疗前列腺癌的药物亮丙瑞林相关的销售实践感到不安（Rogers and Weinstein，2002；Haddad and Barrett，2002；Japsen，2004；Weinberg，2005）。他随后离开公司并起诉公司，声称 TAP 给外科医生送礼以诱使并酬谢他们为病人开具亮丙瑞林；给外科医生提供免费的亮丙瑞林样品，却没有对这些交换进行记录；鼓励外科医生让医疗保险和医疗补助管理机构给这些免费样品开具账单；给亮丙瑞林标高价，却向外科医生收低价，允许他们从亮丙瑞林的使用中获得额外利润。Durand 的诉讼使联邦政府对 TAP 提起民事诉讼和刑事诉讼。经过持续很久的法律对决之后，TAP 同意支付 8.85 亿美元的罚款。按照修订后的《虚假申报法》的规定，Durand 从和解协议中分得的份额为 1.26 亿美元。如果不是盼着这么一大笔钱的话，他很可能无法忍受为完成对 TAP 的起诉案所耗费的 7 年的调查期和法庭程序。

（二）影响组织参与者的行为

社会控制机构通过一种相互影响的社会关系与组织参与者产生关联。社会控制机构努力监察并处罚跨越正当与不端界限的组织参与者。与此同时，组织参与者努力避免社会控制机构的监察和处罚。组织参与者可以通过实施明显正当的行为，远离正当与不端的界限，来避免社会控制机构的监察和处罚。但是，竞争压力通常迫使组织参与者实施接近正当与不端界限的行为，因为如果不这样做，就会把优势拱手让给愿意在界限周围行动的竞争者。结果，组织参与者经常需要"走钢丝"，在临近正当与不端界限周围行走而不越界。比如，销售人员不得不使用固定下来的销售技巧，如果不使用这些技巧，就会有失去顾客的风险，因为总是会有其他愿意使用这些技巧的销售人员。与此同时，他们必须避免使用会导致他们与法律产生冲突的技巧变化形式。

社会控制机构和组织参与者的关系使得社会控制机构有动力采取能够增加组织参与者跨越正当与不端界限可能性的行为方式。这种动力在被竞争压力驱动而接近正当与不端界限的组织参与者中特别明显，我将这种人称为潜在的行为不端者。这种动力制造的两种不端行为，我随后将会分别介绍。

1. 第一类不端行为的制造

如前所述，社会控制机构为抓住行为不端者而存在。此外，社会控制机构执政所代表和立法上所依靠的选民，根据其能否成功抓住行为不端者来评估它们。因此，社会控制机构有动机增加组织参与者最终落到正当与不端界限不端一边的可能性。通过这样做，它们增加了抓住不端行为的机会，因此也增加了它们因工作出色而获得奖励的机会。当社会控制机构增加了组织参与者最终落在正当与不端界限不端一边的可能性时，它们便制造了我所称的"第一类不端行为"。我简要描述一下社会控制机构制造第一类不端行为的两种途径。

第一，社会控制机构可以使组织参与者难以保持在正当与不端界限正当的一边。最简单的途径是，社会控制机构可以颁布难以理解的规定，实施难以理解的法律。在这样的情况下，潜在的行为不端者一不小心就会失足跨越正当与不端的界限。社会控制机构可以颁布复杂的规定并且用如果对组织不端行为不故意挑剔就很难理解的方式对其进行监督。或者它们也可以带着挑剔行为不端者的意图这样做。不管怎样，结果都是一样的。例如，FTC 和司法部门于 20 世纪 60 年代开始施行《塞勒-凯弗维尔法》，两者以不同的方式实施法案。前者起诉立法被通过后 10 年内完成的收购。后者仅起诉当时正在进行的收购。此外，两者用不同并且有些不一致的标准确定违反新法律的收购。FTC 主要查办引发收购方的竞争者抱怨的收购。司法部门则查办被认为有问题并且容易被起诉的收购。结果，公司高管抱怨他们那时被迫无法完成任何公司收购，因为他们害怕进行一项收购一不小心就成为 FTC 或司法部门采取行动的目标。

第二，社会控制机构可以使组织参与者更容易跨越正当与不端的界限。它们可以对那些有倾向并且打算跨越正当与不端界限的组织参与者提供支持。例如，FBI 得到了 Archer Daniels 公司一位中层管理人员的支持，作为他们在赖氨酸——一种动物饲料添加剂——的市场价格垄断调查中的线人。然后，这个线人参与了 ADM 和其他赖氨酸生产商之间的价格垄断交易安排（Eichenwald，2000）。社会控制机构甚至可能诱使那些在其他情况下可能不会参与不端行为的组织参与者实施不端行为。1982 年，John DeLorean 因为参与了为其经营失败的汽车公司集资的方案（需要销售大量的可卡因）而被起诉。DeLorean 在接到一个来自被定罪的毒品交易商的电话后才开始参与这个方案。这个毒品交易商在联邦特工的命令下提出该方案，而方案完成前他就被这个特工抓获了。两年后，DeLorean 通过证明自己是政府陷阱的受害者而成功避免了诉讼。据报道，当时他的律师称："这是一个虚假的犯罪。没有政府，就没有犯罪。"

2. 第二类不端行为的制造

社会控制机构也可以通过一种更简便的方式制造不端行为。社会控制机构和潜在的行为不端者关于某一个已经被贴上不端行为标签的行为的争论可能导致组织参与者去实施被社会控制机构贴上不端行为标签的其他行为。也就是说，社会控制机构和潜在的行为不端者之间的争辩会导致组织参与者参与不端行为，而如果没有社会控制机构和组织参与者之间的这场争辩，他们可能不会实施这些不端行为。当这种情况发生时，社会控制机构就制造了我所说的"第二类不端行为"。下面，我将介绍社会控制机构制造第二类不端行为的三种方式。

第一，社会控制机构可以激励组织参与者实施不端行为，这些不端行为降低了他们实施社会控制机构可能认定为不端的其他行为所受的监察和处罚的风险。Martha Stewart 为了避免内幕交易定罪而触犯了禁止阻碍联邦调查的法律（Thomas，2006）。类似地，Arthur Anderson 事务所的合伙人 David Duncan 承认（Anderson 也因此被定罪）销毁了那些与他们在安然涉及的问题会计操作相关并可以作为起诉依据的文件。最终，Anderson 上诉即获豁免，当最高法院判定初审法官对陪审团的说明过于模糊时（Flood，2005；Houston Chronicle，2005），Ducan 被允许撤回他的有罪辩护。但是，在很多案子中，即使第二类不端行为想要模糊这样的概念，即第一类不端行为没有被定罪和处罚，第二类不端行为仍然会被定罪和处罚。例如，尽管一些杰出的运动员没有因为使用了增强表现的药物而受罚，但是他们却因为对此撒谎而被起诉和判刑、服刑。

第二，社会控制机构会刺激组织参与者实施一种不端行为，这种不端行为会制造其可能实施的其他不端行为，并且这种不端行为不是其他行为不被认定为不端所必需的。如前面的章节所述，一些人认为 Lance Armstrong 及其美国邮政自行车队的一些队友使用了禁用的增强表现的药物，最明显的是促红细胞生成素。Floyd Landis 曾经和 Armstrong 以及美国邮政自行车队一起骑车，他声称团队通过销售赞助商 Trek 提供的自行车，来为团队的促红细胞生成素供给买单。联邦政府的官员正在调查这一说法的可能性，因为销售赞助商捐赠的物品用于维持非法禁药项目可能构成欺诈（Albergotti and O'Connell，2010）。这样看起来得出以下结论是合理的：如果促红细胞生成素被认为是合法的竞争资源，团队就不必销售赞助商捐赠的物品（如果团队确实销售了自行车）。如果是这样的话，那么这个团队就会从其他赞助商（也许是一家医药公司）那里筹集资金来支持促红细胞生成素项目。

第三，社会控制机构可以造成其管理的组织参与者产生自我的概念，使得他们更可能参与不端行为。当组织参与者实施一项有风险或事实上被社会控制机构贴上不端行为标签的行为时，这些预期或事实上的标签可能会导致预期或事实上的行为不端者认为他们自己是行为不端者，然后实施额外的存在被社会控制机构认定为不端行为风险的行为。社会控制机构可以通过引导行为不端者发展观点、建立关系以及实施保护他们免受行为不端者标签心理和实际影响的行为，导致行为不端者形成不正常的身份。它们也会造成行为不端者搜寻并采用中和技术使他们涉及的不端行为正当化。它们同样会导致行为不端者以及其他可以为其提供避免监察和惩罚资源（包括知识在内）的人一起发展出联合体。这些联合体可以产生群体动态压力（社会比较以及微妙的奖励和处罚），形成行为不端者的规范、价值观、信仰和对世界的假设。最后，社会控制机构可以导致行为不端者参与促成自我认知动机的第二类不端行为。

我认为少数组织行为不端者会产生这类不端的身份感。例如，随着 Walter Pavlo 越来越沉浸在计划欺骗 MCI 及其逾期客户的方案中，他也越来越接近 Harold Mann 和他的 MCI 同谋，部分原因在于他们有共同的目标：逃避监察和处罚。事实上，在这个骗局的形势恶化后 Pavlo 仍然停留在其中，部分是因为他感到对其同伙的义务。此外，随着时间的推移，他开始认为自己是一个诈骗犯，并将他用非法所得购买的一条船命名为"契约小姐"。不过，我推测大多数组织行为不端者不会产生这类不端的身份感。例如，我不知道 Martha Stewart 是否认为自己是一个内幕交易者。当周围都是其他行为不端者时，行为不端者可能不会产生一种不正常的身份感。与在组织环境外实施不端行为的人不同，组织行为不端者很少发现自己处于远离行为正当者的社交中。然而，我推测很多潜在的行为不端者会产生不同的不端身份感。我将在本章的最后考虑这种可能性。

在继续之前，我会提供两个扩展的案例分析。第一个案例与规范止痛药处方法律的执行有关。规范止痛药处方法律的执行说明了社会控制机构对于正当与不端界限的维护如何导致组织参与者跨越这条界限。它还说明了正当与不端界限的主观特点，更具体的是，社会控制机构有时如何为可以说是正当的行为贴上不端行为的标签。

(三) 止痛医生和 Ronald McIver 医生的案例

精通疼痛治疗的外科医生们有一些信手拈来的治疗方法，其中之一便是减少病人对疼痛的敏感性的药物治疗。如果法律制定者将这些药物指定为管制品，并且执法人员判定一位外科医生开具这些管制品会促使药物的滥用，则一位外科医生开具止痛药可能被认为是不端行为。但是，健康护理专业人士和执法人员在区分合法与不合法的开药方行为的界限上存在争议。一些药理学家认为，疼痛在美国是被治疗不足的。疼痛对一个病人健康的影响不仅仅限于它造成的不适。它可以导致压力和失眠，反过来产生不利的健康状况，例如心脏病。更进一步地，研究发现很多疼痛药物能够被大量摄入而不会导致成瘾，这似乎可以从病人的基因构成（关于成瘾的可能性）来判断，同样也可以从药物的化学构成来判断。

精通疼痛治疗的外科医生已经请求缉毒署（DEA）建立明确的指导原则，划分特定药方合法与不合法的界限。但是，DEA 拒绝公告这样的指导原则，它们担心这样做会有损于其逮捕行为不端者的能力（通过限制其灵活性）。结果，治疗疼痛的外科医生承担了不小心跨越开具止痛药的正当与不端界限的风险，因为他们无法清晰地确定界限到底划在哪里。

Ronald McIver 医生是一位被判贩毒的疼痛治疗专家，他的案例更加精细地说明了社会控制机构和组织参与者的互动导致的不端行为（Rosenberg，2007）。原告声称，McIver 医生开具过量的止痛药奥施康定，他的几个病人（其中一人由于一次使用剂量过大而死亡）坦言自己将奥施康定用于娱乐目的，或出售给他人用于娱乐目的。更进一步地，他们坚持认为，McIver 开具了更大剂量的奥施康定，目的是建立他行医的客户群，增加吸毒和贩毒的病人。对本案的判定非常关键的是，专家们证实了 McIver 开具奥施康定的方法与现行的职业准则相比是激进的。专家们坚持认为，McIver 在治疗病人的过程中更乐意、更快速地开具奥施康定，并且通常比其他外科医生开具的剂量更大。

但是 McIver 医生的辩护团队反驳道：他之所以开具高于一般水平的奥施康定，是因为他的治疗目标比一般医生的目标更激进。他追求将病人感知的疼痛减少到 10 分制中的 2 分的水平（10 分表示不能忍受的疼痛），但是大多数外科医生仅仅想要将病人的疼痛减少到 5 分。此外，他们坚持认为，Mclver 医生的治疗目标与其他专家在疼痛和止痛药上的观点一致，即他们都认为美国一般的外科医生对疼痛治疗不足。因此，Mclver 医生被控告贩毒有可能是因为与一般的外科医生相比，他更多地而非更少地关注病人的健康，并且更多地而非更少地与领先的科学思想保持一致。

另外，Mclver 医生的辩护团队称，Mclver 医生怀疑他的一个病人曾滥用或转卖他开具的止痛药并尝试证实这一点，但是 DEA 阻止了他的努力。Mclver 写信给 DEA，表达了他的担心，并索要这个病人的信息，但是 DEA 没有回复他的询问。当在法庭上被问到时，DEA 的一位官员证实，他们忽略了 Mclver 的询问，因为他们担心自己做出的任何回复都可能助长犯罪行为。可能 DEA 并没有 Mclver 的那个病人正在滥用或者销售他开的奥施康定的证据，并且担心如果自己打算控告 Mclver 的非法开药行为，那么它提供的任何与此有关的信息之后都会在法庭上被用作认同 Mclver 开药策略的证据。

（四）对组织参与者的启示

社会控制机构通过划分正当与不端界限制造不端行为的观点可能被认为是语义上的因而是微不足道的。毕竟，当社会控制机构以这种方式制造不端行为时，它们是在试图根除、惩罚、消除那些选民认为其有攻击性的行为的副产品。换句话说，当社会控制机构划分正当与不端的界限时，它们制造了本书中所定义的不端行为，以消除其选民所认为的不端行为。但事实上，社会控制机构通过划分正当与不端的界限制造不端行为对组织参与者有两个重要的影响：

首先，它意味着组织参与者可以某一天处在正当与不端界限正当的一边而第二天处于不端的一边，即使他们两天内并没有改变自己的行为。例如，一些公司在《塞勒-凯弗维尔法》实施后发现自己违反了反托拉斯法，尽管它们在法案实施前正在进行相同类型的收购。结果，我推测组织参与者有时将不端行为的出现视为社会控制机构要负责的事（因为它是由社会控制机构行为的变化所引起的），而不是他们要负责的事（因为它不是由其行为的变化所引起的）。

其次，社会控制机构通过划分正当与不端的界限制造不端行为的事实意味着每一次社会控制机构划分新的界限，它们便为新形式的不端行为创造了可能性。所以，在安然大败之后通过的《萨班斯-奥克斯利法案》，将之前可以接受的会计实务定义为越界。因此，我推测组织参与者有时将社会控制机构的活动视为在增加其被贴上行为不端者标签的风险。

社会控制机构可以通过影响潜在的行为不端者的行为而制造不端行为的观点也可能被认为是一个学术观点。我说过，社会控制机构引起组织参与者跨越正当与不端界限的过程对潜在的行为不端者，即被竞争压力迫使而在正当与不端界限周围行动的组织参与者而言最为显著。此外，导致第二类不端行为的三个过程中，有两个对真的行为不端者和已经参与有可能被社会控制机构认定为不端行为的组织参与者而言是显著的。因此，这些过程制造的不端行为可以被认为是企图消除被重要选民认为是冒犯的不端行为的副产品。最后，尽管我已经说明了社会控制机构制造第一和第二类不端行为的几种方法，但我推测这些不端行为只构成了所有组织不端行为的一小部分。不过，我认为社会控制机构有时通过影响潜在的行为不端者的行为制造不端行为这一事实对组织参与者有两个重要的影响：

第一，在第二类不端行为的背景下，它意味着组织参与者有时发现自己实施了一些行为，要不是因为他们参与了其他有被认定为不端行为风险的行为，他们就会避开那些行为。因此，我推测组织参与者有时觉察到，自己受社会控制机构引导而实施不端行为。第二，在第一类不端行为的背景下，它意味着组织参与者有时自己实施了一些行为，要不是由于社会控制机构提供的帮助和施加的压力，他们就会避开那些行为。因此，我推测组织参与者有时觉察到，自己受社会控制机构的协助甚至逼迫而实施不端行为。在陈述本章第二个主要话题——影响社会控制机构划分正当与不端界限的因素——之后，我会再回过头来讨论这些可能的觉察的意义。

三、社会控制机构划分正当与不端界限的决定因素

上面我解释了社会控制机构通过两种方式制造不端行为：一种是划分正当与不端的界限，另一种是与潜在的行为不端者就其与界限的相对位置进行争论。在此，我确定了决定社会控制机构划分正当与不端界限的因素。这些因素最终决定了社会控制机构制造的不端行为的种类。我始终认为，社会控制机构就像所有社会行动者一样，拥有利益和受约束制约。此外，我坚定地认为，社会控制机构在约束限制的范围内，以增加其利益的方式划分正当与不端的界限。

（一）社会控制机构的利益

社会控制机构有广泛的利益去维护其选区、组织及其声称所代表的民众的福利。如果它们未能保护自己选区的利益，其存在的理由就会遭受质疑。因此，社会控制机构往往以维护自己选区利益的方式，划分正当与不端的界限。为了与这一需求保持一致，国家往往保护广大民众远离损害这一需求的行为，一定程度上对伤害民众行为的实施者予以处罚。

通过比较美国政府对大提顿大坝溃堤和意大利政府对维昂特大坝垮塌的反应，可以看出国家对选民受害采取保护行动的倾向。当大提顿大坝溃堤时，没有组织或个人因为大坝溃堤而被起诉或遭受惩罚。当维昂特大坝垮塌时，14位工程师被撤职，并以过失杀人罪被起诉，3人被判有罪并被处以6年监禁。对这两个案例的比较并没有揭示出大坝的设计和施工负责人的过失有明显的区别。如果有的话，大提顿大坝的设计者和建设者表现出比维昂特大坝更大的过失。大提顿大坝的溃堤，是由在其结构的设计和建造过程中被管理者及设计师发现却没有被改正的大量问题所导致的。然而，维昂特大坝严格来说并不是溃堤。事故发生的原因是山体滑坡，大量的岩石和土壤被倾倒到山后面的水库中，形成了一个超过大坝300英尺（约91.44米）的巨

浪。但发生的两个事故对住在水坝附近的居民产生了非常不同的后果。大提顿大坝的溃堤导致 11 人死亡，而维昂特大坝的垮塌造成超过 2 000 人死亡（Perrow，1999）。①

尽管社会控制机构寻求保护其选民的整体利益，但是选区的不同成员通常具有不同的甚至相互冲突的利益，这使得它们的努力复杂化了。在这种情况下，社会控制机构优先考虑选区最强势的成员们的利益。与未能保护选区次强势的成员的利益相比，未能保护选区最强势的成员的利益更有可能破坏社会控制机构的合法性。因此，社会控制机构往往将正当与不端的界限划分在选区最强势的成员希望划分的地方。Eichenwald 对保诚贝奇有限合伙企业欺诈和安然破产进行了长时间的调查，他认为权利是美国政府对两个组织不端行为案例的反应明显不同的重要原因（Eichenwald，1996，2005）。安然的惨败导致一些国家最大的金融机构的实质性损失，导致罚款、监禁和法律制度重要的变化（最重要的是《萨班斯－奥克斯利法案》的通过）。但保诚贝奇的垮台只伤害到个人投资者（而且在大多数情况下是退休的老人），因此仅导致少量罚款，没有监禁，没有法律制度的变更。

社会控制机构在利用机会以及消除影响其生存和发展的威胁方面也具有更狭隘的利益。它们面临的最重要的机会（或威胁）是那些承诺要增加（或威胁要减少）他们获得资源的机会。因此，社会控制机构倾向于划分正当与不端的界限，确保其所需资源的稳定流动。例如，政府倾向于在遭受损害时积极而迅速地做出反应，正如在 20 世纪 50 年代严重的电气设备价格阴谋案例中那样。这个复杂的计划主要使作为议价核心主体的联邦、州和市政府受损，因为它们是变压器的主要购买者（Geis，1995）。同样，当政府从行动中获利时，它们的反应迅速而有力，正如在波士顿的"大挖掘"吊顶坍塌案例中那样。通过对建设项目的总承包商和分包商提起法律诉讼，马萨诸

---

① 显然，美国政府对大提顿大坝溃堤的反应和意大利政府对维昂特大坝垮塌的反应的区别也是其他方面差异的产物，最重要的是两国在政府和社会关系上的差异。

塞州政府能够获得相当可观的赔偿金，这些钱很快被用于抵消建设项目意外的、政治上令人尴尬的高维护成本（Estes and Murphy，2008；Estes，2008）。

（二）社会控制机构的约束

1. 社会控制机构之间的关系

社会控制机构追求其广泛和狭隘利益的能力受其与其他社会控制机构关系的影响。社会控制机构经常以一种协同的方式相互作用，以一种严格的方式来划分正当与不端的界限。刑事和民事法庭可以通过独立的诉讼惩罚同样的行为不端者，前者通过判处监禁，后者通过实施罚款。专业和行业协会可以禁止这些行为不端者入职或入行。同样，媒体可以破坏行为不端者的名誉，利益集团可以对他们进行抗议。然而在其他场合，社会控制机构可以联合起来用宽松的方式划分正当与不端的界限。Paul Krimmage 声称，监管职业自行车运动的社会控制机构合谋，以确保使用禁用的功能增强药物不会被检测到，即使被检测到，也不会被惩罚。据 Krimmage 所说，自行车联合会和关注自行车运动的媒体贪图使用禁药后非常出色的表现所带来的公众关注，并担心阳性测试结果和禁赛的消息会引起负面关注，所以，当顶级自行车运动员在明显使用禁用的功能增强药物时，联合会视而不见，媒体也几乎不问问题。因此，自行车车手面临着一个艰难的决定：他们可以避免使用禁药，并且甘于接受平庸的职业生涯；或者，他们可以使用禁药，承担对健康的不良影响以及较低的（但对于造诣不高的骑手仍然非常真实的）可能被发现和遭受惩罚的风险。

但社会控制机构也经常共生，因此一个社会控制机构划分正当与不端界限的活动会影响另一个机构划分该界限的活动。在第三章中，我指出，社会控制机构之间的区别在于：它们的主导地位，其宪法的形式，它们选区的广度，其能够处罚行为不端者的能力。在大多数成熟社会中，社会控制机构之间存在着稳定的相互依赖关系，那些享有最低优先级的社会控制机构通过与享有更高优先级的社会控制机构之间的关系，对行为不端者施加影响。因此，利益集团为媒体创造新闻素材，媒体制作专业协会和国家参与的故事，专业协会和国家正式制裁行为不端者。

在成熟社会中，媒体在维护社会控制机构之间稳定的关系中发挥着特别重要的作用。媒体组织，像所有的组织一样，寻求生存和繁荣。它们通过维护和扩大读者群和/或观众群做到这一点，广告收入也是基于此。它们通过收集信息，将其加工成引人注目的故事，引发读者和观众的兴趣。在这个过程中，媒体通常在国家和利益集团间进行调解。利益集团有时缺乏刺激国家对其认为的不端行为做出反应的权力。当媒体识别出利益集团认为是不端的组织行为时，可以将有关不端行为的信息塑造成特定类型的故事——一个丑闻。丑闻引起读者和观众的注意，因此，向国家官员施加做出回应的压力（Fisse and Braithwaite，1983；Molotch and Lester，1974）。国家可以忽略已察觉到的不重要的不端行为，只要这种不端行为不被很多人知道，但当被察觉到的不端行为变得广为人知时，国家害怕被视作渎职，因此必须采取行动。

最后，社会控制机构有时会相互竞争在某一特定区域划分正当与不端界限的权力。在不同的地缘政治空间，类似的社会控制机构之间，例如不同国家平行的经济管理机构之间可能产生竞争。在相同的地缘政治空间，类似的社会控制机构之间的竞争也会出现，特别是在非国家行为主体之间。例如，同一个国家的多个专业协会、媒体组织和利益集团常常相互竞争划分正当与不端界限的权力。当类似的社会控制机构之间出现竞争时，竞争的结果在很大程度上就取决于参与者的相对实力。以下考察美国和瑞士两国政府之间的竞争——关于在瑞银集团持有资产的美国公民报告其投资收入的规定。

美国政府要求美国公民为他们的投资收入纳税。瑞士政府禁止瑞银集团发布储户投资收入的信息，允许美国储户逃避美国的税收要求。多年来，美国和瑞士政府在公布美国公民在瑞士的银行账户信息的问题上僵持不下并不断产生冲突。然而最近，两国政府的利益和权力发生了转变。2008年的次贷危机和全球金融危机增加了美国政府对额外的税收收入的需求，以抵消其因金融危机而在政治上不得人心的7 000亿美元的银行救助资金。美国政府准备通过对美国公民在瑞银集团的收入征税来收回 1 000 亿美元，这就大大有助于其支付救助资金。与此同时，全球金融危机严重削弱了瑞士经济，而瑞士经济的健康很大程度上取决于其金融部门。当美国政府威胁称要在佛罗里达州法院对瑞银集团提起刑事诉讼时，一些人猜测，瑞银集团（几个月前因为帮助其美国储户逃税而支付了 7.8 亿美元的罚款）的刑事诉讼可能会使其陷入困境，同时也使瑞士经济陷入混乱。因此，此前在背后支持瑞银集团拒绝公布其美国储户信息的瑞士政府，迅速免除了瑞士法律对瑞银集团保护其储户隐私的要求。随后，瑞银集团与美国政府达成了协议，瑞银集团被迫向美国政府提供超过 4 000 个美国储户的信息（The Associated Press, March 4, 2009b; August 18, 2009c; August 19, 2009d）。

2. 社会控制机构与潜在行为不端者之间的关系

社会控制机构追求自己利益的能力也受到组织参与者，特别是潜在的行为不端者之间关系的影响。如上所述，社会控制机构与组织参与者存在一种竞争关系。这种竞争涉及划分正当与不端界限的问题。组织参与者在社会控制机构建立的规则中寻找漏洞。当他们找到一个规则的漏洞时，社会控制机构就会试图填补它。因此，在胆大的医生和化学家的帮助下，有竞争力的自行车车手就会搜寻能够提高成绩而自行车联合会又尚未禁止的新药物。在听到提高成绩的新药物的风声后，自行车联合会就会将其添加到禁药列表中。

此外，潜在的行为不端者会寻找规避措施，避免被社会控制机构发现。在对这些规避措施有所耳闻后，社会控制机构就会想办法应对。因此，在胆大的医生和化学家的帮助下，有竞争力的自行车车手会搜寻那些能助其掩盖使用禁药事实的化学药剂。如果自行车联合会听到这些掩蔽剂的风声，就会将其添加到禁药列表中。最后，如果潜在的行为不端者被逮捕了，他们就会高价聘请律师与社会控制机构斗争。当他们这样做时，社会控制机构会致力于招揽与之抗衡的法律人才。这些竞争动态在"激进税务规划"或"避税"设计的传统商业环境中也很明显（Braithwaite, 2005）。

有时，社会控制机构和潜在的行为不端者之间的竞争关系对划分正当与不端界限的位置有微妙的影响。例如，禁毒执法官员与潜在的行为不端者之间的相互作用，在很大程度上影响了美国划分合法与非法止痛药处方界限的位置，以及这条界限的清晰程度。当处方剂量超过医生使用的典型剂量时，执法人员便认为他们是不端的。如上所示，医生倾向于选择过于保守的做法开具止痛药，因为他们低估了疼痛的负面影响，高估了成瘾的可能性。当然，他们也支持过于保守的做法，因为他们担心自己因为开具了超过合法剂量的止痛药物而被起诉。

  社会控制机构和行为不端者之间竞争的结果很大程度上取决于参与者的相对实力。当社会控制机构比行为不端者拥有更大的权力时，社会控制机构在确定划分正当与不端界限的位置时与潜在的行为不端者相比占据上风。例如，美国联邦政府在起诉 TAP 医药公司营销实务欺诈时果断采取行动。TAP 迅速以创纪录的罚款解决了联邦政府的民事诉讼。国家能够采取如此果断的行动，TAP 能够这么快屈服，是鉴于国家有能力将 TAP 的药物从病人能够接受医疗保险和医疗补助报销的列表中移除，并且与 TAP 相比，国家拥有基于资源依赖的权力。事实上，虽然联邦检察官祝贺自己捍卫公众利益的胜利，但 TAP 表示它之所以同意达成民事诉讼和解，并不是因为它认为自己有罪，触犯了法律，而是因为跟过去一样大的处罚，与医疗保险和医疗补助的业务量相比，还是比较小的，而如果它对抗指控，并因此引起国家的愤怒，这些业务量可能已经失去了（Weinberg，2005）。

  相反，当潜在的行为不端者比社会控制机构有更大的权力时，与社会控制机构相比，潜在的行为不端者在确定划分正当与不端界限的位置时占据上风。例如，马萨诸塞州总检察长很快与 Bechtel 公司就导致一名司机死亡的"大挖掘"吊顶坍塌事件达成和解，并与隧道项目的总承包商谈判达成了一项财务和解。但政府与 Powers Fasteners 公司却进行了旷日持久的斗争，对这家环氧树脂提供商提起了刑事诉讼。政府之所以很快就解决了问题，并且没有对 Bechtel 提起刑事诉讼，似乎是因为它是美国最大的工程公司和第三大私人公司。对这样一家经济实力雄厚、政治关系良好的公司的刑事诉讼很难赢。进一步说，一个成功的刑事诉讼会禁止 Bechtel 未来为政府实施建筑工程，政府可能并不喜欢这个结果。政府兴致勃勃地追着 Powers Fasteners 的案子不放，很可能是因为它是一家相对较小的公司，无法雇用价格高昂的法律人才，而且政府可以轻易地不需要它的服务。①

第三章已简单讨论过的对伊拉克私人安全承包商的社会控制的分析，充分说明了相互竞争的社会控制机构的权力差异在划分正当与不端界限的位置上的作用。它还为划分正当与不端界限的主观特征提供了一个例证，在这个例子中，它显示了社会控制机构有时是如何给可能存在争议的不端行为贴上正当行为的标签的。

（三）私人安全承包商和 Blackwater Worldwide 的案例

在第三章中，我讨论了美国军方已广泛使用私人安全承包商（PSC）来保护人员（如外交官和军官）和物资（如补给护卫舰），以支持其在伊拉克的行动。军方授权只有在他们被雇用保护的人员或物资安全受到威胁时，他们才能使用致命的武力。所有其他致命武力的使用都被认为是蓄意杀人。但根据安全承包商及其人员和物资面临的危险情况进行分类是非常主观的。

可以理解的是，PSC 的员工，即本案中潜在的行为不端者，倾向于对各种情况进行尽可能广的分类，从而对谋杀进行最严格的定义。例如，他们将一辆装满未知货物的汽车高速接近自己的情况归类为一种危险的情况，这种情况需要使用致命的武力。伊拉克当局，作为社会控制机构，支持对情况进行最狭窄的分类，从而对谋杀进行最宽泛的定义，这也是可以理解的。它们将上述情况归类为无害的，将任何对驶近车辆的攻击归类为不端的。美国政

---

① Bechtel 和 Powers 的不同待遇也可能是出于其他原因。有人可能认为，Powers 对这起事故的责任比 Bechtel 更大，尽管事故的原因是多方面的，远不是毋庸置疑的（Allen and Murphy, 2006; Murphy and Estes, 2007）。可能更重要的是，Bechtel 的财力比 Powers 更雄厚。Bechtel 以及它在项目上的主要合作伙伴 Parsons Brinckerhoff，同意向马萨诸塞州支付 4.07 亿美元。Powers 最终同意支付 1 600 万美元，作为政府同意撤销对它的刑事指控协议的一部分（Murphy and Allen, 2007; Estes and Murphy, 2008; Saltzman, 2009）。

府，作为一个与之竞争的社会控制机构，采取了一种中间立场，认为 PSC 过于频繁地触发战争，而伊拉克当局则过于频繁地对战争现实不敏感，特别是在敌人的战斗人员并不总是能与普通公民区分开的情况下。

虽然有人可能会为使用致命武力的 PSC 行为的替代性定义的优点进行辩解，但是社会控制机构对行为不端者来说并非夸张的最高权威这一点，已经决定了在伊拉克实际使用的是哪种定义。正如第三章所指出的，美国 2003 年入侵伊拉克后不久，就与联盟驻伊拉克临时管理当局（CPA）达成了一项协议。当时 PSC 和他们的人员都由在伊拉克的一个美国军事机构监管和控制，而不是通过 CPA 安排。2004 年伊拉克临时政府取代 CPA 时，安排的协议继续履行。美国和伊拉克政府的相对权力很可能会推动这些谈判协议。美军在入侵伊拉克时摧毁了伊拉克政府、军队和警察机构。结果，CPA 及其继任者是伊拉克的主要政府工作人员，并且都被美军控制着。

此外，正如第三章所提到的，当美军在伊拉克组建地方机构负责监督和控制 PSC 时，它做得并不完美。它几乎没有为地方机构提供区分批准和未经批准行为的指南。另外，它几乎没有为地方机构配备调查人员来监督最低限度的指导方针的执行。PSC 超越美国政府的权力可能是造成这一状况的原因。美国政府试图将这场战争造成大量人员伤亡的大规模行动的表象降到最低，随着国际和国内对这场战争的反对声越来越大，这种愿望也越来越强烈。PSC 向政府提供了一种方法来掩盖在伊拉克的美国战斗人员以及其死亡的真实数量，因为他们的员工没有被计入在冲突中部署和死亡的士兵人数之中。因此，PSC 拥有超越美军的独立的军事资源。

社会控制机构与行为不端者之间的竞争和权力关系，扮演着创造（或者在这种情况下并非创造）不端行为的角色。这种角色可以通过考察 PSC 可能的不端行为这一特例来深入阐释。Blackwater Worldwide 是在伊拉克运营得最著名的 PSC。2007 年 9 月 16 日，Blackwater 公司的保镖被部署在伊拉克尼苏尔广场中间和周围，协助一位在广场附近参加会议的美国国际开发署官员进行疏散。究竟那天发生了什么备受争议。Blackwater 的保镖认为，他们遭受了伊拉克武装分子的袭击,并自卫还击。在广场上的伊拉克人称,Blackwater公司的保镖在没有遭受挑衅的情况下首先开火。没有公开的是,在随之而来的猛烈射击中,17个伊拉克平民死亡,20人受伤。

Blackwater公司与美军没有签订合同,所以它的保镖不受美军在当地设立以便监督与控制伊拉克PSC的正式权力机构的管束。Blackwater公司与美国国务院订立了合同,所以它的保镖只需接受政府部门的非正式监督和控制。枪击事件后,国务院官员立即盘问保镖们,并承诺根据他们的陈述免除对他们的起诉,以增加获得真实报告的可能性。最后,国务院没有对保镖们采取法律行动或促成他人对保镖们采取法律行动(Fainaru,2008)。

几个月后,在媒体的广泛关注和公众的愤怒情绪之下,美国司法部以谋杀罪起诉Blackwater公司的六名保镖。其中一名保镖对指控供认不讳并因配合控告其同事而获得减刑。但其中一位法官否决了对剩下五名保镖的指控,裁定司法部是根据保镖早前对国务院官员的陈述立的案,并受到美国承诺的豁免权的保护(The Associated Press,December 31,2009e)。

在大致相同的时间,尼苏尔广场枪击事件中的12位伊拉克公民(其中一些人是幸存的受害者,另一些人是已故受害者的亲戚),在弗吉尼亚州法院对Blackwater公司及其创始人Eric王子提起民事诉讼。原告指控Blackwater公司和"培养一种鲁莽的文化"的王子,在尼苏尔广场和其他三起事件中允许无辜平民被杀。对Blackwater公司五名保镖的刑事起诉被驳回后,Blackwater公司很快就针对该诉讼签署了和解协议。协议的细节并不为人所知,但非官方报告显示,Blackwater公司同意向原告支付上百万美元(The Associated Press,January 8,2010b)。在公众抗议、刑事诉讼和民事诉讼之后,Blackwater公司失去了与国务院的合同,在伊拉克失去了经营许可,更名为Xe,调整管理结构,并声称改变了自己的商业模式(减少安保业务,支持培训、物流和航空运输工作)。但是,公司的命运可能正在好转。在写作本书时,Xe被看好,赢得了一个在阿富汗主要为美国政府提供培训服务的合同,金额估计达数亿美元(The Associated Press,January 9,2010c)。

尼苏尔广场的悲剧更详细地说明了社会控制机构在划分正当与不端的界限时如何相互作用。最终，美国刑事和民事法院一致行动，裁定 Blackwater 公司保镖的罪行。但在法院采取行动之前，社会控制机构互动共生。国内反对伊拉克战争和国际上反对美国占领伊拉克的呼声越来越高，这使得美国新闻媒体发布的消息将尼苏尔广场事件变成了丑闻。被美国媒体放大的国内外舆论，使美国司法部无法忽视尼苏尔广场枪击事件。最后，多个社会控制机构争夺划分正当与不端界限的权力。最明显的是，美国国务院和美国司法部在该案中竞相裁决，而伊拉克政府在很大程度上被排除在这场争夺之外（尽管其对结果非常感兴趣）。事实上，美国国务院官员命令 Blackwater 公司的保镖为他们当天在广场的行为作证，并因他们的证词而为其提供豁免，这削弱了司法部起诉保镖的能力。

尼苏尔广场的悲剧也表明：行为是否被认为不端取决于社会控制机构的相对权力。对 Blackwater 公司保镖的追捕是在以上描述的包括美国军方、伊拉克政府和 PSC 的权力斗争环境中展开的。这一事件也发生在全球范围内更具体的权力斗争的背景下（涉及 Blackwater 公司、美国国务院、美国司法部、美国新闻媒体和伊拉克当局），以及缺乏一个更准确的术语的国内和国际公众舆论背景下。

也许是因为在美国政府正式组织层级中的特权地位，美国国务院具有为自己保留一支私人警察部队的权力（不受独立执法控制）。此外，Blackwater 公司的保镖之所以能够逃过刑事定罪（批评家们将此描述为法律技术特征），Blackwater 公司之所以能够逃过更大的金融制裁，既是因为美国政府仍然非常依赖 PSC 在伊拉克和阿富汗发动战争，也是因为 Blackwater 公司的领导者与美国军事机构有密切的个人关系和商业纽带。Blackwater 公司复活为 Xe（并继续在美国发挥作用），以及它在美国军事行动中的持续作用似乎与这个论点相一致。

但随着伊拉克政府获得力量以及美军逐步撤出，美军和伊拉克政府的相对权力已经开始转变。被失败的刑事诉讼和温和的民事诉讼判决惊醒，伊拉克政府发誓要在伊拉克法庭审讯 Blackwater 公司的保镖。他们能否这样做还有待观察。但伊拉克人重新与美国进行了谈判——伊拉克的驻军协议，该协议将涵盖监督与控制伊拉克的 PSC。在未来，美军（尽管也许不是国务院）的 PSC 将服从伊拉克的监督与控制。因此，PSC 员工实施不端行为的机会将会增加（The Associated Press，2010a）。

（四）对潜在行为不端者的启示

影响社会控制机构划分正当与不端的界限，以及因此决定组织参与者有可能实施的不端行为的种类的因素，可能与本书讨论的主题相去甚远。毕竟，大多数组织参与者都是迫于环境的压力，视情况而定来划分正当与不端的界限。在经济和政治上最有优势的组织中，只有少数大公司的高级经理人才承担着划分正当与不端界限的任务。但我认为，影响社会控制机构划分正当与不端界限的因素对组织参与者有两个重要的后果：

第一，如上所述，社会控制机构寻求划分正当与不端的界限，以促进其广泛而狭隘的利益。这样做能否成功取决于它们相对于其他社会控制机构和潜在的行为不端者所拥有的权力。因此，划分正当与不端的界限是一种政治产物，是相互竞争的利益主体之间力量平衡的反映，而不是道德律令的代表。因此，我推测组织参与者认为，划分正当与不端的界限是非常有争议的，也许本身就是可疑的。

第二，因为划分正当与不端的界限的位置是政治动态的产物，所以界限的位置也随着政治环境的变化而随时随地变化。组织和组织成员试图追踪并预测这条界限的位置。大型组织设置内部法务人员和公共事务办公室，并与独立的法律咨询公司建立持续的关系。小型组织与商业服务公司签订合同，获得社会控制机构战略方面的信息。例如，精通止痛药处方的医生参加由 DEA 前官员组织的研讨会，以获取有关 DEA 执法理念的最新消息。当然，一些大公司也试图通过公关努力、慈善捐赠、政治捐款和游说来影响社会控制环境。但是，当前和未来确定划分正当与不端界限的位置仍然具有很大的不确定性。我认为这种不确定性对组织参与者实施不端行为的可能性和方式，以及他们对这种不端行为的责任感具有应用价值。

组织参与者对划分正当与不端的界限越不确定，他们将越有可能无意中跨越正当与不端的界限。更进一步地，组织参与者对划分正当与不端界限的位置越不确定，他们就越容易受使其以有限理性的方式实施不端行为的程序的影响。当不确定性损害人们辨别正当与不端的能力时，他们很难做出理性的决定。当人们不确定行为是否适当时，他们也往往屈服于社会影响机制，听从组织机构的安排。我猜想无意中跨越正当与不端的界限，以有限理性的方式实施不端行为的组织参与者，就像新的法律执行或实施后发现自己站在界限不端一边的人，不太可能认为自己应对自己的行为负全责。下面，我将考察这些结果和此前推测的社会控制机构对组织不端行为的解释的应用。

四、越轨身份感的制造

如以上我所主张的，社会控制机构和潜在及事实的组织行为不端者之间的互动，造成组织参与者有时认为自己就是行为不端者，进而参与了更多的不端行为。但是，我也估计这一因果链条只是偶尔才被激活。然而，我认为社会控制机构制造不端行为的全部方法，加总起来，能够导致组织参与者产生我所称的"越轨的身份感"。更进一步地，我推测产生越轨的身份感的组织参与者更容易实施不端行为。

如前面我所推测的，社会控制机构制造不端行为的方式对组织参与者，尤其是那些被迫在正当与不端界限周围行动的组织参与者，有四种影响。第一，它导致他们认为，划分正当与不端界限的位置往好了说是有争议的，往坏了说是可疑的。第二，它使他们相信自己不会对任何可能实施的不端行为负责。第三，它使他们思考，社会控制机构增加了他们被贴上行为不端者标签的可能性。第四，它使他们相信，自己受到社会控制机构引导、引诱甚至逼迫，去实施任何其可能实施的不端行为。

在某种程度上，如果这些猜测是正确的，那么它们就为另一种更广泛的假设奠定了基础。我认为，组织参与者如果对划分正当与不端的界限以及他们相对于这条界限的位置具有这四种看法，就会倾向于对遵守道德规范、社会责任理论和法律产生一种愤世嫉俗的看法。具体地说，我认为他们倾向于将遵守道德规范、社会责任理论和法律视为一种实际的需要，而不是作为一种道德义务。结果，他们变得不那么关心正当与不端界限正当的一边，而更关心在界限不端一边行动以免被抓住。随着后一种态度的强化，组织参与者，尤其是潜在的行为不端者，成为事实上的行为不端者的可能性也逐渐增大。

我认为，并非所有的组织参与者都会对遵守道德规范、社会责任理论和法律产生愤世嫉俗的看法。毫无疑问，很多行为不端者甚至更多的潜在行为不端者，往往会感受到这样一种道德义务，即以合乎道德规范、社会责任理论和法律的方式来采取行动。但我确实认为，足够多的组织参与者信奉这种愤世嫉俗的观点，以支持 Braithwaite（2005）所说的"不端行为市场"——需要提供各种类型的战略和战术，允许组织和组织参与者在正当与不端界限附近或者之外行动，却不被标记为不端。我推测这些专业服务公司通过推销它们的服务，强化了行为不端者愤世嫉俗的看法，为"不端行为市场"提供了供给方的激励。在这种关系中，"如果你不作弊，你就不是在努力"这一准则占据了主导地位。[①]

五、对社会控制解释的评价

组织不端行为的社会控制解释包括了比本书中的其他方法更完美地解释不端行为的替代性方法。因此，它代表了一种对目前最受欢迎的组织不端行为解释的激进的背离。社会控制解释考虑到，组织参与者以盲目和受约束的方式实施不端行为。它认为，组织参与者之所以开始实施不端行为，并不是

---

① 感谢 James Walsh 使我注意到这句商业谚语。

因为他们选择实施不端行为，而是因为社会控制机构将他们的行为标记为是不端的。此外，它认为社会控制机构标记不端行为是完全无法被预期的，或者，即使能被预期到也很难预测。社会控制解释也允许组织参与者参与不端行为，部分是因为他们当前的社会背景。它假设，潜在的行为不端者与社会控制机构有关系，实施不端行为部分是因为这种关系。这在第二类不端行为的案例中尤为明显，它是由潜在的行为不端者试图避免被社会控制机构标记为不端行为的第一类行为所导致的。

社会控制解释也考虑到，组织参与者在以大胆的方式实施不端行为。最重要的是，它认为，潜在的行为不端者，在他们与社会控制机构的关系中，可以产生一种越轨的身份感，这使他们更容易实施存在被标记为不端行为风险的行为。最后，社会控制解释考虑到，组织行为不端者有时可能实施不端行为，尽管他们并不愿意这么做。它认为，组织参与者努力避免被社会控制机构标记为行为不端。此外，它还认为潜在的行为不端者规避被社会控制机构标记为行为不端的能力是由社会控制机构对其拥有权力的程度所制约的。这一点在以下情况下表现得尤为明显：社会控制机构因使潜在的行为不端者难以站在正当的一边而产生主要的不端行为，并使潜在的行为不端者更容易跨越正当与不端的界限。

六、总　结

社会控制机构对组织不端行为的解释是本书所探讨的最后一种解释。通过抛弃甚至比其他替代性解释更多地支持主导性解释的四个假设，它明显偏离了主导性的理性选择与文化解释。此外，通过聚集那些力图发现和惩罚行为不端者的人，它偏离了那些专注于行为不端者的组织不端行为的主导性解释和其他替代性解释。我已经尝试找出社会控制解释对组织参与者的暗示，但是，应当承认，这种尝试是高度推测性的。在下一章中，我将讨论本书提出的论点，并考虑我的方法可能遭受的一个批评。我也会考察我的分析的实际意义。

Chapter 12
第十二章

// 结　语 //

一、引　言

在本书中，我已经阐述了对于组织不端行为的两种宽泛的观点：一种观点将不端行为视为非正常现象，另一种则认为它是正常的。第一种观点认为不端行为是脱离常规的（很清晰地背离了常态），而行为不端者是格格不入的（他们的心理构成是特殊的），并且认为引发不端行为的原因是异常的（错位的激励机制和反常的文化）。第二种观点将不端行为视为常见的行为（和正当行为差异不大），认为行为不端者是正常的（和普通的组织参与者差异不大），并且认为引发不端行为的原因是常规的（是与引发组织中的正当行为相同的结构和过程）。

另外，我还详细阐述了解释与这两种宽泛观点相关的组织不端行为起因的两种方法。第一种，主导性方法，其基于以下假设，即行为不端者会谨慎且理性地思考，其处于社会孤立中，做出独立的决策，并在实施不正当的行动方案前产生参与不端行为的积极倾向。第二种，替代性方法，其基于以下假设，即行为不端者经常以盲目和有限理性的方式实施不端行为，受其当前所处的社会背景的影响，以一种逐渐可能的方式陷入不端行为中，却从未产生这样做的积极倾向。

最后，我已经确定了不端行为起因的八种明确解释。前两种为理性选择和文化解释，其被归入解释组织不端行为主导性方法的范畴。第三种为伦理决策解释，其在主导性方法和替代性方法之间起桥梁作用。最后五种解释为管理体系、情境化的社会影响、权力结构、意外事件和社会控制解释，其明显被归入替代性方法的范畴。

虽然我主张关于组织不端行为的两种观点都是合理的，但我支持的是认为组织不端行为是正常的观点。虽然我主张解释组织不端行为的两种方法都是有用的，但我支持的是替代性方法。因此，虽然我详细阐述了理性选择和文化解释，但我仍试图发展对伦理决策、管理体系、情境化的社会影响、权力结构、意外事件和社会控制解释的研究并描述其特征。

我希望对组织中和组织自身不端行为起因感兴趣的学生及学者能发现这一分析是有用的。如果我已经做得很好，那么我的分析应该不仅仅加深了他们对于不端行为现有理论的理解，也应该使他们意识到不端行为新的潜在原因，帮助他们系统化其关于组织不端行为众多可能原因的思考，并帮助他们确定可以富有成效地进行调查的路线。但那些在组织中管理他人或被他人管理的实践者能够从本书中获得什么呢？那些力图减少组织不端行为的政策制定者能够从本书中获得什么呢？我会用一段探讨性的话语来总结这些问题。但在此之前，我想先简略地提出并强调我所认为的对本书的基本要点可能产生的一个误解。

二、对行为不端者的致歉

一些读者可能将本书视为对组织行为不端者的含蓄道歉。我用来发展和阐明书中先前所提出的观点的很多关于不端行为的描述，都是基于对行为不端者的描述。例如，MCI 会计造假的长篇大论就是基于由造假计划的主要设计者之一的 Walter Pavlo 与人合著的一本书。类似地，关于 B. F. Goodrich 工程欺诈的大量描述则基于由欺诈的背后推手之一的 Kermit Vandivier 所写的一篇文章。这些描述因行为不端者将其行为置于一种正面角度中的愿望而带有偏见，这合乎情理。

更为根本的是，我所支持的关于组织不端行为的解释，将行为不端者描述为头脑空空且有限理性的人，受其当前所处的社会背景的影响，可能逐渐实施不端行为，却从未产生一种这样做的积极倾向。更为一般的说法是，这些描述将行为不端者塑造成经常缺乏远见、受到强大外力的冲击、无意中卷入不端行为，却从未形成恶意意图。而且，在本书的第一章中，我已明确声明，对于以这种方式陷入不端行为的行为不端者，我怀有极大的同情。

然而，任何将本书描绘成向组织行为不端者致歉的说法，都将错过我的分析中其他重要的特征。首先，用来推动和阐述书中所提观点的大部分不端行为的描述，都是基于外部人员的描述，这些外部人员获得了有关不端行为的内幕消息。并且我认为，许多外部人员对其所描绘的行为不端者是不抱有同情的。所有的外部人员都遵从基本的归因误差，这导致观察者将此行为的起因归咎于实施不端行为的人，而不是其所处的社会背景（Nisbett and Ross，1980）。因此，他们可能会认为，他们所观察到的行为不端者之所以会实施不端行为，是因为其经过审慎、理性的计算或评估后，倾向于实施不端行为。此外，许多提供描述的外部人员（我将我的阐述建立在这些描述之上），是偏好调查的新闻记者或执法人员，他们可能易受职业影响而信奉对不端行为的成本-收益分析和规范性评估解释。有关不端行为的书籍和文章的作者精巧地设计其故事以区分好人和坏人，因为这样做符合流行的文学惯例。公诉人和原告律师会带有揭示恶意意图的愿望来质问不端行为的实施者及目击者，因为刑法将恶意意图与犯罪相关联，而民法将其与惩罚性赔偿相关联。因此，我强烈怀疑，许多对不端行为的描述——这些我用来构建并阐明我关于不端行为起因的论据——并没有偏向于支持我的论据，反而对它们抱有偏见。

其次，正如在第三章中所指出的，我在规范和社会科学的目标之间划定了清晰的界限，并且坚定地选择以牺牲前者为代价追寻后者。结果，我已接近于将本书中所描述的行为不端者作为首先且最重要的解释而非责难的对象。因此，我对组织行为不端者的分析保留了对本书中所描述对象的评判——它并不以这样或那样的方式对他们做出裁决。最后，尽管我已说过，我对许多行为不端者抱有同情，但我从未说过，我认为其行为是合适的，或我认为其行为的结果是可接受的。事实上，我发现本书中所描述的大多数不端行为的例子都是可悲的。保诚贝奇证券公司金融投资的歪曲、MCI 会计操纵以及安然公司的市场操纵和金融欺诈，给客户、员工和其他利益相关者造成了严重的负面经济后果。Wyeth 公司对药物副作用的低估、道氏化学公司对乳房植入物缺陷的模糊处理和联合碳化物公司在博帕尔的化学事故，造成了无法估量的人类苦痛。为此，我通过考虑约束不端行为的方法来结束本书，而该方法由这里详细阐述的对不端行为的解释所表明。

三、根除组织不端行为的方法

（一）基于主导性解释的补救方法

正如在第四章中所指出的，组织不端行为的理性选择解释本质上产生了管理变革的需要：建立清晰的划分正当与不端界限的指导方针，为监督涉及这些指导方针的行为建立机制，且当不端行为被发现时，给予行为不端者某种严厉惩罚。正如在第五章中所指出的，组织不端行为的文化解释本质上产生了道德复兴的需要：对假设、价值观和信仰的描述，规定适当行为的规范，员工接受这些文化要素的社会化过程，以及为将内在化假设、价值观和信仰及规范运用到实际商业环境中所进行的员工培训。

管理变革和道德复兴是约束组织中及其自身不端行为的两种最普及的方法。一些人在争论两种方法的相对效率，其中的大部分赞成道德复兴的效率高于管理变革。相比被察觉和惩罚的威胁，遵从与道德、社会责任和法律有关的文化规范的社会压力，被认为是对不端行为更有力的威慑。此外，对管理变革的关注被认为促进了一种道德意义问题的商业框架,该框架被认为会减少对道德规范、社会责任理论和法律的遵从(Tenbrunsel and Messick,1999;Tenbrunsel,Diekmann,Wade-Benzoni,and Bazerman,2010)。但我怀疑,学术界的大量文献将认同,管理变革和道德复兴都有助于抑制组织中不端行为的程度。的确,对管理变革和道德复兴功效的信念如此之强,以至于那些提倡我所称的对组织不端行为的替代性解释的作者也自发地接纳了这些方法。

正如在第八章中所详细说明的,Ashforth 和 Anand(2003)提出了一个关于公司腐败的理论,其突出了情境化的社会影响和管理体系在不端行为的传播及体制化中所起的作用。但他们为抑制不端行为提供了方法,这些方法中的大部分被归入管理变革和道德复兴的范畴。实际上,他们以此陈述作为其对抑制不端行为方法详细阐述的开始:"这些方法并不是未知的。"(Ashforth and Anand,2003:39)例如,Ashforth 和 Anand 建议组织争取抑制腐败,建立更具干涉性的监管机制,比如道德审查、喜欢问询的董事会以及员工可以用来举报不端行为的热线。另外,他们还鼓励组织对被查明实施了不端行为的员工采取严厉的惩罚措施。Ashforth 和 Anand 也建议,组织应社会化其员工以使其考虑道德因素,且当规定员工行为时,组织应培训其坚守道德规范。他们也鼓励组织聘请道德专家,当员工在面临令人烦恼的道德、社会责任或者法律困境时,能求助于这些专家。最后,他们通过引用表明员工在感到被其上级信任时会倾向于实现上级期望的研究,建议组织建立起员工被假定为积极进取且有追求正当行为能力的组织文化。显然,最后一条建议直接违背了他们先前关于增加对员工的监督的建议,也许无意间指出了由道德决策理论家(Tenbrunsel and Messick,1999)所定义的管理变革和道德复兴之间固有的紧张关系。

也正如在第八章中所指出的,Brief、Bertram 和 Dukerich(2001)提出了一种公司腐败的理论,该理论聚焦于正式权力和一系列情境化的社会影响机制在腐败扩散中所起的作用。但他们提议的抑制不端行为的许多方法,也被归入管理变革和道德复兴的范畴。例如,他们建议建立文化信仰,该信仰将员工忠诚的定义扩展到包含对同事、客户及组织环境要素的责任。与此建议相一致，他们鼓励颁布支持"功能性不服从"的文化规范，其将"功能性不服从"定义为下属对上级提出的道德上有问题的命令的详细审查（通过同事间的讨论）。Brief、Bertram 和 Dukerich 也提倡组织建立明晰的功能性不服从目标，为员工提供达成这些目标所需的资源（比如培训和协议），并为展现功能性不服从行为而奖励员工（且抑制对他们的惩罚）。

我肯定，管理变革和道德复兴有助于抑制组织的不端行为。如果在 20 世纪 80 年代，储蓄和贷款行业没有被解除管制，在储蓄行为上法律约束的程度降低、强制减少，那么随后对储蓄者的大规模掠夺也许就不会发生。如果安然和 MCI 的文化中没有对建立及遵循程序的蔑视，那么成为那些企业特性的会计欺诈也许就不会发生。然而，我怀疑，仅仅这些补救方法将不足以根除组织中及其自身的不端行为。正如在第四章中所指出的，很难将激励措施统一起来，使之既能激励正当行为，又不会在无意中激励不端行为。而且，监督和惩罚不端行为所产生的成本有时并未超过消除不端行为的收益，这使一些最小化组织不端行为的做法在经济上合理。此外，正如在第五章中所指出的，引起不端行为的文化有时是忍耐环境条件的适应性反应。因此，对组织环境的适应有时会有产生不端行为的风险。最后，更为根本的是，管理变革和道德复兴建立在对不端行为的理性选择和文化解释的基础上，这为组织不端行为提供了不完全的解释。理性选择和文化解释根植于组织不端行为并非总是正当的假设，即不端行为是谨慎和理性考虑的产物，其在一个直接的社会封闭状态下实施，并导致不连续的决策和一种参与不端行为的积极倾向。除了管理变革和道德复兴，我们还需要考虑组织不端行为替代性解释的现实意义。

（二）基于替代性解释的补救方法

1. 抑制他人不端行为的方法

我已经详细阐述了关于组织不端行为的六种解释，它们包含了解释不端行为替代性方法的一个或多个假设：伦理决策、管理体系、情境化的社会影响、权力结构、意外事件和社会控制。这些对组织不端行为的几种解释的支持者，已经基于其想法提出了抑制不端行为的程序。

正如以上所指出的，Ashforth 和 Anand（2003）描述了管理体系能将组织中的不端行为制度化的几种方法。与其分析相一致，Ashforth 和 Anand 建议组织将道德考量并入组织程序和决策制定协议中。类似地，正如在第七章中所指出的，Dennis Gioia（1992）描述了组织参与者开发用以提高其效率和效用的脚本及图式，可以如何导致其无意间参与不端行为。因此，Gioia 建议组织训练员工识别道德问题，这样他们才能更好地决定什么时候适合挣脱框架与束缚，并以一种更少受限的方式去仔细考虑替代性行动方案相对规范的优点。

同样，正如以上所指出的，Brief、Bertram 和 Dukerich（2001）检验了正式权力在整个组织中对加速不端行为所起的作用。与其分析相一致，他们建议，正式权力应分散至组织各处，以便下属向多位上级汇报。这样，一位腐败上级树立的对下属可能的权威，可被其他可能正直的上级树立的对下属的权威抵消。Brief 及其合作者也详细阐述了情境化的社会影响机制在整个组织中对增加不端行为所起的作用。除此之外，他们坚信，遵从小群体规范的压力会导致群体成员参与群体内其他成员参与的不端行为。与此分析相一致，Brief 及其合作者建议，承受此类小群体压力的人应从抵制群体压力的实验室研究中有所借鉴。这项研究表明，如果可以以一种坚定而灵活的方式表达其抵制，并且如果其通过诉诸能与大多数人产生共鸣的逻辑来证明其抵制是合理的，那么人们便能有效地抵制其所遵从的群体压力。例如，如果一个腐败群体中的成员倾向于权衡利弊来评价其行为，则抵制者应用那些方面来证明其反对群体腐败的行为是合理的。

我认为由 Ashforth 和 Anand（2003），Gioia（1992），以及 Brief、Bertram 和 Dukerich（2001）所建议的方法，可能有助于抑制组织的不端行为，并且我认为这些作者所倡导的思路如果被进一步发展，则将产生其他可能有效的方法。如果保诚贝奇证券公司的管理者已设计出沟通渠道、技术和劳动分工以将道德考量纳入考虑范围，则公司的经纪人可能不会疯狂地向其正在寻求安全投资的退休客户出售有风险且具欺诈性的有限合伙关系。如果在 Wyeth 公司中，权力已被更广泛地分散且员工忠诚被更广泛地定义，则 Amy Meyers 可以完全不理会其上级的暗示性指令，即修改公司 ADE 数据库以瞒报与芬氟拉明有关的药物副作用的案例。

然而，我也认为，这些推荐的方法及类似的其他方法将不会完全减少不端行为，因为该行为源于由组织不端行为的替代性解释所定义的结构和过程。首先，这些解决方案所抨击的管理体系、情境化的社会影响机制和权力结构是组织的实质。它们是组织中许多正当行为的原因，且常常产生不端行为作为其积极影响的一个副产品。结果，即使经过最认真、最深思熟虑的设计，这些结构和过程还是可能产生不端行为。其次，这些解决方案聚焦于他人的行为。但是，本书中所支持的组织不端行为是正常的观点表明，即使那些关心抑制他人不端行为的人也存在参与不端行为的风险。以下我考虑了应对该问题的补救方法。

2. 抑制自身不端行为的方法

当管理者从学者和咨询顾问那里寻求关于如何抑制组织不端行为的建议时，他们总是在寻求保证减少其下属、同事甚至其上级实施不端行为可能性的方法，即他们在寻求试图减少他人实施不端行为可能性的方法。这样，他们隐含地假设，像他们一样关心减少不端行为的人并没有实施不端行为的风险。这种假设与逻辑和事实证据背道而驰。我怀疑，大多数组织参与者真诚地想要抑制其组织中和组织自身的不端行为。但如果大多数忧虑的组织参与者自身并不易参与不端行为，而只是其他人有实施不端行为的风险，那么不端行为的问题应该非常小。随机的观察结果表明，事实并非如此。

认为他人而非自己处于实施不端行为风险中的愚蠢，也有另外的有道德、有社会责任感且遵纪守法的个人所实施的大量不端行为的例子证明。道氏化学公司曾建立了一个著名的综合性道德程序。它们制定了一套详细的行为准则，安排了一位高级管理人员去监督该准则的持续改进和执行，并建立了多样化的程序（其中最重要的即为道德审计）。但是，尽管逐渐意识到乳房植入物潜在的危险，道氏化学公司还是将被认为对植入它的女性产生严重健康问题的乳房植入物推向了市场（Byrne，1997）。

安然公司的董事长 Ken Lay 认为自己是一位价值导向的领导者，且在做出商业决策时常常提及考虑道德问题的重要性（Novak，1996）。他自称是一位虔诚的宗教人士（其父亲曾是基督教牧师）并且以祷告来开始许多安然的商业会议。世通公司的 CEO Bernie Ebbers 认为自己是一位道德型的领导者。据大家所说，他曾是一位热切虔诚的宗教人士，一位按时参加礼拜并在主日学校教学的浸信会教友。但 Lay 和 Ebbers 都被认为曾促进了严重的组织不端行为。Lay 被指控卷入十余起欺诈案中（但他在被审判前去世）。Ebbers 现已入狱。自从他们各自倒台后，记者们找出了他们之前未被察觉的对不端行为的嗜好，暗示他们极其自欺和极度虚伪，两个人都被贬低（Catan, Kirchgaessner, Ratner, and Larsen, 2003）。但是，我认为这样的追溯性心理分析是不可信的，因为它们很可能陷入著名的认知陷阱：后见之明偏见。

此外，该观点，即关心减少不端行为的人不存在参与不端行为的风险，与本书的主要观点相违背。本书认同这样一种观点，即行为不端者常常并不是显著怀有恶意的人，且不端行为常常是组织中普遍的结构和过程的产物，事实上，它们也是产生正当行为的结构和过程。这意味着，如果不端行为被抑制，那么所有组织参与者，甚至关心抑制不端行为的那些人，包括像本书的读者和作者这样的人，都需要开始对引发其参与不端行为的结构和过程保持一定的敏感性。他们也需要开始熟悉并熟练使用减弱那些势力的措施。研究道德决策的认知心理学家们在这方面已经提供了一些有效方法，并且至少有一位研究情境化的社会影响机制和正式权力的社会心理学家已经提出了我们可用来构建额外处方的建议。

（三）认知心理学

研究道德决策的认知心理学家一直特别留意其工作[①]的现实意义。几乎该领域的每篇研究论文都以建议人们如何减少对认知缺陷的敏感性作为结尾。在很大程度上，这些建议会被归为三类：让人们更加意识到道德决策认知限制的建议，如何减少这些限制的建议，以及如何减弱其影响的建议。比如，Kern 和 Chugh（2009）研究了框架对道德决策的影响，建议人们交替变换道德困境框架的得失，以增加他们对于框架对其偏好影响的敏感性。另外，他们建议人们应以一种从容的方式仔细考虑道德困境，因为研究表明，当人们没有时间仔细考虑其他方案时，框架效应是最有效的。

类似地，研究认知偏差对道德决策影响的 Banaji、Bazerman 和 Chugh（2003），建议人们进行内隐联想测试——一个揭示无意识偏差的诊断工具——以增加对其所拥有偏差的敏感性。而且，他们建议人们努力拓宽其决策的范围以削弱其所持有偏见的影响。例如，他们建议人们在进行道德决策时采用 Rawl 的"无知面纱"策略，要求自己像一个非相关方那样去考虑困境。最后，他们建议怀疑自己怀有偏见的人去接触新环境，该环境可能会否定并由此根除其偏见。

同样，研究道德决策时间动态的 Tenbrunsel 及其同事（Tenbrunsel et al., 2010），建议人们开发方法以控制"渴望的"自我和"应该的"自我之间的斗争，他们主张在道德决策过程中随着时间的推移而呈现以上方法。他们建议人们对"渴望"的自我／"应该"的自我的冲突保持警惕。他们也建议人们学习管理"渴望"的自我的影响的方法。例如，他们建议人们预测对"渴望"的自我的担忧，并设想符合这些担忧所描述的情况的道德困境的解决方案，例如延迟道德选择的成本，且同时遵从道德规范。进一步地，他们建议

[①] Bazerman 和 Tenbrunsel（2011）已为学生和管理者写了一本书，极为详尽地阐述了认知心理学研究对道德决策的影响。有兴趣了解更多有关认知心理学研究含义的读者，可查阅这本优秀的专著，可惜的是，它出版得太晚了，以至于在此无法得到应有的对待。

应教导人们提升"应该的"自我的重要性。比如，他们建议人们留出足够的时间来思考道德决策，专注于决策的"高层次方面"，并同时而非循序渐进地考虑替代性决策。

我认为认知心理学家所建议的补救方法将有助于抑制组织中的不端行为。如果 Walter Pavlo 曾对人们低估其遭受利益冲突程度的认知偏见有所警觉，则他可能不会和 Harold Mann 观看那场高尔夫球比赛，该比赛导致其与这个臭名昭著的商人建立了关系，最终导致 MCI 欺诈性代理经营案。如果 Joseph Jett 曾对框架效应有所警觉（在这种效应中，那些根据自己能够避免的损失来制定决策的人更有可能实施不端行为），那他可能就不会利用计算机故障，将基德尔皮博迪公司的虚假利润记录在簿。

如此说来，我怀疑认知心理学家提出的补救方法，即使完全采用，也出于至少三种原因将无法完全根除由框架效应和认知偏差所导致的不端行为：

其一，大多数认知心理学的补救方法要求，面临道德决策的人理解其正面临着一个决策且该决策有道德含义。如果没有这样的一种理解，人们将不会意识到采用被建议的决策偏差和框架效应的补救方法是恰当的。但是，正如我在本书中已经反复讨论的，组织参与者在实施行为前并不总是以一种警觉的方式仔细考虑（他们并不总是做出决策）。而且，正如道德决策理论家自己所指出的，人们并不总能意识到他们面临的决策有道德含义的事实。

其二，认知心理学家所提出的大多数补救措施需要人们回到可能被认为是一种超理性的状态，在该状态下，人们给自己分配足够多的时间来做决策并考虑广泛的决策标准和替代性选择。但正如我所说的，组织参与者通常没有时间或能力去无限制地参与理性决策。因此，在某种意义上，认知心理学家要求组织参与者采用的补救方法在大多数组织环境中甚至行不通。

其三，认知心理学家提出的大部分补救方法需要人们推翻已被证明为普遍且强大的趋势。事实上，功能性核磁共振研究表明，框架效应和认知偏见源于神经通路，即可以说它们是"与生俱来的"（De Martino, Kumaran, Seymour, and Dolan，2006）。因此，某种意义上，认知心理学家要求组织参与者采用的这些补救方法不可能抵抗得住根深蒂固的心理过程或程序化的神经过程，但他们却让组织参与者推翻这些过程。

（四）情境化的社会影响和正式权力

Cialdini（2001）关于社会影响技巧的流行初级读物深受营销人员、销售人员和其他"顺从职业者"的欢迎，这本书极好地展现了当情境化的社会影响和正式权力（Cialdini将其归类为情境化的社会影响的一种形式）迫使组织参与者参与不端行为时，他们会如何应对。Cialdini解释了"顺从职业者"如何使用承诺过程、社会比较压力、正式权力和互惠的规范来迫使人们参与他们本避之不及的行为。接下来进入关键部分，Cialdini阐述了人们减轻这些情境化的社会影响的方法。我从Cialdini第二部分的分析中理出了人们抵抗迫使其参与不端行为的社会情境压力的方式。

Cialdini主张，人们可通过留意"其心里的感觉"（p. 91）来察觉情境化的社会影响的作用。这个建议并非毫无根据。最近，许多研究都表明人们在进行审慎逻辑思考前的一瞬间会形成对道德和利己主义有关问题的反应，这些研究包括采用功能性核磁共振扫描人类大脑的严格的实验室实验。这样的瞬时反应往往被形容为情绪或直觉，我们尚不清楚它是否为深思熟虑的想法不可或缺的一部分，或它是否预示且控制了思考的结果。不管怎样，这些反应往往与人们可以监测的生理反应有关，我们通常称之为"直觉检查"。

一旦直觉检查让组织参与者怀疑情境化的社会影响正将他们推离正轨，他们就应当检查自己的情况以寻找这些机制的迹象。一旦他们发现了证据，这些机制哪怕只有一个在起作用，他们也可以立即放弃自己已经开始的行为过程。或者，他们可以采用一种更加特别但难以实施的方法，尝试脱离情境化的社会影响机制，以便能够在理性的条件下评估行为过程的优缺点。

例如，Cialdini建议，如果直觉检查让一个人怀疑他实施的行为有疑点，而随后的情境分析让他怀疑自己受到了承诺过程的影响，那么他就应该重新评估自己的行为过程。重要的是，他应该重新审视自己的行为，回顾自己从开始实施这一行为以来收集到的所有信息。这意味着，如果组织参与者凭直觉感到他们可能已经踏上了道德上有问题的行为路线，并且他们的内心意识到自己可能受到承诺过程的约束，那么他们就应驻足自问，如果他们当时掌握更多的信息，他们是否还会开始实施现在这个行为。

同样，Cialdini 建议，如果直觉检查让一个人觉得自己开始了一个可疑的行为过程，而随后的分析让他怀疑这是因为大众也参与了这一行为，那么他就应再次检查他所效仿对象的真实性和适当性。如果他认为他效仿的对象是虚构的或者信息有误，那么 Cialdini 建议他重新理性地评估行为过程。这意味着，如果组织参与者的直觉表明，他们实施了道德上有问题的行为，并且他们内心察觉到他们可能受到了社会攀比的影响（这样的攀比多数是在他人的怂恿之下进行的），那么他们应该仔细检查那些与他们比较的人的真实性和智慧。例如，如果有人劝说我们实施行为，而原因是其他人都在这样做，我们就应该调查其他人是否真的参与了这一行为。如果我们断定其他人确实参与了，那么我们应该进一步判断他们的行为是否基于充分的信息和扎实的推理。从某种意义上说，我们应该确保我们不跟随一群虚构的或是浅薄的人实施不端行为。

如果直觉检查让一个人怀疑自己开始了一个可疑的行为过程，随后的分析让他怀疑他是应自己喜欢的人的要求而开始实施这一行为的，那么 Cialdini 建议，他应在精神上把对这个人的感情与对此人请求的评估分隔开来。Cialdini 建议他扪心自问，如果请求者不是他喜欢的人，他是否还愿意接受这个请求。Cialdini 坚持认为，如果人们在反思中得出结论，认为他们比通常情况下更快地喜欢上了请求者，那么他们就更需要降低自己的情感效应，因为请求者与他们交朋友可能是别有用心。这表明，如果组织参与者凭直觉感到自己开始了一个可疑的行为过程，他们内心察觉到这是由于自己的情感所引发的效应，他们就应该反问自己，如果他们不喜欢这个请求者，他们是否还愿意参与这一行为。

如果直觉检查让一个人怀疑自己开始了一个可疑的行为过程,随后的分析让他怀疑自己根据权威部门的命令实施这一行为,那么 Cialdini 建议他检查该部门的资格证并调查其动机。如果他发现权威部门不具备与当前问题相关的证书,或者发现权威部门别有用心,那么 Cialdini 建议此人不必服从权威部门。这意味着如果组织参与者的直觉告诉他们自己开始了一个可疑的行为过程,他们内心察觉到自己是迫于社会准则服从权威,那么他们就应该仔细检查命令他们的部门的资格证和动机。如果发现资格证与手头的事情无关,或者发现其动机不纯,那么他们可以不履行自己服从命令的义务。

最后,Cialdini 建议,如果直觉检查让一个人怀疑自己开始了一个可疑的行为过程,随后他怀疑自己这样做是因为欠了请求者的人情,而他想还掉这个人情,那么他就应该调查此人的动机。如果馈赠者的动机被发现是复杂且有目的的,那么 Cialdini 建议接受馈赠者把得到的好处当成是应当躲避的陷阱而非需要回报的礼物。如果组织参与者的直觉告诉他们自己开始了一个可疑的行为过程,他们内心发觉自己受到了互惠规范的影响,他们就应该调查给予他们好处的人的动机。如果动机是工具性的,好处就不必得到回报。

我认为,Cialdini 提出的针对情境化的社会影响和正式权力影响的防御措施是实用的。Kermit Vandivier 参与了 B. F. Goodrich A7D 喷气式战斗机制动器鉴定报告的撰写,这份报告完全是欺诈性的。我在第八章中指出,尽管 Vandivier 对此疑虑重重,但他还是参与撰写了这份报告,部分原因在于他是在一系列的引导下完成此事的。也许如果 Vandivier 相信自己的直觉,并在他坐下来写最终报告时重新评估自己的决定,那么他当时就可以向 FBI 反映,而非在等待中迎来飞机第一次试飞中制动器失灵的悲剧。同样,David Levine 说服了几位投资银行家向他提供其银行并购的内幕消息。我坚持认为,Levine 能够说服银行家向他提供内幕消息,部分是通过使自己显得可亲可爱,他一边强调他与银行家们的一些相似之处,一边向他们提供大大小小的好处才做到这一点。也许如果银行家们反思他们为何会如此迅速地喜欢上

Levine，问问自己是否会把他所要求的内幕消息提供给另一个不像他们喜欢他那样喜欢的人时，他们就不会向他提供这些消息。或许，如果银行家们调查了 Levine 溜须拍马的动机，他们就会得出结论：他目的不纯，所以他们会隐瞒内幕消息。

尽管如此，我认为，即使完美实施了 Cialdini 建议的抵抗方法，我们也不太可能完全消除由情境化的社会影响和正式权力促成的不端行为。首先，根据 Cialdini 自己的说法，他描述的社会心理机制极为强大，甚至可能是与生俱来的，表现出他所说的"咔嗒—呼呼"的特点。要克服强有力的社会规范，如回报恩惠和服从权威的义务，是很有挑战性的。我们很难去切断诸如对朋友的喜爱这种个人情感。当另一种选择是费时费力地分析多种可用行动方案的相对优点时，我们很难抵抗诱惑不去效仿他人。此外，任何由自己的意愿所引发的行为，如果已经广为人知并且扭转它要付出高昂的代价，那么都将产生巨大的压力迫使人们合理化并继续这种行为。

其次，Cialdini 推荐的一些方法要求受情境化的社会影响的人收集一些难以获得的信息，并且进行一些在组织环境下很难进行的评估。例如，Cialdini 建议的对抗互惠和服从权威的规范的方法，要求服从这些社会心理机制的人评估送礼者和权威部门的动机。类似地，他提出了对抗社会比较过程和服从规范的方法，要求服从这些社会心理机制的人判断他们所在环境中榜样和权威的资格。似乎即使是最为警觉的组织参与者有时也会在这样的努力中失败。例如，一个下属可能正确地认为其上级是一个合法的权威，但错误地认为其上级的动机是正当的。

最后，我在前一章中的分析表明，即使本章中考虑的所有补救措施都得到了完美的应用，一些组织中和组织本身的不端行为仍然存在。社会控制机构在划分正当与不端的界限时，创造了正当与不端的范畴。考虑到组织行为的巨大差异，他们划分的界限不可避免地要采取使一些组织参与者站在不端一边的方式。此外，社会控制机构的考核依据是其所代表的选区是否成功抓住了实施不端行为的人。因此，他们倾向于增加组织参与者跨越正当与不端界限的可能性。

此外，社会控制机构以符合其利益和能力的方式划分正当与不端的界限。社会控制机构以最符合其选区整体利益的方式划分正当与不端的界线，而这种方式优先考虑选区内最有权势成员的利益。这就说明了社会控制机构的选区由利益集团组成，他们在划分正当与不端的界限这个问题上相互竞争，努力争取最优立场，以最大限度地扩大其狭隘利益。社会控制机构划分正当与不端的界限还考虑到促进自身的生存和发展，最重要的是确保资源的不间断流动。这使得国家与其他组织行动者产生了分歧。组织参与者很难预测这些利益竞争的结果。因此，组织参与者很有可能跨越正当与不端的界限，单纯因为他们根本不知道界限划在哪里。

四、总　结

本章开始时，我回顾了我的分析目标：总体而言，对组织不端行为原因的理论进行批判性回顾，更具体地说，支持将组织不端行为视为正常的观点，同时倡导分析不端行为原因的非传统方法，促进与我个人赞同的观点和方法相关的组织不端行为理论的发展。然后，我承认并消除了一个对我的观点可能的误解。最后，我根据书中提及的不端行为，概述了一些遏制组织内部不端行为的方法。我重申了一些普遍的补救措施：管理变革和道德复兴，这些措施遵循对组织不端行为的主导性解释。我还找出了一些遏制不端行为的替代性方法：一些侧重于降低其他人参与不端行为的可能性，另一些侧重于帮助我们自己避免陷入不端行为之中，这些方法都源于非传统理论。但我的结论是，这些方法即使得到完美的运用，也不能完全遏制不端行为。人们可能希望对未来的预测是乐观的，但与人们的期待相反，我提供了我所认为的最有可能的现实性预测。

社会控制机构在政治斗争中确立了正当与不端的界限。如果我们认为界限划分得不恰当，我们就必须参与政治活动，把它移到一个新的位置上。这是件麻烦的事，但不可避免。过多作用于组织参与者的力量会使他们跨越正当与不端的界限，但绝大多数组织参与者仍实施了正当的行为。如果我们想减少组织不端行为的发生，我们就需要尽最大努力矫正这些力量，使正当行为最大化，使不端行为最小化，但同时我们也要认识到，我们永远无法消除后者。此外，我们需要让自己对那些驱使我们实施不端行为的力量足够敏感，这样才能消除它们的影响，避免我们在无意中实施不端行为。我希望本书能帮助读者在实际工作中取得成功，特别是在这最后的尝试中。

参 考 文 献

Abbot, A. (2009), "What do cases do? Some notes on activity in sociological analysis," in Ragin, C. C. and Becker, H. S. (eds.), *What Is a Case*? Cambridge University Press, Cambridge, England, 53-82.

Achbar, M. and Abbott, J. A. (2004), *The Corporation*, Zeitgeist Films Ltd, Canada.

Adut, A. (2004), "Scandal as norm entrepreneurship strategy: Corruption and the French investigating magistrates," *Theory and Society*, Vol. 33, 529-578.

Adut, A. (2005), "A theory of scandal: Victorians, homosexuality, and the fall of Oscar Wilde," *American Journal of Sociology*, Vol. 111, 213-248.

Agnew, R. (1985), "A revised strain theory of delinquency," *Social Forces*, Vol. 64, No. 1, 151-167.

Agnew, R. (1992), "Foundation for a general strain theory of crime and delinquency," *Criminology*, Vol. 30, No. 1, 47-87.

Agnew, R., Piquero, N., and Cullen F. T. (2009), "General strain theory and white-collar crime," in Simpson, S. and Weisburd, D. (eds.), *The Criminology of White-Collar Crime*, Springer, New York, NY, 35-60.

Albergotti, R. and O'Connell, V. (2010), "The case of the missing bikes," *The Wall Street Journal*, July 3. Available at: http://online.wsj.com/article/SB10001424052748703964104575334812419976690.html.

Allen, S. and Murphy, S. P. (2006), "Cheaper, faster path led to failure," *Boston Globe*, December 24. Available at: http://www.boston.com/news/traffic/bigdig/articles/2006/12/

24/cheaper_faster_path_led_to_failure/.

Anderson, C., Keltner, D. J., and John, O. P. (2003), "Emotional convergence between people over time," *Journal of Personality and Social Psychology*, Vol. 84, 1054-1068.

Anderson, J. (2008), "Two brokers accused of securities fraud," *New York Times*, September 3. Available at: http://www.nytimes.com/2008/09/04/business/04auction.html.

Appel, A. (2009), "Lawsuits accuse mortgage lenders of rip-offs," *FinallCall.com News*, March 27. Available at: http://www.finalcall.com/artman/publish/article_5726.shtml.

Ariely, D. (2008), *Predictably Irrational: The Hidden Forces That Shape Our Decisions*, Harper Collins, New York, NY.

Aronson, E. (1973), "The rationalizing animal," in Staw, B. (ed.), *Psychological Dimensions of Organizational Behavior* (Second Edition), Prentice Hall, Englewood Cliffs, NJ, 131-138.

Aronson, E. (2007 [1972]), *The Social Animal*, Worth Publishers, New York, NY.

Ashforth, B. E. and Anand, V. (2003), "The normalization of corruption in organizations," *Research in Organizational Behavior*, Vol. 25, 1-52.

Ashforth, B. E., Anand, V., and Joshi, M. (2004), "Business as usual: The acceptance and perpetuation of corruption in organizations," *Academy of Management Executive*, Vol. 18, No. 2, 39-53.

Ashforth, B. E., Gioia, D. A., Robinson, S. L., and Trevino, L. K. (2008), "Re-viewing organizational corruption," *Academy of Management Review*, Vol. 33, No. 3, 670-684.

Ashforth, B. E. and Kreiner, G. E. (2002), "Normalizing emotion in organizations: Making the extraordinary seem ordinary," *Human Resource Management Review*, Vol. 12, 215-235.

Asinof, E. (1987), *Eight Men Out: The Black Sax and the 1919 World Series*, Henry Holt and Company, New York, NY.

Augier, M., March, J. G., and Sullivan, B. N. (2005), "Notes on the evolution of a research community: Organization studies in Anglophone North America, 1945-2000," *Organization Science*, Vol. 16, 85-95.

Axelrod, R. (1984), *The Evolution of Cooperation*, Basic Books, New York, NY.

Baker, W. and Levine, S. (2010), "Mechanisms of generalized exchange: Towards an integrated model," unpublished manuscript, University of Michigan.

Baker, W. E. and Faulkner, R. R. (1993), "The social organization of conspiracy: Illegal networks in the heavy electrical equipment industry," *American Sociological Review*, Vol. 58, 837–860.

Banaji, M., Bazerman, M., and Chugh, D. (2003), "How (unethical) are you?" *Harvard Business Review*, Vol. 81, No. 12, 56–64.

Bandura, A. (1990), "Selective activation and disengagement of moral conduct," *Journal of Social Issues*, Vol. 46, No. 1, 27–46.

Bandura, A. (1999), "Moral disengagement in the perpetration of inhumanities," *Personality and Social Psychology Review*, Vol. 3, 193–209.

Bandura, A., Barbaranelli, C., Caprara, G. V., and Pastorelli, C. (1996), "Mechanisms of moral disengagement in the exercise of moral agency," *Journal of Personality and Social Psychology*, Vol. 7, 364–374.

Bar-Lev, A. (2010), *The Pat Tillman Story*, Sony Pictures.

Bargh, J. A. and Alvarez, J. (2001), "The road to hell: Good intentions in the face of nonconscious tendencies to misuse power," in Lee-Chai, A. Y. and Bargh, J. A. (eds.), *The Use and Abuse of Power*, Psychology Press, Philadelphia, PA, 41–56.

Barnard, C. (1938), *The Function of the Executive*, Harvard University Press, Cambridge, MA.

Barrett, D. (2009), "FBI investigating 530 corporate fraud cases," *The Seattle Times*, February 11. Available at: http://seattletimes.nwsource.com/html/politics/2008732400_apbailoutfraud.html.

Bartky, S. L. (1990), *Femininity and Domination: Studies in the Phenomenology of Oppression*, Routledge, New York, NY.

Bartlett, C. A. and Glinska, M. (2001), *Enron's Transformation: From Gas Pipeline to New Economy Powerhouse*, Harvard Business School Press, Boston, MA.

Bartunek, J. (2003), "Presidential address: A dream for the academy," *Academy of Management Review*, Vol. 28, 198–203.

Bazerman, M. (2006), *Judgment in Managerial Decision-Making*, John Wiley and Sons, Hoboken, NJ.

Bazerman, M. H. and Tenbrunsel, A. E. (2011), *Blind Spots: Why We Fail to Do What's Right and What to Do about It*, Princeton University Press, Princeton, NJ.

Becker, G. S. (1968), "Crime and Punishment: An Economic Approach," *Journal of Political Economy*, Vol. 76, 169-217.

Becker, H. S. (1956), *Man in Reciprocity*, Prager, New York, NY.

Becker, H. S. (1963), *Outsiders: Studies in the Sociology of Deviance*, Free Press, New York, NY.

Berle, A. A. and Means, G. C. (1932), *The Modern Corporation and Private Property*, Harcourt, Brace and World, New York, NY.

Boisjoly, R. (1987), "Ethical decisions: Morton Thiokol and the space shuttle Challenger disaster," American Society of Mechanical Engineers Winter Annual Meeting, December 13-18, Boston, MA.

Bookstaber, R. (2007), *A Demon of Our Own Design: Markets, Hedge Funds, and the Perils of Financial Innovation*, John Wiley and Sons, Hoboken, NJ.

Boulding, K. E. (1958), "Evidences for an administrative science: A review of the *Administrative Science Quarterly*, volumes 1 and 2," *Administrative Science Quarterly*, Vol. 3, No. 1, 1-22.

Braithwaite, J. (1988), "White-Collar Crime, Competition, and Capitalism: Comment on Coleman," *American Journal of Sociology*, Vol. 94, No. 3, 627-632.

Braithwaite, J. (1989), "Criminological theory and organizational crime," *Justice Quarterly*, Vol. 6, 333-358.

Braithwaite, J. (2002), *Restorative Justice and Responsive Regulation*, Oxford University Press, Oxford, UK.

Braithwaite, J. (2005), *Markets in Vice, Markets in Virtue*, Oxford University Press, Oxford, UK.

Braverman, H. (1974), *Labor and Monopoly Capitalism*, Monthly Review Press, New York, NY.

Brief, A. P., Bertram, R. T., and Dukerich, J. M. (2001), "Collective corruption in the corporate world: Toward a process model," in Turner, M. E. (ed.), *Groups at Work: Advances in Theory and Research*, Lawrence Erlbaum and Associates, Hillsdale, NJ, 471-499.

Brief, A. P., Dietz, J., Cohen, R. R., Puch, S. D., and Vaslow, J. B. (2000), "Just doing business: Modern racism and obedience to authority as explanations for employment discrimination," *Organizational Behavior and Human Decision Processes*, Vol. 81, No. 1, 72-97.

Broughton, P. D. (2002), "Enron cocktail of cash, sex, and fast living," *The Telegraph*, February 13. Available at: http://www.telegraph.co.uk/news/worldnews/northa-merica/usa/1382962/Enron-cocktail-of-cash-sex-and-fast-living.html.

Bryce, R. (2002), *Pipe Dreams*, Public Affairs, New York, NY.

Byrne, J. A. (1997), *Informed Consent*, McGraw-Hill, New York, NY.

Burger, J. M. (2009), "Replicating Milgram: Would people still obey today?" *American Psychologist*, 64, 1-11.

Burns, J. (2008), "FBI mortgage-fraud probe is looking at big firms," *The Wall Street Journal*, June 20. Available at: http://online.wsj.com/article/SB121389023486688775.html?KEYWORDS=FBI+mortgage-fraud+probe+is+looking+at+big+firms.

Cahlink, G. (2004), "Fallen Star," GOVEXEC.com, February 15. Available at: http://www.govexec.com/features/0204/0204s1.htm.

Caro, R. (1974), *The Power Broker*, Vintage Books, New York, NY.

Carroll, G. R. and Harrison, J. R. (1998), "Organizational demography and culture: Insights from a formal model and simulation," *Administrative Science Quarterly*, Vol. 43, 511-637.

Carswell, J. (2001), *The South Sea Bubble*, Sutton Publishing, Stroud, UK.

Catan, T., Kirchgaessner, S., Ratner, J., and Larsen, P. T. (2003), "Before the fall: How, from the outset, Bernie Ebbers' character and business methods sowed the seeds of disaster," *Financial Times*, December 19. Available at: http://news.ft.com/servlet/ContentServer?pagename=FT.co.

Cavanagh, G. F., Moberg, D. J., and Velasquez, M. (1981), "The ethics of organizational politics," *Academy of Management Review*, Vol. 6, No. 3, 363-374.

Cebon, P. (2009), "Innovating our way to a meltdown," *Sloan Management Review*, Vol. 50, No. 2. 13-15.

Chittum, R. (2008), "Opening bell: Perp walk," *Columbia Journalism Review*, June 20. Available at: http://www.cjr.org/the_audit/opening_bell_84.php.

Chugh, D., Banaji, M, and Bazerman, M. (2005), "Bounded ethicality as a psychological barrier to recognizing conflicts of interest," in Moore, D., Cain, D., Loewenstein, G., and Bazerman, M. (eds.), *Conficts of Interest: Problems and Solutions from Law, Medicine and Organizational Settings*, Cambridge University Press, London, 74-95.

Cialdini, R. (2001), *Influence: Science and Practice*(4th ed.), Allyn and Bacon, Boston, MA.

Clark, J. W. and Dawson, L. E. (1996), "Personal religiousness and ethical judgments: An empirical analysis," *Journal of Business Ethics*, Vol. 15, No. 3, 359-372.

Clarke, R. V. (1995), "Situational crime prevention," in Tonry, M. and Farrington, D. (eds.), *Crime and Justice (vol. 19), Building a Safer Society: Strategic Approaches to Crime Prevention*, The University of Chicago Press, Chicago, IL, 91-150.

Clawson, D. (1980), *Bureaucracy and the Labor Process: The Transformation of U.S. Industry, 1860-1920*, Monthly Review Press, New York, NY.

Clinard, M. B. and Yeager, P. C. (1980), *Corporate Crime*, The Free Press, New York, NY.

Cloward, R. and Ohlin, L. (1960), *Delinquency and Opportunity*, Free Press, New York, NY.

Cohan, W. D. (2009), *House of Cards*, Doubleday, New York, NY.

Cohen, L. E., and Felson, M. (1979), "Social change and crime rate trends: A routine activity approach," *American Sociological Review*, Vol. 44, 588-608.

Cohen, T, Gunia, B., Kim-Jun, S. Y., and Murnighan, J. K. (2009), "Do groups lie more than individuals? Honesty and deception as a function of strategic self-interest," *Journal of Experimental Social Psychology*, Vol. 45, 1321-1324.

Coleman, J. W. (1987), "Toward an integrated theory of white-collar crime," *American Journal of Sociology*, Vol. 93, No. 2, 406-439.

Coleman, J. W. (1988), "Competition and the structure of industrial society: Reply to Braithwaite," *American Journal of Sociology*, Vol. 94, No. 3, 632-636.

Coleman, J. (1995), "Motivation and opportunity: Understanding the causes of whitecollar crime," in Geis, G., Meier, R. and Salinger, L. (eds.), *White Collar Crime*, Free Press, New York, 360-381.

Collins, R. (1975), *Conflict Sociology*, Academic Press, New York, NY.

Connor, M. (2010), "Supreme Court ruling narrows honest services law," *Business Ethics*, June 24. Available at: http://business-ethics.com/2010/06/24/u-s-supremecourt- provides-victory-for-enrons-skilling-narrows-honest-services-law/#.

Cooley, C. (1902), *Human Nature and the Social Order*, Charles Scribner's Sons, New York, NY.

Coser, L. A. (1967), *Continuities in the Study of Social Conflict*, Free Press, New York, NY.

Cressey, D. (1972), *Other People's Money*, Wadsworth Publishing Company, Belmont, CA.

Creswell, J. and Krauss, C. (2009), "Stanford accused of a long-running scheme," *New York Times*, February 28. Available at: http://www.nytimes.com/2009/02/28/business/28stanford.html.

Dalton, D. R., Hitt, M. A., Certo, S. T., and Dalton, C. M. (2007), "The fundamental agency problem and its mitigation: Independence, equity, and the market for corporate control," *Academy of Management Annals*, Vol. 1, 1–64.

Damasio, A. R. (1994), *Descartes' error: Emotion, reason, and the human brain*, Putnam, New York, NY.

Darden, R. (2002), "The Wittenburg Door interview," *The Wittenburg Door*, May/June. Available at: http://archives.wittenburgdoor.com/archives/kennethlay.html.

Darley, J. M. (1992), "Social organization for the production of evil," *Psychological Inquiry*, Vol. 3, 199–218.

Darley, J. M. (1996), "How organizations socialize individuals into evildoing," in Messick, D. M. and Tenbrunsel, A. E. (eds.), *Codes of Conduct: Behavioral Research into Business Ethics*, Russell Sage, New York, NY.

Darley, J. M. and Batson, C. D. (1973), "'From Jerusalem to JerichO': A study of situational and dispositional variables in helping behavior," *Journal of Personality and Social Psychology*, Vol. 27, 100–108.

Darley, J. M., Messick, D. M., Tyler, T. R. (2001), *Social Influence on Ethical Behavior in Organizations*, Lawrence Erlbaum Associates, Mahwah, NJ.

Davis, G. F. (2009), *Managed by the Markets: How Finance Re-Shaped America*, Oxford University Press, Oxford, UK.

De Martino, B., Kumaran, D., Seymour, B., and Dolan, R. J. (2006), "Frames, biases, and rational decision-making in the human brain," *Science*, Vol. 313, 684-687.

Domanick, J. (1991), *Faking it in America: Barry Minkow and the Great ZZZZ Best Scam*, Knightsbridge Publishing Company, New York, NY.

Dowie, M. (1977), "How Ford put two million firetraps on wheels," *Business and Society Review*, Vol. 23, 46-55.

Durkheim, E. (1984), *The Division of Labor in Society*, The Free Press, New York, NY.

Durkheim, E. (1997), *Suicide*, The Free Press, New York, NY.

Edwards, R. (1979), *Contested Terrain: The Transformation of the Work Place in the Twentieth Century*, Basic Books, New York, NY.

Eichenwald, K. (1996), *Serpent on the Rock*, Broadway Books, New York, NY.

Eichenwald, K. (2000), *The Informant*, Broadway Books, New York, NY.

Eichenwald, K. (2005), *Conspiracy of Fools: A True Story*, Broadway Books, New York, NY.

Eisenhardt, K. (1989), "Building theories from case study research," *Academy of Management Review*, Vo. 14, No. 4, 532-550.

Emerson, J (1970), "Behavior in private places: sustaining definitions of reality in gynecological examinations," *Recent Sociology*, No. 2, 74-97.

Estes, A. (2008), "Big dig settlement will take quick hit," *Boston Globe*, January 24. Available at: http://www.boston.com/news/traffic/bigdig/articles/2008/01/24/big_dig_settlement_will_take_quick_hit/.

Estes, A. and Murphy, S. P. (2008), " $450 million Big Dig accord expected," *Boston Globe*, January 23. Avaialable at: http://www.boston.com/news/traffic/bigdig/articles/2008/01/23/450m_big_dig_accord_expected/.

Fainaru, S. (2008), *Big Boy Rules*, Da Capo Press, Philadelphia, PA.

Fama, E. F. (1980), "Agency problems and the theory of the firm," *Journal of Political Economy*, Vol. 88, 288-307.

Fama, S. and Jensen, M. C. (1983), "The separation of ownership and control," *Journal of Law and Economics*, Vol. 26, 301-325.

Federal Bureau of Investigation (2008), "More than 400 defendants charged for roles in mortgage fraud schemes as part of Operation 'Malicious Mortgage'," Press Release, June 19. Available at: http://www.fbi.gov/pressrel/pressrel08/mortgagefraud061908.htm.

Federal Trade Commission (2009), "Federal and state agencies crack down on mortgage modification and foreclosure rescue scams," Press Release, April 6. Available at: http://www.ftc.gov/opa/2009/04/hud.shtm.

Festinger, L. (1957). *A Theory of Cognitive Dissonance*. Stanford University Press, Stanford, CA.

Fiske, S. T. (1993), "Controlling other people: The impact of power on stereotyping," *American Psychologist*, Vol. 48, 621–628.

Fisse, B. and Braithwaite, J. (1983), *The Impact of Publicity on Corporate Offenders*, State University of New York Press, Albany, NY.

Fleming, S. (2009), "Greedy bankers 'just waiting to reboard the bonus gravy train'," *Daily Mail*, May 15. Available at: http://www.dailymail.co.uk/news/article-1181928/Greedy-bankers-just-waiting-reboard-bonus-gravy-train.html.

Flood, M. (2005), "Anderson document shredding conviction overturned," *Houston Chronicle*, June 1. Available at: http://www.chron.com/disp/story.mpl/special/andersen/3206167.html.

Frederickson, B. L. and Roberts, T. A. (1997), "Objectification theory," *Psychology of Women Quarterly*, Vol. 21, 173–206.

Freedman, R. D. and Burke, J. R. (1998), "Kidder, Peabody and Co," New York University, Stern School of Business.

French, J. R. P., Jr. and Raven, B. H. (1959), "The bases of social power," in Cartwright, D. (ed.) *Studies in Social Power*, Institute for Social Research, Ann Arbor, MI, 150–167.

Galbraith, J. R. (1973), *Designing Complex Organizations*, Addison-Wesley Longman, Boston, MA.

Galbraith, J. R. (2007), *The New Industrial State*, Princeton University Press, Princeton, NJ.

Galinsky, A. D., Magee, J. C., Inesi, M. E., and Gruenfeld, D. H. (2006), "Power and perspectives not taken," *Psychological Science*, 17(12): 1068–1074.

Gaventa, J. (1982), *Power and Powerlessness: Quiescence and Rebellion in an Appalachian Valley*, University of Illinois Press, Urbana, IL.

Gaviria, M. and Smith, M. (2009), "The Madoff Affair," *Frontline*, May 12. Available at:

http://www.pbs.org/wgbh/pages/frontline/madoff/.

Geis, G. L. (1995), "The heavy electrical equipment anti-trust cases of 1961," in Geis, G., Meier, R., and Salinger, L. (eds.), *White Collar Crime*, Free Press, New York, 151–165.

Gioia, D. A. (1992), "Pinto fires and personal ethics: A script analysis of missed opportunities," *Journal of Business Ethics*, Vol. 11, 379–389.

Glass, I. (2009), "The watchman," *This American Life*, Chicago Public Radio, June 5. Available at: http://www.thisamericanlife.org/Radio_Episode.aspx? episode = 382.

Glass, I. (2010), "Petty Tyrant," *This American Life*, Chicago Public Radio, November 12. Available at: http://www.thisamericanlife.org/radio-archives/episode/419/pettytyrant.

Glovin, D. (2011), "Hedge fund insider prosecutions rely on suspects turned informant," *Bloomberg*, January 12. Available at: http://www.bloomberg.com/news/2011-01-12/insider-trading-cooperators-at-heart-of-government-prosecutions.html.

Goodwin, S. A., Gubin, A., Fiske, S. T., and Yzerbyt, V. Y. (2000), "Power can bias impression processes: Stereotyping subordinates by default and by design," *Group Processes and Intergroup Relations*, Vol. 3, 227–256.

Gottfredson, M. and Hirschi, T. (1990), *General Theory of Crime*, Stanford University Press, Stanford, CA.

Gouldner, A. W. (1960), "The norm of reciprocity: A preliminary statement," *American Sociological Review*, Vol. 25, No. 2, 161–178.

Granovetter, M. S. (1985), "Economic action and social structure: The problem of embeddedness," *American Journal of Sociology*, Vol. 91, 481–493.

Green, J. D. and Haidt, J. (2002), "How (and where) does moral judgment work?" *Trends in Cognitive Sciences*, Vol. 6, 517–523.

Greenhouse, S. (2008), *The Big Squeeze*, Random House, New York, NY.

Gruenfeld, D. H., Inesi, M. E., Magee, J. C., and Galinsky, A. D. (2008), "Power and the objectification of social targets," *Journal of Personality and Social Psychology*, Vol. 95, 1450–1466.

Guillén, M.F. and Suárez, S.L. (2010), "The global crisis of 2007–2009: Markets, politics, and organizations," Lounsbury, M. and Hirsch, P. M. (ed.) *Markets on Trial: The Economic Sociology of the U.S. Financial Crisis: Part A (Research in the Sociology of Organizations, Vol. 30 Part A)*, Emerald Group Publishing Limited, Bingley, 257–279.

Gunia, B., Wang, B., Huang, L., Wang, J., and Murnighan, J. K. (Forthcoming), "Contemplation and conversation: Subtle influences on moral decision making," *Academy of Management Journal*.

Haddad, C. and Barrett, A. (2002), "A whistle-blower rocks an industry," *Business Week*, June 24. Available at: http://www.businessweek.com/magazine/content/02_25/b3788094.htm.

Haidt, J. (2001), "The emotional dog and its rational tail: A social intuitionist approach to moral judgment," *Psychological Review*, Vol. 108, 814–834.

Halberstam, D. (1986), *The Reckoning*, William Morrow and Company, New York, NY.

Hall, D. L., Matz, D. C., and Wood, W. (2010), "Why don't we practice what we preach? A meta-analytic review of religious racism," *Personality and Social Psychology Review*, Vol. 14, No. 1, 126–139.

Hambrick, D. (1994), "Presidential address: What if the Academy actually mattered?" *Academy of Management Review*, Vol. 19, 11–16.

Haney, C., Banks, W. C., and Zimbardo, P. G. (1973). "Interpersonal dynamics in a simulated prison," *International Journal of Criminology and Penology*, Vol. 1, 69–97.

Hargadon, A. B., and Sutton, R. I. (1997), "Technology brokering and innovation in a product development firm," *Administrative Science Quarterly*, Vol. 42, No. 2, 716–749.

Henley, N. M. (1977), *Body Politics: Power, Sex, and Nonverbal Communication*, Prentice Hall, Englewood Cliffs, NJ.

Herszenhorn, D. (2008), "Senator viewed mortgage treatment as a 'courtesy'," *The New York Times*, June 18. Available at: http://www.nytimes.com/2008/06/18/washington/18dodd.html?ref=todayspaper.

Hillman, A. J. and Dalziel, T. (2003), "Boards of directors and firm performance: Integrating agency and resource dependence perspectives," *Academy of Management Review*, Vol. 28, 383–396.

Hirschi, T. and Gottfredson M. (1987), "Causes of white collar crime," *Criminology*, Vol. 25, 949-974.

Hochstetler, A. and Copes, H. (2001), "Organizational culture and organizational crime," in Shover, N. and Wright, J. P. (eds.) *Crimes of Privilege*, Oxford University Press, New York, NY, 210-221.

House, R. J., Shane, S. A., and Herold, D. M. (1996), "Rumors of the death of dispositional research are vastly exaggerated," *Academy of Management Review*, Vol. 21, No. 1, 203-224.

Houston Chronicle (2005), "Charge dropped against Anderson accountant," *Houston Chronicle*, December 16. Available at: http://www.chron.com/disp/story.mpl/special/andersen/3527841.html.

Janis, I. L. (1971), "Groupthink," *Psychology Today*, November, Vol. 5, 43-84.

Janis, I.L. (1972), *Victims of Groupthink*, Boston. Houghton Mifflin Company.

Japsen, B. (2004), "TAP jury: 'Not enough proof'," *Chicago Tribune*, July 28. Available at: http://articles.chicagotribune.com/2004-07-28/business/0407280349_1_drugsamples jurors-doctors.

Jones, T. M. (1991), "Ethical decision making by individuals in organizations: An issuecontingent model," *Academy of Management Review*, Vol. 16, No. 2, 366-395.

Jordan, J. M., Mullen, E. and Murnighan, J. K. (2011), "Striving for the moral self: The effects of recalling past moral actions on future moral behavior," *Personality and Social Psychology Bulletin*. Vol. 37, 701-713.

Kahnemann, D., Slovic, P., and Tversky, A. (1982), *Judgment Under Uncertainty*, Cambridge University Press, New York, NY.

Keltner, D., Gruenfeld, D. H., and Anderson, C. (2003), "Power, approach, and inhibition," *Psychological Review*, Vol. 110, 265-284.

Keltner, D., Young, R. C., Heerey, E. A., Oemig, C., and Monarch, N. D. (1998), "Teasing in hierarchical and intimate relations," *Journal of Personality and Social Psychology*, Vol. 75, 1231-1247.

Kennedy, E. J. and Lawton, L. (1996), "The effects of social and moral integration on ethical standards: A comparison of American and Ukrainian business students," *Journal of Business Ethics*, Vol. 15, No. 8, 901–911.

Kern, M. C. and Chugh, D. (2009), "Bounded ethicality: The perils of loss framing," *Psychological Science*, Vol. 20, 378–384.

Kerr, S. (1975), "On the folly of rewarding A, while hoping for B," *Academy of Management Journal*, Vol. 18, No. 4, 769–783.

Khurana, R. (2007), *From Higher Aims to Hired Hands*, Princeton University Press, Princeton, NJ.

Kipnis, D. (1972), "Does power corrupt?" *Journal of Personality and Social Psychology*, Vol. 24, 33–41.

Kipnis, D. (2001), "Using power: Newton's second law," in Lee-Chai, A. Y. and Bargh, J. A. (eds.), *The Use and Abuse of Power*, Psychology Press, Philadelphia, PA, 3–18.

Kohlberg, L. (1969), "Stage and sequence: The cognitive developmental approach to socialization," in Goslin, D. A. (ed), *Handbook of Socialization Theory*, Rand McNally, Chicago, IL, 347–480.

Kohlberg, L. (1981), *The Philosophy of Moral Development: Moral Stages and the Idea of Justice*, Harper and Row, San Francisco, CA.

Kouwe, Z. (2010), "Insider's admission deepens Galleon case," February 10, *The New York Times*. Available at: http://www.nytimes.com/2010/02/09/business/09insider.html.

Kouwe, Z. and Slater, D. (2010). "2 Bear Stearns fund leaders are acquitted," *The New York Times*, November 11. Available at: http://www.nytimes.com/2009/11/11/business/11bear.html.

Krainin Productions, Inc. and WGBH Educational Foundation (2000), "The quiz show scandal," *The American Experience*, Transcript.

Krimmage, P. (2007), *Rough Ride*, Yellow Jersey Press, London, UK.

Kulik, B. W. (2005), "Agency theory, reasoning and culture at Enron: In search of a solution," *Journal of Business Ethics*, Vol. 59, No. 4, 347–360.

Lacter, M. (2008), "Toy story," *Los Angeles Magazine*, http://www.lamag.com/featuredarticle.aspx?id=9924.

Lange, D. (2008), "A multidimensional conceptualization of organizational corruption control," *Academy of Management Review*, Vol. 33, No. 3, 710-729.

Langer, E., Blank, A. and Chanowitz, B. (1978), "The mindlessness of ostensibly thoughtful action: The role of 'placebic' information in interpersonal interaction," *Journal of Personality and Social Psychology*, Vol. 36, 635-642.

Langer, E. and Moldoveanu, M. (2000), "The construct of mindfulness," *Journal of Social Issues*, Vol. 56, 1-9.

Langewiesche, W. (2003), "Columbia's last flight: The inside story of the investigation and the catastrophe it laid bare," *Atlantic Monthly*, November. Available at: http://www.theatlantic.com/magazine/archive/2003/11/columbia-apos-s-last-flight/4204/.

Lee-Chai, A. Y., Chen, S., and Chartrand, T. L. (2001), "From Moses to Marcos: individual differences in the use and abuse of power," in Lee-Chai, A. Y. and Bargh, J. A. (eds.), *The Use and Abuse of Power*, Psychology Press, Philadelphia, PA, 57-74.

Lemert, E. M. (1951), *Social Pathology*, McGraw-Hill, New York, NY.

Lev, M. (1990), "Hazelwood's acquittal clouds the Exxon case," *New York Times*, March 28. Available at: http://www.nytimes.com/1990/03/28/us/hazelwood-s-acquittalclouds-the-exxon-case.html.

Lewis, M. (1990), *Liar's Poker*, Penguin Books, New York, NY.

Lewis, M. (2008), "The end," *Portfolio.com*, November 11. Available at: http://www.portfolio.com/news-markets/national-news/portfolio/2008/11/11/The-End-of-Wall-Streets-Boom/.

Lipton, E. (2009), "Ex-leaders of Countrywide profit from bad loans," *The New York Times*, March 4. Available at: http://www.nytimes.com/2009/03/04/business/04penny.html.

Litchfield, E. H. (1956), "Notes on a general theory of administration," *Administrative Science Quarterly*, Vol. 1, No. 1, 3-29.

Luhby, T. (2009), "Predatory-lending lawsuits on the rise," *CNNMoney.com*. Available at: http://money.cnn.com/2009/10/08/news/economy/Predatory_lending_lawsuits_increase/index.htm.

Lysiak, M. and McShane, L. (2009), "Bernie Madoff recalled as a lousy tipper by those who served him," *New York Daily News*, March 15. Available at: http://www.nydailynews.com/

money/2009/03/14/200914_bernie_madoff_recalled_as_a_lousy_tipper.html.

Macur, J. (2006), "Two Ex-Teammates of Cycling Star Admit Drug Use," *The New York Times*, September 12. Available at: http://www.nytimes.com/2006/09/12/sports/othersports/12cycling.html?ex=1159070400anden=4939180e12448375and ei=5070.

March, J. G. and Simon, H. (1958), *Organizations*, John Wiley and Sons, New York, NY.

March, J. G. and Sutton, R. I. (1997), "Crossroads—organizational performance as a dependent variable," *Organization Science*, Vol. 8, No. 6, 698–706.

Margolis, J. (2001), "Responsibility in Organizational Context," *Business Ethics Quarterly*, Vol. 11, 431–454.

McClelland, D. C. and Burnham, D. H. (1976), "Power is the great motivator," *Harvard Business Review*, 54(2), 100–110.

McDonald, L. G. and Robinson, P. (2009), *A Colossal Failure of Common Sense: The Inside Story of the Collapse of Lehman Brothers*, Crown Publishing Group, New York, NY.

McLean, B. and Elkind, P. (2004), *The Smartest Guys in the Room: The Amazing Rise and Scandalous Fall of Enron*, Portfolio Hardcover, New York, NY.

Mechanic, D. (1962), "Sources of power of lower participants in complex organizations," *Administrative Science Quarterly*, Vol. 7, 349–364.

Merton, R. K. (1938), "Social structure and anomie," *American Sociological Review*, Vol. 3, No. 5, 672–682.

Messick, D. M. and Bazerman, M. H. (1996), "Ethical leadership and the psychology of decision making," *Sloan Management Review*, Winter, 9–22.

Messick, D. M. and Tenbrunsel, A. (1996), "Behavioral research into business ethics," in Messick, D. M. and Tenbrunsel, A. E. (eds.), *Codes of Conduct: Behavioral Research into Business Ethics*, Russell Sage, New York, NY, 1–10.

Mezias, S. J. (1994), "Financial meltdown as normal accident: The case of the American Savings and Loan industry," *Accounting, Organizations and Society*, Vol. 19, 181–192.

Milgram, S. (1963), "Behavioral study of obedience," *Journal of Abnormal and Social Psychology*, Vol. 67, 371–378.

Milgram, S. (1965), "Some conditions of obedience and disobedience to authority," *Human Relations, Vol. 18, 57-76.

Milgram, S. (1974), *Obedience to Authority*, Harper and Row, New York, NY.

Milgrom, P. and Roberts, J. (1988), "An economic approach to influence activities in organizations," *American Journal of Sociology*, Vol. 94, 154-179.

Mintz, B. and Schwartz, M. (1985), *The Power Structure of American Business*, University of Chicago Press, Chicago, IL.

Mintz, M. (1972), "A Colonial Heritage," in Heilbroner, R. (ed.), *In the Name of Profit*, Doubleday and Company, Garden City, NY, 60-105.

Misangyi, V. F., Weaver, G. R., and Elms, H. (2008), "Ending corruption: The Interplay among institutional logics, resources, and institutional entrepreneurs," *Academy of Management Review*, Vol. 33, No. 3, 750-770.

Molotch, H. and Lester, M. (1974), "News as purposive behavior: On the strategic use of routine events, accidents, and scandals," *American Sociological Review*, Vol. 39, 101-112.

Moore, D. A., Tetlock, P. E., Tanlu, L. and Bazerman, M. H. (2006), "Conflicts of interest and the case of auditor independence: Moral seduction and strategic issue cycling," *Academy of Management Review*, Vol. 31, No. 1, 10-29.

Morgenson, G. (2008), "Countrywide to set aside $8.4 billion in loan aid," *New York Times*, October 5. Available at: http://www.nytimes.com/2008/10/06/business/06countrywide.html.

Morgenson, G. and Story, L. (2009), "Banks bundled bad debt, bet against it and won," *The New York Times*, December 24. Available at: www.nytimes.com/2009/12/24/business/24trading.html.

Mundy, A. (2001), *Dispensing with the Truth*, St. Martin's Press, New York, NY.

Murnighan, J. K., Cantelon, D. A., and Elyashiv, T. (2001), "Bounded personal ethics and the tap dance of real estate agency," in Wagner, J., Bartunek, J. M., and Elsbach, K. D., *Advances in Qualitative Organizational Research*, Vol. 3, Elsevier/JAI, New York, NY, 1-40.

Murphy, S. P. and Allen, S. (2007), "Coakly rules out more indictments in Big Dig, but sources say talks are critical," *Boston Globe*, August 26. Available at: http://www.boston.com/news/local/articles/2007/08/26/coakley_rules_out_more_indictments_in_big_dig/.

Murphy, S. P. and Estes, A. (2007), "Wide risk, wide blame," *Boston Globe*, July 11. Available at: http://www.boston.com/news/local/massachusetts/articles/2007/07/11/wide_risk_wide_blame/.

Nadler, D. A. and Lawler, E. E. (1977), "Motivation: A diagnostic approach," in Staw, B. M. (ed.), *Psychological Dimensions of Organizational Behavior* (3rd ed.), Pearson Education, Upper Saddle River, NJ, 25–36.

Nagourney, A. (2010), "Senator Dodd will not seek re-election, democrats say," *The New York Times*, January 6. Available at: http://www.nytimes.com/2010/01/06/us/politics/06dodd.html.

Nielsen, R. (1988), "Limitations of ethical reasoning as an action (praxis) strategy," *Journal of Business Ethics*, Vol. 7, 725–733.

Nielsen, R. (2010), "High-leverage finance capitalism, the economic crisis, structurally related ethics issues, and potential reforms," *Journal of Business Ethics*, Vol. 20, No. 2, 299–330.

Nisbett, R. E. and Ross, L. (1980), *Human Inference: Strategies and Shortcomings of Social Judgment*, Englewood Cliffs, Prentice-Hall, NJ.

Novak, M. (1996), *Business as a Calling: Work and the Examined Life*, Free Press, New York, NY.

Nussbaum, M. C. (1999), *Sex and Social Justice*, Oxford University Press, New York, NY.

O'Fallon, M. J. and Butterfield, K. D. (2005), "A review of the empirical ethical decision making literature: 1996–2003," *Journal of Business Ethics*, Vol. 59, 375–413.

Opotow, S. (1990), "Moral exclusion and injustice: An introduction," *Journal of Social Issues*, Vol. 45, No. 1, 1–20.

Palmer, D. (2008), "Extending the process model of collective organizational wrong doing," *Research in Organizational Behavior*, Vol. 28, 107–135.

Palmer, D. and Maher, M. (2006), "Developing the process model of collective corruption in organizations," *Journal of Management Inquiry*, Vol. 15, 363–370.

Palmer, D. (2010), "A normal accident analysis of the mortgage meltdown," in Lounsbury, M. and Hirsch, P. M. (eds.), *Markets on Trial: The Economic Sociology of the U.S. Financial Crisis*, Emerald, Bingley, UK, 219–256.

Paolini, M. and Vacis, G. (2000), *The Story of Vajont*, edited and translated by T. Simpson, Bordighera Press, New York, NY.

Pasztor, A. and Karp, J. (2004), "How an Air Force official's help for a daughter led to disgrace," *Wall Street Journal*, New York, NY. December 9, p. A. 1.

Pavlo, W. and Weinberg, N. (2007), *Stolen without a Gun*, Etika Books, Tampa, FL.

Perrow, C. (1967), "A framework for comparative organizational analysis," *American Sociological Review*, Vol. 32, 194-208.

Perrow, C. (1972), *Complex Organizations: A Critical Essay*, McGraw-Hill, New York, NY.

Perrow, C. (1999), *Normal Accidents: Living With High-Risk Technologies* (2nd ed.), Princeton University Press, Princeton, NJ.

Perrow, C. B. (2007), *The Next Catastrophe: Reducing Our Vulnerabilities to Natural, Industrial, and Terrorist Disasters*, Princeton University Press, Princeton, NJ.

Perrow, C. B. (2010), "The meltdown was not an accident," *Markets on Trial: The Economic Sociology of the U.S. Financial Crisis, Research in the Sociology of Organizations*, Vol. 30, 309-330.

Perry, S. and Dawson, J. (1985), *Nightmare: Women and the Dalkon Shield*, Macmillan, New York, NY.

Pfarrer, M. D., Decelles, K. A., Smith, K. G., and Taylor, M. S. (2008), "After the fall: Reintegrating the corrupt organization," *Academy of Management Review*, Vol. 33, No. 3, 730-749.

Pfeffer, J. (1981), *Power in Organizations*, Pitman Publishing, Boston, MA.

Pfeffer, J. (1992), *Managing with Power: Politics and Influence in Organizations*, Harvard Business School Press, Boston, MA.

Pfeffer, J. (2010), *Power: Why Some People Have It and Others Don't*, Harper Collins, New York, NY.

Pfeffer, J. and Davis-Blake, A. (1989), "Just a mirage: The search for dispositional effects in organizational research," *Academy of Management Review*, Vol. 14, No. 3, 385-400.

Pfeffer, J. and Salancik, G. R. (1978), *The External Control of Organizations: A Resource Dependence Perspective*, Harper and Row Publishers, New York, NY.

Pinto, J., Leana, C. R., and Pil, F. K. (2008), "Corrupt organizations or organizations of corrupt individuals? Two types of organizational-level corruption," *Academy of Management Review*, Vol. 33, No. 3, 685-709.

Pizzo, S., Fricker, M., and Muolo, P. (1991), *Inside Job: The Looting of America's Savings and Loans*, HarperCollins, New York.

Platt, J. (2009), "Cases of cases...of cases," in Ragin, C. C. and Becker, H. S. (eds.), *What Is a Case?* Cambridge University Press, Cambridge, England, 21-52.

Pulliam, S. (2003), "Ordered to commit fraud, a staffer balked, then caved," *The Wall Street Journal*. Available at: http://online.wsj.com/article/0,SB105631811322355600,00.html.

Radcliffe-Brown, A. R. (1965), *Structure and Function in Primitive Society*, Free Press, New York, NY.

Rauch, J. (2006), "Merrill Lynch Fined $5M for Call Center Violations," *Jacksonville Business Journal*, March 15. Available at: http://www.bizjournals.com/jacksonville/stories/2006/03/13/daily21.html.

Raven, B. H. (2001), "Power/interaction and interpersonal influence," in Lee-Chai, A. Y. and Bargh, J. A. (eds.), *The Use and Abuse of Power*, Psychology Press, Philadelphia, PA, 217-240.

Razzaque, M. A. and Hwee, T. P. (2002), "Ethics and purchasing dilemma: A Singaporean view," *Journal of Business Ethics*, Vol. 35, No. 4, 307-326.

Rest, J. R. (1986), *Moral Development: Advances in Research and Theory*, Praeger, New York, NY.

Rest, J. R., Narvaez, D., Bebeau, M. J., and Thoma, S. J. (1999), *Postconventional Moral Thinking: A Neo-Kohlbergian Approach*, Lawrence Erlbaum, Mahwah, NJ.

Reuters (2009), "Satyam chief quits as fraud scandal slams shares," *Reuters, UK*, January 7. Available at: http://uk.reuters.com/article/2009/01/07/uksatyamidUKTRE5061W020090107.

Roethlisberger, F. J. and Dickson, W. J. (1947), *Management and the Worker*, Harvard University Press, Cambridge, MA.

Rogers, P. and Weinstein, F. (2002), "The outsider: Doug Durand blew the whistle on his drug firm—and got $79 million," *People*, 6 May, Vol. 57, No. 17, 139-141.

Roitsch, P. A., Babcock, G. L. and Edmunds, W. W. (1979), *Human Factors Report on the Tenerife Accident*, Airline Pilots Association, Washington, DC.

Rosenberg, T. (2007), "When is a pain doctor a drug pusher?" *The New York Times Magazine*, June 7. Available at: http://www.nytimes.com/2007/06/17/magazine/17pain-t.html.

Roy, D. F. (1959), "Banana Time: Job satisfaction and informal interaction," *Human Organization*, Vol. 18, 158-168.

Ryle, G. (1949), *The Concept of Mind*, University of Chicago Press, Chicago, IL.

Salancik, G. (1977), "Commitment is too easy," *Organizational Dynamics*, Vol. 6, Summer, 62-80.

Salancik, G. and Pfeffer, J. (1977), "Who gets power and how they hold on to it: A strategic contingency model of power," *Organizational Dynamics*, Vol. 5, Winter, 3-21.

Salancik, G. and Pfeffer, J. (1978), "A social information processing approach to job attitudes and task design," *Administrative Science Quarterly*, Vol. 23, No. 2, 224-253.

Saltzman, J. (2009), "Big Dig contractor Modern Continental pleads guilty," *Boston Globe*, May 8. Available at: http://www.boston.com/news/local/breaking_news/2009/05/modern_continen_2.html.

Sayles, J. and Smith, G. (1998), *Sayles on Sayles*, Faber & Faber, Boston, MA.

Scannell, K. and Emshwiller, J. R. (2009), "Countrywide chiefs charged with fraud," *The Wall Street Journal*, June 5. Available at: http://online.wsj.com/article/SB124414278536586095.html#.

Scharff, M. M. (2005), "Understanding Worldcom's accounting fraud: Did groupthink play a role?" *Journal of Leadership and Organization Studies*, Vol. 11, No. 3, 109-118.

Schein, E. H. (1961a), *Coercive Persuasion*, W. W. Norton and Company, New York, NY.

Schein, E. H. (1961b), "Management development as a process of influence," *Sloan Management Review*, Vol. 2, No. 2, 41-50.

Schein, E. H. (1985), *Organizational Culture and Leadership*, Jossey-Bass Publishers, San Francisco, CA.

Schein, E. H. (1995), "The role of the founder in creating organizational culture," *Family Business Review*, Vol. 8, No. 3, 221-238.

Schmidt, M. S. and Wilson, D. (2008), "Marion Jones sentenced to six months in prison," *The New York Times*, January 12. Available at: http://www.nytimes.com/2008/01/12/sports/othersports/11cnd-jones.html.

Schminke, M., Ambrose, J. L., and Noel, T. W. (1997), "The effect of ethical frameworks on perceptions of organizational justice," *Academy of Management Journal*, Vol. 40, 1190–1207.

Schmitt, R, Christensen, K., and Reckard, E. S. (2008), "400 charged as U.S. cracks down on mortgage fraud," *The Los Angeles Times*, June 20. Available at: http://articles.latimes.com/2008/jun/20/business/fi-mortgage20.

Schneiberg, M. and Bartley, T. (2010), "Regulating or redesigning finance? Market architectures, normal accidents, and dilemmas of regulatory reform," Lounsbury, M. and Hirsch, P. M. (ed.) *Markets on Trial: The Economic Sociology of the U.S. Financial Crisis: Part A (Research in the Sociology of Organizations, Vol. 30 Part A)*, Emerald Group Publishing Limited, Bingley, 281–307.

Schroyer, T. (1975), *The Critique of Domination*, Beacon Press, Boston, MA.

Schur, E. M. (1971), *Labeling Deviant Behavior: Its Sociological Implications*, Harper and Row, New York, NY.

Schwartz, G. (1991), "The myth of the Ford Pinto case," *Rutgers Law Review*, Vol. 43, 1013–1068.

Scott, W. R. (2002), *Organizations: Rational, Natural, and Open Systems*, Prentice Hall, Newark, NJ.

Shiller, R. J. (2005), "How Wall Street Learns to Look the Other Way," *The New York Times*, February 8. Available at: http://www.nytimes.com/2005/02/08/opinion/08shiller.html.

Shrivastava, P. (1991), "Union Carbide Corporation," in Sethji, S. P. and Steidlmeier, P. (eds.), *Up Against the Corporate Wall*, Englewood Cliffs, Prentice Hall, NJ, 383–388.

Simpson, S. S. (1986), "The decomposition of antitrust: Testing a multilevel, longitudinal model of profit-squeeze," *American Sociological Review*, Vol. 51, 859–975.

Simpson, S. S. (1987), "Cycles of illegality: Antitrust in corporate America," *Social Forces*, Vol. 65, 943–963.

Simpson, S. and Leeper Piquero, N. (2002), "Low self-control, organization theory, and corporate crime," *Law and Society Review*, Vol. 36, No. 3, 509-548.

Sims, R. R. (1992), "Linking groupthink to unethical behavior in organizations," *Journal of Business Ethics*, Vol. 11, No. 9, 651-662.

Sims, R. R. and Brinkmann, J. (2003), "Enron ethics (Or: Culture matters more than codes)," *Journal of Business Ethics*, Vol. 45, No. 3, 243-256.

Singhapakdi, A., Marta, J. K., Rallapalli, K. C., and Rao, C. P. (2000), "Toward an understanding of religiousness and marketing ethics: An empirical study," *Journal of Business Ethics*, Vol. 27, No. 4, 305-319.

Smith, A. (1991), *The Wealth of Nations*, Prometheus Books, New York, NY.

Soble, R. and Dallas, R. (1975), *The Impossible Dream. The Equity Funding Story: The Fraud of the Century*, G. P. Putnam's Sons, New York, NY.

Sonnenfeld, J. (1981), "Executive apologies for price fixing: Role biased perceptions of causality," *Academy of Management Journal*, Vol. 24, No. 1, 192-198.

Sorenson, J. (2002), "The strength of corporate culture and the reliability of firm performance," *Administrative Science Quarterly*, Vol. 47, 70-91.

Spivak, C. and Bice, D. (2008), "Case Study: No wrongdoing in writing loads," *Milwaukee Journal Sentinel*, September 21. Available at: http://www.jsonline.com/watchdog/32504054.html.

Spurge, L. (1998), *Failure Is Not an Option: How MCI Invented Competition in Telecommunications*, Spurge Ink! Encino, CA.

Staw, B. M. (1976), "Knee-deep in the big muddy: A study of escalating commitment to a chosen course of action," *Organizational Behavior and Human Performance*, Vol. 16, 27-44.

Staw, B. M. and Szwajkowski, E. (1975), "The scarcity-munificence component of organizational environments and the commission of illegal acts," *Administrative Science Quarterly*, Vol. 20, 345-354.

Steiner, G. and Steiner, J. (1994), "Union Carbide Corporation and Bhopal," in Steiner and Steiner (eds.), *Business, Government, and Society*, McGraw Hill, New York, NY, 161-174.

Stewart, J. (1991), *Den of Thieves*, Simon and Schuster, New York, NY.

Stewart, T. (2004), "Governance: Managers look for the moral dimension," *Financial Times*, August 27. Available at: http://royaldutchshellplc.com/2008/09/08/europeanfrauds-such-as-vivendi-royal-dutch-shell-and-parmalat-demonstrated-that-corporatescandals-were-not-confined-to-the-us/.

Stone, J. and Yohn, T. (1992), *Prime Time and Misdemeanors: Investigating the 1950s TV Quiz Scandal*, Rutgers University Press, New Brunswick, NJ.

Story, L. (2008), "In Bear Stearns case, question of an asset's value," *New York Times*, June 20. Available at: http://www.nytimes.com/2008/06/20/business/20Marks.html.

Sudnow, D. (1965), "Normal crimes: Sociological features of a penal code in a public defender's office," *Social Problems*, Vol. 12, 255–276.

Swartz, M. and Watkins, S. (2003), *Power Failure: The Inside Story of the Collapse of Enron*, Doubleday, New York, NY.

Sykes, G. and Matza, D. (1957), "Techniques of neutralization: A theory of delinquency," *American Sociological Review*, Vol. 22, No. 6, 664–670.

Taibbi, M. (2009), "The great American bubble machine," *Rolling Stone*, July 9, 1082–1083.

Tavaris, C. and Aronson, E. (2007), *Mistakes Were Made (But Not by Me)*, Houghton Mifflan Harcourt, Orlando, FL.

Tedeschi, B. (2007), "Mortgages: The NAACP vs 11 lenders," *The New York Times*, September 23. Available at: http://query.nytimes.com/gst/fullpage.html?res=9B0CE0DB1539F930A1575AC0A9619C8B63.

Temple-Raston, D. (2008), "FBI sweep reveals new twists to mortgage fraud," *National Public Radio*, June 20. Available at: http://www.npr.org/templates/story/story.php?storyId=91755465.

Tenbrunsel, A. E., Diekmann, K. A., Wade-Benzoni, K. A., and Bazerman, M. H. (2010), "The ethical mirage: A temporal explanation as to why we aren't as ethical as we think we are," *Research in Organizational Behavior*, Vol. 30, 153–173.

Tenbrunsel, A. E. and Messick, D. M. (1999), "Sanctioning systems, decision frames, and cooperation," *Administrative Science Quarterly*, Vol. 44, 684–707.

Tenbrunsel, A. E. and Smith-Crowe, K. (2008), "Ethical decision making: Where we've been and where we're going," *Academy of Management Annals*, Vol. 2, 545-607.

Tenbrunsel, A. E., Smith-Crowe, K., Chan-Serafin, S., Brief, A. P., Umphress, E. E., and Joseph, J. (2010), "If it ain't broke, should you fix it? The tension between the informal push to do wrong and the formal pull to do right," unpublished manuscript.

The Associated Press (2009a), "Mattel fined $2.3 million for toy hazard," MSNBC.com, June 5. Available at: http://www.msnbc.msn.com/id/31129127/ns/business-consumer_news/.

The Associated Press (2009b), "UBS: 47,000 American clients avoided taxes," MSNBC.com, March 4. Available at: http://www.msnbc.msn.com/id/29514602/ns/businessworld_business/.

The Associated Press (2009c), "U.S. seeks reduced term for Swiss bank witness," MSNBC.com, August 18. Available at: http://www.msnbc.msn.com/id/32463035/ns/businessworld_business/.

The Associated Press (2009d), "UBS to divulge more than 4,000 account names," MSNBC.com, August 19. Available at: http://www.msnbc.msn.com/id/32474087/ns/businessworld_business/.

The Associated Press (2009e), "Judge tosses Blackwater shooting charges," MSNBC.com, December 31. Available at: http://www.msnbc.msn.com/id/34645192/ns/world_news-mideast/n_africa/.

The Associated Press (2010a), "Iraqis outraged as Blackwater case thrown out," MSNBC.com, January 1. Available at: http://www.msnbc.msn.com/id/34660136/ns/world_news-mideast/n_africa/.

The Associated Press (2010b), "Blackwater settles civil lawsuits over Iragi deaths," *The Los Angeles Times*. January 8. Available at: http://articles.latimes.com/2010/jan/08/nation/la-na-blackwater8-2010jan08.

The Associated Press (2010c), "Xe Services aims for $1 billion Afghan deal: Re-branded Blackwater bids to train police forces despite legal woes," MSNBC.com, January 9. Available at: http://www.msnbc.msn.com/id/34778920/ns/world_news-south_and_central_asia/.

Thomas, L. (2005), "Deals and Consequences," *The New York Times*, November 20. Available at: http://www.nytimes.com/2005/11/20/business/yourmoney/20jail.html.

Thomas, L. (2006), "Martha Stewart settles civil insider-trading case," *New York Times*, August 7. Available at: http://www.nytimes.com/2006/08/07/business/07cnd-martha.html? dlbk.

Thompson, J. D. (1956), "On building an administrative science," *Administrative Science Quarterly*, Vol. 1, No. 1, 102-111.

Toffler, B. L. and Reingold, J. (2003), *Final Accounting: Ambition, Greed, and the Fall of Arthur Anderson*, Random House, New York, NY.

Tom, P. A. (2009), "Recession increasing insurance fraud," *Insurance Journal*, April 14. Available at: http://www.insurancejournal.com/news/national/2009/04/14/99585.htm? print = 1.

Trevino, L. K., Weaver, G. R., and Reynolds, S. J. (2006), "Behavioral ethics in organizations: A review," *Journal of Management*, Vol. 32, No. 6, 951-990.

Tversky, A. and Kahneman, D. (1974), "Judgment under uncertainty: Heuristics and biases," *Science*, Vol. 185, 1124-1131.

Tversky, A. and Kahneman, D. (1981), "The framing of decisions and the psychology of choice," *Science*, Vol. 211, 453-458.

Van der Heijden, K., Ramirez, R., Selsky, J., and Wilkinson, A. (2010), "Turbulence, business planning and the unfolding financial crisis," Ramirez, R., Van Heijden, K., and Selsky, J. W. (eds.), *Business Planning for Turbulent Times: New Methods for Applying Scenarios* (2nd ed.), Earthscan Publications, London, UK, 261-282.

Van Kleef, G. A., De Dreu, C. K. W., Pietroni, D., and Manstead, A. S. R. (2006), "Power and emotion in negotiation: Power moderates the interpersonal effects of anger and happiness on concession making," *European Journal of Social Psychology*, Vol. 36, 557-581.

Van Maanen, J. (1995a), "Style as theory," *Organization Science*, Vol. 6, 133-143.

Van Maanen, J. (1995b), "Fear and loathing in organizational studies," *Organization Science*, Vol. 6, 687-692.

Vandivier, K. (1972), "Why Should My Conscience Bother Me?" in Heilbroner, R. (ed.), *In the Name of Profit*, Doubleday and Company, Garden City, NY, 3-31.

Vaughan, D. (1996), *The Challenger Launch Decision: Risky Technology, Culture, and Deviance at NASA*, University of Chicago Press, Chicago, IL.

Vaughan, D. (1999), "The dark side of organizations: Mistake, misconduct and disaster," *Annual Review of Sociology*, Vol. 25, 271-305.

Vaughan, D. (2009), "Theory elaboration: The heuristics of case analysis," in Ragin, C. C. and Becker, H. S. (eds.), *What Is a Case?* Cambridge University Press, Cambridge, UK, 53–82. MSNBC.

Vennochi, J. (2007), "Big Dig collapse: Mistake or accident," *Boston Globe*, July 12.

Verhovek, S. H. (1988), "After 10 years, the trauma of Love Canal continues," *The New York Times*. Available at: http://query.nytimes.com/gst/fullpage.html? res = 940DE6D9143CF9 36A3575BC0A96E948260.

Wagner, S. C. and Sanders, G. L. (2001), "Considerations in ethical decision-making and software piracy," *Journal of Business Ethics*, Vol. 29, 161–167.

Wang, L. and Murnighan, J. K. (forthcoming), "On greed," *Academy of Management Annals*.

Weber, J. (1990), "Managers' moral reasoning: Assessing their response to three moral dilemmas," *Human Relations*, Vol. 43, 687–702.

Weber, J. and Wasieleski, D. (2001), "Investigating influences on managers' moral reasoning: The impact of context, personal, and organizational factors," *Business and Society*, Vol. 40, No. 1, 79–111.

Weber, M. (1946), "Science as a vocation," in Gerth, H. H. and Wright Mills, C. (Translated and edited), *From Max Weber: Essays in Sociology*, Oxford University Press, New York, NY.

Weber, M. (1978/1922), *Economy and Society: An Outline of Interpretive Sociology*, University of California Press, Berkeley, CA.

Weick, K. (1990), "The vulnerable system: An analysis of the Tenerife air disaster," *Journal of Management*, Vol. 16, No. 3, 571–593.

Weick, K. E. and Roberts, K. H. (1993), "Collective mind in organizations: Heedful interrelating on flight decks," *Administrative Science Quarterly*, Vol. 38, No. 3, 357–381.

Weinberg, N. (2005), "The dark side of whistleblowing," *Forbes*, Vol. 175, No. 5, 90–98.

Wilber, D. Q. (2010), "Charges dismissed against Blackwater guards in Iraq deaths," *The Washington Post*, January 1. Available at: http://www.washingtonpost.com/wp-dyn/content/article/2009/12/31/AR2009123101936.html.

Williamson, O. (1983), *Markets and Hierarchies: Analysis and Antitrust Implications*, Free Press, New York, NY.

Wimalasiri, J. S., Pavri, F., and Jalil, A. A. K. (1996), "An empirical study of moral reasoning among managers in Singapore," *Journal of Business Ethics*, Vol. 15, No. 12, 1331–1341.

Woodward, J. (1965), *Industrial Organization: Theory and Practice*, Oxford University Press, Oxford, UK.

Zhong, C., Ku, G., Lount, R. B., and Murnighan, J. K. (2009), "Compensatory ethics," *Journal of Business Ethics*, Vol. 92, 323–339.

Zimbardo, P. G. (2007), *The Lucifer Effect: Understanding How Good People Turn Evil*, Random House, New York, NY.

Zucchino, D. (2010), "Iraqis settle lawsuits over Blackwater shootings," *The Los Angeles Times*, January 8. Available at: http://articles.latimes.com/2010/jan/08/nation/la-na-blackwater8-2010jan08.